U1004032

⊙ “中央高校基本科研业务费专项资金资助”中央民族大学自主科研计划项目（项目编号：0910KYQN20）的最终成果

⊙ 2011年度新增中央高校基本科研业务费重大项目《民族政策法规体系实践经验的总结和反思》（项目编号：MUC2011ZDKT05）阶段性成果

⊙ 国家社科基金重点项目《加快文化立法，提高文化建设法制化水平——文化立法与文化法制研究》（项目编号：12ATD022）阶段性成果

⊙ 教育部新世纪优秀人才支持计划（NCET—13—0625）阶段性成果

民族文化补偿论

主　编⊙田　艳

副主编⊙周真刚　陈徐奉

著　者⊙田　艳　周真刚　陈徐奉

张　滨　胡　曼　余　欢

于　洪

中央民族大学出版社

China Minzu University Press

图书在版编目（CIP）数据

民族文化补偿论/田艳等著．—北京：中央民族大学出版社，2014.6

ISBN 978－7－5660－0679－0

Ⅰ.①民…　Ⅱ.①田…　Ⅲ.①少数民族—民族文化—研究—中国　Ⅳ.①K28

中国版本图书馆CIP数据核字（2014）第031237号

民族文化补偿论

著　　者　田艳等
责任编辑　黄修义
封面设计　汤建军
出 版 者　中央民族大学出版社
　　　　　北京市海淀区中关村南大街27号　邮编：100081
　　　　　电话：68472815（发行部）传真：68932751（发行部）
　　　　　　　　68932218（总编室）　　　　68932447（办公室）
发 行 者　全国各地新华书店
印 刷 厂　北京宏伟双华印刷有限公司
开　　本　880×1230（毫米）　1/32　印张：10.25
字　　数　260千字
版　　次　2014年7月第1版　2014年7月第1次印刷
书　　号　ISBN 978－7－5660－0679－0
定　　价　32.00元

版权所有　翻印必究

目　　录

导　论 ……………………………………………………………… (1)
一、研究目的和意义 ……………………………………………… (2)
二、研究现状 ……………………………………………………… (4)
三、研究方法 ……………………………………………………… (9)

第一章　少数民族传统文化法制的困境 ……………………… (13)
第一节　少数民族传统文化保护的相关立法 ……………… (13)
一、少数民族传统文化保护的中央立法 ……………… (13)
二、少数民族传统文化保护的地方立法 ……………… (21)
三、对我国少数民族传统文化保护立法的反思 ……… (28)
第二节　少数民族非物质文化遗产代表性项目的认定与名录制度 ……………………………………… (32)
一、非物质文化遗产的普查 ………………………………… (32)
二、非物质文化遗产代表性项目的确认程序 ………… (34)
三、非物质文化遗产代表性项目名录制度 …………… (35)
第三节　少数民族非物质文化遗产传承制度研究 ……… (39)
一、我国少数民族非物质文化遗产的传承概况 ……… (39)
二、少数民族非物质文化遗产代表性传承人的认定 … (43)
三、非物质文化遗产传承人的权利与义务 …………… (57)
第四节　少数民族非物质文化遗产司法保护的现状 …… (62)
一、安顺蜡染案 ……………………………………………… (62)
二、安顺地戏案 ……………………………………………… (65)

第五节　少数民族传统文化保护与开发的瓶颈 …………（74）
一、文化群体的尊严被漠视 ……………………………（74）
二、争夺传统文化使用权与开发权 ……………………（77）
三、争夺传统文化解释权 ………………………………（80）
四、因产权不明引发的冲突逐渐升级 …………………（82）
五、传统文化流失严重 …………………………………（84）
六、少数民族物质文化遗产日渐衰败 …………………（86）
第六节　利益分配是少数民族传统文化保护的核心问题 ………………………………………………（91）
一、对“田丰模式”的反思 ……………………………（91）
二、对“杨丽萍模式”的忧虑 …………………………（94）
三、“傣族园模式”的困惑……………………………（99）
四、前述问题的原因分析 ……………………………（105）

第二章　利益补偿制度概述 ……………………………（112）
第一节　利益补偿制度缘起 ……………………………（113）
一、价值取向不同导致利益分配失衡 ………………（113）
二、产权保护机制的缺乏导致文化资源被无偿使用 …（115）
三、作为救济性制度的利益补偿制度 ………………（116）
第二节　行政补偿制度 …………………………………（119）
一、行政补偿的概念 …………………………………（120）
二、行政补偿的合理性证成 …………………………（122）
三、行政补偿的构成要件 ……………………………（124）
四、行政补偿中可补偿损失的范围 …………………（127）
五、行政补偿的方式 …………………………………（131）
第三节　生态补偿 ………………………………………（133）
一、生态补偿的概念 …………………………………（134）
二、生态补偿合理性的价值基础 ……………………（137）

三、国外生态补偿的政策与实践 ……………………（142）
四、我国生态补偿的政策与实践 ……………………（147）
第四节　民族自治地方获得利益补偿的权利 …………（154）
一、对民族自治地方进行利益补偿的必要性分析 ……（154）
二、民族自治地方获得利益补偿权利的法律依据 ……（160）
三、全球视野中水利工程利益补偿与收益分享的若干模式 ……………………………………………（161）
四、对民族自治地方进行利益补偿的具体措施 ………（166）
五、民族自治地方获得利益补偿的权利的完善 ………（171）
第五节　补偿制度的理论基础 …………………………（176）
一、财产权劳动说的视角 ……………………………（176）
二、功利主义的视角 …………………………………（180）
三、文化民族主义的视角 ……………………………（182）
四、文化公平理论 ……………………………………（187）

第三章　全球视野中的利益补偿制度对少数人文化权益的保护 ……………………………………………（191）
第一节　国际法律文件中的利益补偿制度 ……………（191）
一、关于利益分享的相关域外立法 …………………（191）
二、《保护和促进文化表现形式多样性公约》的缺憾 ……………………………………………（194）
第二节　其他国家关于文化利益补偿的制度 …………（197）
一、加拿大对克里印第安人文化利益的补偿制度 ……（197）
二、菲律宾《原住民权利保护法》中的文化利益补偿制度 …………………………………………（200）
第三节　域外利益分享制度的实现机制 ………………（202）
一、国际社会对利益分享实现机制的争论 …………（202）
二、公法管制模式 ……………………………………（204）

三、专门权保护模式 …………………………………… (206)
第四节 域外文化权益补偿制度对中国的启示 ………… (209)
一、原住民自治 ………………………………………… (209)
二、建立咨询和协商机构 ……………………………… (211)

第四章 民族文化开发中的利益补偿制度的构建 ………… (214)
第一节 民族文化开发的利益补偿制度的必要性 ……… (214)
一、有利于保护我国的文化多样性 …………………… (214)
二、保护少数民族基本人权 …………………………… (218)
三、促进民族地区的可持续发展 ……………………… (225)
四、促进少数民族传统文化的生产性保护 …………… (227)
第二节 民族文化开发的利益补偿制度的可行性 ……… (231)
一、中国自然资源开发中的利益补偿制度 …………… (231)
二、将利益补偿制度引入文化资源开发的外部因素 … (235)
第三节 民族文化开发中利益补偿制度的要素 ………… (239)
一、补偿主体 …………………………………………… (239)
二、不同主体之间的关系 ……………………………… (243)
三、补偿的集体管理 …………………………………… (248)
第四节 民族文化开发中的利益补偿制度的程序 ……… (253)
一、事先知情同意 ……………………………………… (254)
二、共同商定条件 ……………………………………… (258)
三、惠益分享 …………………………………………… (259)

第五章 利益补偿制度在民族文化开发中的实施 ………… (262)
第一节 利益补偿制度与现有少数民族文化法制的
调适 ………………………………………… (262)
一、利益补偿制度面临的问题 ………………………… (262)
二、少数民族文化法制凸显了补偿的精神内涵 ……… (265)

第二节 少数民族传统文化利益补偿的具体形式 ……… (269)
一、社区管理的基本理论 …………………………… (269)
二、郎德苗寨的“工分制” ………………………… (274)
三、西江苗寨的“奖励制” ………………………… (276)
四、岜沙苗寨的“集体所有制” …………………… (279)
五、落水村的“家屋管理体制” …………………… (281)
六、六枝管理体制 ………………………………… (282)
第三节 民族文化开发中利益补偿的实现方式 ………… (284)
一、新庄村模式 …………………………………… (284)
二、箐口村模式 …………………………………… (287)
三、对前述模式的评价 ……………………………… (291)

余论 促进少数民族对传统文化开发的有效参与 ………… (294)
一、少数民族有效参与权的内涵 …………………… (294)
二、少数民族对其传统文化产权保护有效参与的
途径 ……………………………………………… (298)

参考书目 …………………………………………… (302)

后 记 …………………………………………… (315)

导　论

谈到对民族文化开发过程中的利益补偿问题，笔者在此愿以元代女诗人管道升的一首诗来说明保护中华民族传统文化的统一性、多样性之间的历史渊源关系及其重要的现实意义。诗是这样写的：

你侬我侬，忒煞情多；情多处，热如火；
把一块儿泥，捻一个你，塑一个我，将咱俩一起打破，用水调和；
再捻一个你，再塑一个我；我泥中有你，你泥中有我；
我与你生同一个衾，死同一个椁。

这不正形象地说明中华56个民族之间以及56个民族的文化之间“你中有我，我中有你”的密切血缘关系吗？中华民族几千年的发展历史就是各民族互相交流、磨合、融合的一个漫长过程，每个民族的文化既个性鲜明，又互相影响，水乳交融。在对民族传统文化进行开发的过程中，既要照顾到每个民族传统文化发展的特性，又要兼顾到保护整个中华民族传统文化发展的整体性。在我国，各个民族一直是以“大杂居、小聚居”的分布特点居住的。因此，在民族传统文化的开发过程中有可能牵扯到多个民族之间利益的分配和补偿问题，甚至还有在某个民族内部、某些支系之间，以及个人或者集体之间的利益分配问题，这些都是需要明确的问题。无论是利益分配或是补偿机制，其最终都旨在建立一种社会生活的秩序，这也是法律“定纷止争”作用的体现。韩非子曾就这个问题作了一个浅显的比喻："一兔走，百人追之；积兔于市，过而不顾；非不欲兔，分定不可争也。"民族文化开发中的利益分配与补偿亦是同样的道理，定纷止争建立秩序，而后谋求各民族共同发展繁荣。笔者研究这个问题，也是为进一步加强民族之间的团结，更好地保护民族传统文化尽一点绵薄之力。

一、研究目的和意义

（一）对保护我国民族文化多样性，增强国家的文化软实力具有重要意义

当今的时代，是综合国力进行较量和竞争的时代，文化软实力作为其中一项不可或缺的标准，对于一个国家的发展起着至关重要的促进作用。自 2007 年，党在"十七大"报告中提出了"提高国家文化软实力，使人民基本文化权益得到更好保障，使社会文化生活更加丰富多彩，使人民精神风貌更加昂扬向上"之后，"提高文化软实力"就越来越迫切地成为我国社会主义精神文明建设的一项重要内容。国家对传统文化的保护和开展状况是衡量一个国家文化软实力的重要标准。然而，目前我国对传统文化的宣传和推介还基本上处于"原生态"状态，在这一重要的社会转型时期，优秀的文化传统资源并未充分转化为现实强大的生产力，忽视对传统文化资源的创新和改造是竖立在文化发展道路上的一颗绊脚石。即使某些地区有了对传统文化进行开发的行为，也由于对传统文化的内涵、价值和意义认识不到位，造成了对传统文化资源的歪曲、破坏和扭曲，这都不利于保护中华民族传统文化的多样性，不利于发展和增强我国的文化软实力，不利于团结各民族共同发展。中华民族丰富多彩、灿烂辉煌的传统文化是由 56 个民族的劳动人民和优秀儿女共同缔造的，但由于历史、社会发展、经济发展、所处地域、资源环境等因素的影响，

各民族的发展还处于参差不齐，极不平衡的状态，总的来说少数民族的发展相对滞后。因此，文化多样性保护的核心也是对少数民族传统文化的保护，对于我国这样的历史上一直以来就是多民族的国家尤为如此。其中，利益分配问题直接影响到少数民族参与文化保护的积极性和主动性，也关系到少数民族文化权利以及其他基本人权的实现，是亟待解决的一个问题。

2006年，我国加入了联合国教科文组织的《保护和促进文化表现形式多样性公约》，该公约主张从主权、人权与私权三个角度来保护文化多样性，因此我国有义务将该公约的原则与规定在国内实施。但是，目前的相关研究比较缺乏，公约中较为原则性的条文规定与我国民族文化多样性保护的现实状况无法在实践层面上做到恰当、合理的衔接是该公约无法真正在国内贯彻实施的一大因素。因此，笔者从对于少数民族文化开发中的利益补偿制度进行着手研究，以期能够对实践中保护少数民族传统文化的多样性提供些许思路。

（二）有利于促进民族地区的可持续发展

长期以来，对传统文化尤其是少数民族传统文化的开发和利用，譬如收集、整理、改编等，常常被误认为是原始创作，这些吸收了少数民族传统文化中的优秀成分并加以改编、加工的作品，最后往往都为改编者、加工者带来了巨大的现实收益，而真正的少数民族文化的所有者、传承者却很难从中受益。这造成的现实问题就是，加工者、改编者往往取之于“少数民族”，但收益却未用之于“少数民族”。少数民族文化的传承、保护和发展亦是需要一定的资金支持，这种无偿奉献的状态无疑造成了事实上的不公平，对少数民族传统文化权利的保障也无从谈起。

随着市场经济的发展和国际文化贸易的增长，受商品经济思想和利益的冲击，少数民族对于自身文化的认同感越来越强，传统文化的拥有群体和使用者之间的利益争夺矛盾也越来越突出，这已经成为困扰民族地区传统文化开发的一个瓶颈，迫切需要在尊重少数民族群众文化意识的前提下，以维护少数民族群众的文化利益为目的，采用吸收少数民族群众参与保护开发的形式，建立包括利益分配以及补偿在内的法律规范和保护制度，以此来鼓励对少数民族地区传统文化的合理开发和利用。有了合理的利益分配和补偿制度，各方主体各得其所，各安其职，才能共同致力于建设和发展少数民族地区的各项事业，从而促进民族地区的可持续发展。

（三）对完善现有法律体系具有重大价值

我国现阶段对于少数民族权利进行系统性保护的法律主要体现在《民族区域自治法》中和相关的配套法规中，而现有的《民族区域自治法》第65条和第66条以及其他法律法规关于民族自治地方的利益补偿的规定很不充分，这些关于利益补偿的规定只适用于有形自然资源，而忽视了对于无形的文化资源的保护。在当今瞬息万变的信息化时代，各国对于文化资源、智力成果等精神层面上的产权保护较之对实物的保护有过之而无不及，这些无形的智慧资源不仅包含着现实的巨大的商业价值，同时也是加强民族向心力、凝聚力、保持民族特色的重要依托。而今，全球化时代下，在对传统文化资源进行开发越来越频繁的情况下，这一过程中迫切需要引入利益补偿制度，以规范和完善整个开发活动，使得文化资源的开发活动有理、有利、有节。因此，对少数民族地区输出资源的补偿制度进行系统的研究和设计，对于完善我国的民族区域自治法和知识产权法的相关内容，丰富现有的法律体系有着重大价值。

二、研究现状

（一）国内外研究状况概述

目前国内研究少数民族传统文化开发中的利益补偿的专著还

没有。在法学领域内，于知识产权研究方面有所涉及的，主要的有郑成思主编《知识产权文丛》第 13 卷，方正出版社 2006 年版；在行政补偿和环境补偿方面也略有涉及，如夏军著《论行政补偿制度》，中国地质大学出版社 2007 年版；郭日生主编《生态补偿原理与应用》，社会科学文献出版社 2009 年版。除此之外，也有学者从民族经济学的角度进行了一些探索，如王文长著《西部开发中民族利益关系协调机制研究》，中央民族大学出版社 2007 年版；该领域的研究论文也不是很多，主要包括：孙昊亮的《西部生物遗传资源保护与开发的利益补偿》，载《西北大学学报》2005 年第 4 期；杜群的《生态保护及其利益补偿的法理判断》，载《法学杂志》2006 年第 10 期；马晓京的《旅游开发与传统文化保护的主体》，载《青海民族研究》2003 年第 1 期；刘宗碧的《民族村寨旅游开发和文化产权问题研究——以黔东南地区侗族村寨为例》，载金星华主编《首届全国民族文化论坛论文集》，民族出版社 2005 年版。目前对于民族传统文化保护的研究主要集中在自然资源开发中的利益补偿与传统文化的具体保护措施与制度设计上，对文化开发中的利益补偿很少有人涉足，多数研究者对所面临的问题有深刻的认识，甚至希望改造现有的包括知识产权制度在内的各种法律制度，以适应传统文化保护的需要，但可操作性都不强。

国外对传统文化保护方面的相关研究主要集中在文化遗产、非物质文化遗产、文化多样性的保护以及原住民权利保护方面，由于我国与其他国家不同的社会及经济制度，他国并不存在我国所面临的紧迫的进行利益补偿方面的立法的任务，但其在前述领域的研究成果与具体的制度措施值得我们借鉴。主要的有：Nions，Helen，Minority Rights Protection In International Law；Skrentny，John David，The minority rights revolution；David W. Elliott，Law and aboriginal peoples in Canada（fifth edition）；Scott C. Idleman，Multiculturalism and the future of tribal sovereignty。

（二）文献回顾

一些学者从我国在保护民族文化产权实践中面临的问题和挑战出发，论述了保护民族传统文化的重要性和迫切性，指出了应吸收民族文化的持有者、传承者，即当地的民族群众参与到对民族文化的保护中，保护其在文化开发与保护中的利益。吴晓萍在《浅析民族地区旅游可持续发展的某些限制性因素》一文中认为，旅游业收益在各有关群体中分配不公的问题是民族旅游业可持续发展的限制性因素之一，民族地区旅游业产生的利润大都流向了外地人，大多数旅游开发项目都缺乏与当地少数民族的讨论和协议，旅游带来的各种社会成本也并不是由那些受益者承受的，开发商对旅游资源的掠夺式开发和粗放式管理会损害旅游业赖以存在和发展的资源质量，从而威胁旅游业本身的可持续发展。马晓京在《西部地区民族旅游开发与民族文化保护》和《旅游开发与民族传统文化保护》中认为，随着西部大开发战略的实施，旅游业的发展为西部地区少数民族的文化带来了很大的冲击，在确实促进和带动了少数民族地区的经济发展之外，也带来了诸多的负面影响，比如民族文化的同化、民族文化的商品化、民族文化的庸俗化、民族文化价值观的退化与遗失等，这些都不利于民族传统文化的可持续发展，因此，必须明确民族文化的保护主体，通过宣传手段，发动民族文化原生土壤地的原生人群，包括对于传统文化保护意识较强的民族精英和普通群众共同传承和保护民族的优秀传统文化。单纬东在《少数民族文化旅游资源保护与产权合理安排》一文中指出目前少数民族文化资源保护之所以困难和效果不理想，主要原因是没有从保护的根本——内部因素着手。内部因素包括两个方面的原因：一是目前少数民族文化资源的产权安排存在问题，二是由民族文化自身的特点和少数民族的经济状况决定的。目前的产权安排从根本上剥夺了少数民族自身的权益，广大少数民族没有得到民族文化资源开发后带来的应有权益，因此，在旅游开发权利上属于弱势群体的少数民族，也就丧失了对自身民族文化资源保护的积极性。王希恩在《论中国少数民族传统文化现状及其走向》一文中认为，由于追求自身最大的利益，开发商采取了粗放的经营和管理方式，对少数民族传统文化的保护如果只是局限在上层的政府或社会有识之士，而得不到下层的、它的原生土长的文化创造者或主人公的支持，那么该民族传统文化一旦面对现代化的强烈冲击，其衰落是必然的。

研究民族文化开发中的保护问题探讨较多的是从政府的政策层面上来进行的，主要探讨了在少数民族文化资源的利益分配方面，较多考虑的是当地政府和开发商的利益，忽视了当地民族的利益，因此要呼吁当地政府在出台旅游开发规划措施时合理考虑当地民族的利益。但是，这些措施并没有从本质上解决民族旅游开发中的利益分享问题，究其原因，是因为学者在分析这一问题的时候没有考虑该问题产生的本质问题：民族文化产权归属的问题，只有真正明晰了民族文化资源的产权问题，充分考虑文化资源拥有者的权利问题，那么与之相关的利益分享问题就迎刃而解了。

有关研究民族文化产权方面的论文有：郑均、黄高钰在《少数民族文化产权关系的现状及其重构》一文中指出，从我国现行公共政策及法律制度来看，少数民族文化，被纳入到社会公共资源领域之中，并隐含性地规定国家代表全民享有产权，而作为各个少数民族文化的创造者和传承者的少数民族居民，其民事产权主体地位和民事法律权利却被埋没和忽视了。这样的产权制度安排所带来的现实问题，比较突出地反映在少数民族文化旅游当中——少数民族群众依然忍受贫穷、少数民族文化依然遭受破坏，进而导致了少数民族与旅游企业之间的权益紧张与矛盾冲突，给少数民族地区经济和社会的发展带来消极影响。他们主张对少数民族的产权进行重构，确立少数民族作为产权主体，享有文化所有权、使用权、收益权、处分权、监督权等民族权利，对少数民族文化的开发要获得少数民族的授权，向其支付许可使用费，从而使其正当合法地参与旅游法律关系。潘卫杰在《试论民族文化产权及其保护》一文中对加强文化产权保护进行了几点思考，认为目前法律的保护不到位，大多的法律法规都只规定了大的原则，缺乏具体的更有操作性的实施细则做依据是造成越来越多的民族文化被侵权的更为本质的原因，因此对于民族文化产权的保护应该在培养文化产权意识的前提下，完善相关的法律法规，并提供有力的制度支撑，加强文化产权人才队伍建设，以便更全面彻底地对传统文化进行保护。尤小菊在《试析文化资源产权的本土化表达及意义——以黄姚古镇为例》一文中，从文化产权兼具公权和私权的双重属性，而且还具有精神权利和财产权利的双重内涵这一基础出发，在分析了我国目前民族文化产权保护的现状之后，提出文化资源产权主体的多样化，决定了其受益者也应当是多样化的。在旅游开发过程中，多个产权主体可以同时并存。按照产权的可分割性，地方政府享受对于文化资源的管理权，当地居民则对文化资源享有所有权。从而在明确产权主体范畴的基础上，建立一套行之有效的参与机制与利益分配机制。

此外，与民族旅游开发和民族文化产权相关的文献还有：陈理主编的《民族历史文化资源与旅游开发》，田艳的《中国少数民族基本文化权利法律保障研究》，张晓萍主编的《民族旅游的人类学透视——中西旅游人类学研究论丛》，赖永剑、贺祥民的《旅游开发中三大利益群体关系探析》；王德刚、贾衍菊的《成本共担与利益共享——旅游开发的利益相关者及其价值取向研究》；吴忠军、叶晔的《民族社区旅游利益分配与居民参与有效性探讨——以桂林龙胜龙脊梯田景区平安寨为例》；田钒平、王允武的《从权力虚化、利益失衡到权益均衡的路径选择——民族自治地方自然资源开发权益分配机制研究》；等等。

但是，目前学界对于民族文化产权制度的研究或者主张利用知识产权法保护，或者主张制定专门的民族文化保护法，或者主张完善相关法律法规、加强政府责任、培养文化产权意识等。目前学术界缺乏对民族文化产权制度进行系统和深入的研究，实际上，民族文化产权制度的构建需要立法、执法、司法以及相应的政府责任相互衔接配合才能实现，因此笔者尝试从以上几方面入手研究民族文化产权，以期更全面地确保当地少数民族能够从民族旅游开发中受益，以可持续发展的方式开发和保护民族传统文化资源。

三、研究方法

本书采取了理论与实践相结合、思辨与实证兼顾、历史与比较相结合的研究方法。主要有：

（1）田野调查。这是一种民族学（人类学）的调查方法，本文主要采用以实地调查为主的调查方法（访谈调查和深度访谈相结合），注重参与性观察与参与性体验，主要调取云南、贵州、内蒙古、黑龙江的若干个案进行分析，同时十分注重第二手材料的收集，注意研究他人所做过的相关调查，从一个侧面研究目前少数民族传统文化保护与开发的现状及所面临的挑战，并对其作一个整体性研究。民俗学研究领域的“石榴之争”为我们深入理解田野调查方法以及将此方法应用到本文的研究中起到了重要作用。“石”指民俗学青年学者施爱东，他提出了“田野是试验场”的观点，认为人文社会科学与自然科学在方法论上没有本质区别。自然科学可以有实验室，人文社会科学一样可以有试验场，这个试验场就是我们通常意义上的“田野”。传统民俗学在经验认知层面上，实际上只涉及了试验方法中的一个部分，即自然观察。我们的经验认知不仅应该坚持自然观察的旁观者角色，更应尝试发展实验观察与模型试验观察两种方法。[1] 而施爱东的对立面刘宗迪，即“石榴之争”的“榴”，则认为，社会科学的深度和广度，不取决于实证材料的深度和广度，而取决于研究者的心灵的深度和广度。与此类似，陈建宪认为，学术研究诸要素中，田野属于研究对象。但对研究对象的观察与思考出自研究者，因此研究者本身的目的、方法及学术素养，也需要研究。对研究者来说，田野不是生活本身，因为生活无所不包，而研究者不可能面面俱到。实际上，研究者眼中的田野是主观的而非客观的。但田野也不是实验室。自然科学的实验条件是根据实验目的而主观设定的，但田野却不能由我们主观设定。[2] 这些争论对于任何一个研究者深入理解，并更好地把握和运用田野调查的研究方法都是非常有好处的，但是无论如何，深入实际，充分发挥研究者的洞察力，将法学理论与民众的社会生活相结合，获得大量的第一手实证调查材料总是有百利而无一害的。

研究少数民族传统文化开发中的利益补偿制度，不应仅仅关注理论，而应进行实地调查和考察，通过实证调研，充分了解文化补偿制度的现状，归纳出文化补偿制度实践中存在的问题、成因以及解决问题的出路等，力求以此为文化补偿制度的一般理论奠定实证层面的基础。我们事先准备了调查提纲，采用提问式的方法，以入户访谈为主，以座谈会的形式为辅，收集到了许多真实的第一手资料，了解到了这些文化补偿制度的雏形，并对一些当地人熟知但未进入学者视野的现象从法学角度进行了分析，并在此基础上形成了调查报告。本书选取了调查报告中的一些典型个案进行分析。同时，本人的这些调查也为其他学者进行相关领

---

① 刘宗迪、施爱东、吕微、陈建宪：《两种文化：田野是“试验场”还是“我们的生活本身”》，载《民间文化论坛》，2005 年第 6 期。

② 同上。

域的研究提供了资料，例如，对苗族、傣族、哈尼族等情况的调查以及入户访谈为少数民族经济权利保障研究、少数民族的生存权和发展权研究、少数民族人权基础理论研究等提供了宝贵的第一手资料。

（2）比较研究方法。本书将充分利用横向比较（此地与彼地的有关文化补偿制度的立法状况）和纵向比较（以历史演变为线索研究文化补偿制度的变迁情况）相结合的方法，以期从多角度全面透视文化补偿制度的相关问题。同时，在本书的写作中，注重微观与宏观视角的结合，客观与主观的结合，自下而上与自上而下的结合。

文化补偿制度是公法研究中涉及的重要问题，对这种权利的研究不会局限于一国之内，它是一个国际性的课题。不同国家对文化补偿理论的研究具有不同的特色，取得了很多的研究成果。吸收和借鉴其他国家对这一问题的研究思路和研究成果，对完善我国传统文化的保护有着重要的借鉴意义。本书通过分析比较其他国家之间以及其他国家和我国在这方面的理论和实践研究，力图为解决我国文化补偿制度问题提供有益的启示，从而促进和发展我国的文化补偿制度的相关理论研究。

本书涉及宪法学、民族法学、国际人权法学等几方面的内容，还运用了政治学、社会学、民族学等学科综合研究的方法，以法学为基础，以其他学科为辅助，综合研究文化补偿制度的现状、存在的问题及对策，力图提出切实可行的科学的决策依据，使文化补偿制度的研究有所突破。

（3）历史研究方法。历史研究是系统地收集和评价数据，以描述、解释，并由此理解过去某个时间所发生的行为或事件的研究。就是对研究对象的各方面事实作详尽的调查，并对其发生、发展和变化过程作全面的分析，从而在了解对象的历史与现状的基础上，鉴往知来，揭示其本质和规律的方法。该种方法的优点在于，可以对那些用别的方法无法研究的话题和问题进行研究，可研究过去保存下来的与研究问题有关的证据，信息来源非常丰富。利用历史研究方法，寻找的有关资料包括文件、数字记录、口述、遗迹等，还要总结来自历史资料的信息，同时还要评价历史资料，包括外部评价，也包括内部评价。运用历史研究方法过程中，既要以马克思主义理论为指导，要有全局观念并注意抓主要事实材料，又要重视研究对象发展的时间顺序和空间变换（尽量避免倒叙形式），还要避免研究者所处的时代的文化、自己的知识结构等对历史认识的影响。

在文献分析方面，本书从所涉及的基本概念开始，对相关文献进行了检索、梳理和二次分析，分析范围不仅包括国内的文献，也包括大量的外文文献，主要分析方法是在国际的、历史的和现实政治的三个维度上对文献进行利用分析，包括概念和理论归纳与比较，并应用了跨学科的文献研究方法。一切事物都有产生、发展的过程，文化补偿制度的产生与实施状况也是一个具有历史性、延续性的问题。本书利用现存的第二手资料，侧重从历史资料中发掘事实和证据。要深入理解文化补偿制度，就有必要了解其历史发展脉络，因为现在的很多问题都有着深刻的历史背景。因此本书运用历史研究方法，对文化补偿制度做了系统的考察。

第一章　少数民族传统文化法制的困境

第一节　少数民族传统文化保护的相关立法

对于传统文化保护的法治化问题，一直是一个有争议的问题，争议的焦点不在于是否要给予法律保护，而是在多大范围内给予保护，给予何种权利保护，发达国家和发展中国家的态度和立场是有很大不同的。中国作为发展中国家，又是传统文化丰富的大国，一直倡导采取积极的立场来对传统文化进行保护，目前的相关立法主要集中在公法领域。

一、少数民族传统文化保护的中央立法

（一）对文化权利进行原则性规定

中国现行《宪法》序言中规定，中华人民共和国是全国各族人民共同缔造的统一的多民族国家。平等、团结、互助的社会主义民族关系已经确立，并将继续加强。在维护民族团结的斗争中，要反对大民族主义，主要是大汉族主义，也要反对地方民族主义。国家尽一切努力，促进全国各民族共同繁荣。第4条中规定，中华人民共和国各民族一律平等。国家保障各少数民族的合法的权利和利益，维护和发展各民族的平等、团结、互助关系。禁止对任何民族的歧视和压迫，禁止破坏民族团结和制造民族分裂的行为。国家根据各少数民族的特点和需要，帮助各少数民族地区加速经济和文化的发展……各民族都有使用和发展自己的语

言文字的自由，都有保持或者改革自己的风俗习惯的自由。

新中国成立以来的文化权利保障的历史告诉我们，通过民族区域自治制度来保障民族自治地方的少数民族的合法权益，包括文化权利，在民族区域自治的实践中已得到证明。现行宪法将民族区域自治制度作为我们国家的一项政治制度，并在第119条中规定，民族自治地方的自治机关自主地管理本地方的教育、科学、文化、卫生、体育事业，保护和整理民族的文化遗产，发展和繁荣民族文化。

《民族区域自治法》是在宪法规定的基本原则的基础上使民族区域自治制度进一步系统化，从中可以看出，民族区域自治制度是保障少数民族合法权益的制度设计，民族区域自治是手段，保障少数民族的合法权益包括文化权利才是目的。该法序言中指出，民族区域自治是在国家统一领导下，在各少数民族聚居的地方实行区域自治，设立自治机关，行使自治权。实行民族区域自治，体现了国家充分尊重和保障各少数民族管理本民族内部事务的权利，体现了国家坚持实行各民族平等、团结和共同繁荣的原则。

（二）对文化权利进行立法确认

少数民族的文化平等权受到了党和政府的高度重视，从前述的《中国人民政治协商会议共同纲领》到《民族区域自治实施纲要》，再到1954年《宪法》，都明确规定了少数民族平等地发展其文化的权利。同时，政府采取一切可能的措施，纠正民族文化关系中的歧视、敌意和隔阂状态，加强了各民族之间的文化联系，发展了少数民族优秀的传统文化，少数民族的风俗习惯得到尊重，各民族的传统节日得到尊重。少数民族文化平等权、参与文化生活的权利、享受文化成果的权利、开展文化创造的权利都获得法律保障，并逐步实现。

1952年，政务院发布《关于保障一切散居少数民族成分享有民族平等权利的决定》，在决定中规定了散居少数民族的各项权利，保障散居少数民族权益的各项原则也适用于散居在各少数民族自治区的其他少数民族成分和汉族成分。这其中也包含一些对少数民族文化权利保障的规定。对国家与民族之间的关系进行调整无疑应是宪法的一个重要职能，中国现行《宪法》不惜笔墨，多处规定了国家处理民族关系的原则，少数民族在各方面的平等权利，少数民族的文化权利（尤其是文化发展权）、语言文字权、风俗习惯权等都已上升为一项宪法权利，日益受到重视。

尤其值得一提的是，《宪法》第47条中规定，中华人民共和国公民有进行科学研究、文学艺术创作和其他文化活动的自由。国家对于从事教育、科学、技术、文学、艺术和其他文化事业的公民的有益于人民的创造性工作，给予鼓励和帮助。该条第一款说的是公民进行文化活动的自由，这是自由权意义上的文化权利。第二款则是宪法对受益权意义上的文化权利的确认。简言之，该条确认了公民的文化权利这一基本的宪法权利。但这种意义上的文化权利的内容（也可称为范围或外延）明显过于狭窄，与《经济、社会和文化权利国际公约》相比，它并不包括每个公民都有权享受科学技术及其应用所产生的利益这层含义，当然也不包括对所有少数民族文化生活自由的尊重。虽然如此，但这毕竟是将基本文化权利定义为一项宪法的公民基本权利，极大地促进了文化权利的保护，尤其是少数民族的文化权利。

《民族区域自治法》以自治权的形式在多处规定了保障少数民族文化权利的具体措施，特别是其关于文化管理自治权的规定。例如，第38条中规定，民族自治地方的自治机关自主地发展具有民族形式和民族特点的文学、艺术、新闻、出版、广播、电影、电视等民族文化事业，加大对文化事业的投入，加强文化设施建设，加快各项文化事业的发展。民族自治地方的自治机关组织、支持有关单位和部门收集、整理、翻译和出版民族历史文化书籍，保护民族的名胜古迹、珍贵文物和其他重要历史文化遗产，继承和发展优秀的民族传统文化。第42条中规定，民族自治地方的自治机关积极开展和其他地方的教育、科学技术、文化艺术、卫生、体育等方面的交流和协作。自治区、自治州的自治机关依照国家规定，可以和国外进行教育、科学技术、文化艺术、卫生、体育等方面的交流。同时，该法还以专章的形式规定了上级国家机关的职责，以法律形式确认了对少数民族文化权利的保障已经成为政府工作的一个重要组成部分。这些规定，都为少数民族充分实现其文化权利提供了可能。

《国务院实施〈民族区域自治法〉若干规定》专门规定了民族自治地方的自治机关在文化管理方面的自治权，这些权力规定的目的是赋予自治机关采取多种方式保障少数民族文化权利的职权。其中，第24条规定，上级人民政府从政策和资金上支持民族自治地方少数民族文化事业发展，加强文化基础设施建设，重点扶持具有民族形式和民族特点的公益性文化事业，加强民族自治地方的公共文化服务体系建设，培育和发展民族文化产业。国家重视少数民族优秀传统文化的继承和发展，定期举办少数民族传统体育运动会、少数民族文艺会演，繁荣民族文艺创作，丰富各民族群众的文化生活。第25条中规定，上级人民政府支持对少数民族非物质文化遗产和名胜古迹、文物等物质文化遗产的保护和抢救，支持对少数民族古籍的搜集、整理、出版。所有这些规定都进一步强调了政府在少数民族文化权利保障领域的职责，使中国少数民族文化权利的保护事业步入法制化轨道。

（三）关于文化遗产方面的立法

2005年12月，国务院发布的《关于加强文化遗产保护的通知》对其进行了规范，指出："文化遗产包括物质文化遗产和非物质文化遗产。物质文化遗产是具有历史、艺术和科学价值的文物，包括古遗址、古墓葬、古建筑、石窟寺、石刻、壁画、近代现代重要史迹及代表性建筑等不可移动文物，历史上各时代的重要实物、艺术品、文献、手稿、图书资料等可移动文物；以及在建筑式样、分布均匀或与环境景色结合方面具有突出普遍价值的历史文化名城（街区、村镇）。非物质文化遗产是指各种以非物质形态存在的与群众生活密切相关、世代相承的传统文化表现形式，包括口头传统、传统表演艺术、民俗活动和礼仪与节庆、有关自然界和宇宙的民间传统知识和实践、传统手工艺技能等以及与上述传统文化表现形式相关的文化空间。”① 这是至今为止中国法律文件中对“文化遗产”概念最权威、最明确的解释。

《文物保护法》第 2 条对文物的界定包括，具有历史、艺术、科学价值的古文化遗址、古墓葬、古建筑、石窟寺和石刻、壁画；与重大历史事件、革命运动或者著名人物有关的以及具有重要纪念意义、教育意义或者史料价值的近代现代重要史迹、实物、代表性建筑；历史上各时代珍贵的艺术品、工艺美术品；历史上各时代重要的文献资料以及具有历史、艺术、科学价值的手稿和图书资料等；反映历史上各时代、各民族社会制度、社会生产、社会生活的代表性实物。虽然该法主要是从国家对文物的管理方面进行的立法，但受该法保护的文物的一个重要组成部分就是少数民族文物。文物是少数民族传统文化的一个重要组成部分，是各少数民族给我们留下的珍贵的文化遗产。前述《文物保护法》对文物保护的范围都包含在联合国教科文组织 1970 年通过的《关于禁止和防止非法进出口文化财产和非法转让其所有权

① 中华人民共和国文化部网站：http：//www. ccnt. gov. cn/sjzz/fwzwhycs/flfg/201001/t20100112_ 76321. html。

的方法的公约》[①] 对文化财产的界定中。云南省还曾经制定了该法的实施办法，其对少数民族文物的界定，比该法的界定更加全面、具体，而且设专章规定了少数民族文物。少数民族文物是少数民族文化权利的重要物质客体之一，加强对少数民族文物的保护无疑是少数民族实际享有的文化权利进一步扩大的一个体现。

2003 年联合国教科文组织《保护非物质文化遗产公约》第 1 条第 1 款对“非物质文化遗产”作了明确界定：“‘非物质文化遗产’，指被各社区、群体，有时是个人，视为其文化遗产组成部分的各种社会实践、观念表述、表现形式、知识、技能以及相关的工具、实物、手工艺品和文化场所。这种非物质文化遗产世代相传，在各社区和群体适应周围环境以及与自然和历史的互动中，被不断地再创造，为这些社区和群体提供认同感和持续感，从而增强对文化多样性和人类创造力的尊重。在本公约中，只考虑符合现有的国际人权文件，各社区、群体和个人之间相互尊重的需要和顺应可持续发展的非物质文化遗产。”

2011 年 6 月 1 日生效的《中华人民共和国非物质文化遗产法》（以下简称《非物质文化遗产法》）第 2 条第 1 款基本移植了“公约”的定义，但结合中国文化传统和现实国情作了自己的界定：“本法所称非物质文化遗产，是指各族人民世代相传并视为其文化遗产组成部分的各种传统文化表现形式，以及与传统文化表现形式相关的实物和场所。”与“公约”不同的是，《非物质文化遗产法》没有在定义中明确限定其价值和理念，而是在保护方针和原则中，要求非物质文化遗产的保护应当“有利于增强中华

---

① 中国已于 1989 年加入该公约，其主要宗旨就是保护缔约国的文化财产免受偷盗、秘密发掘和非法出口的危险。中国还于 1999 年加入了《关于发生武装冲突时保护文化财产的公约》及其《议定书》；1997 年加入了《国际统一私法协会关于被盗或者非法出口文物的公约》。

民族的文化认同，有利于维护国家统一和民族团结，有利于促进社会和谐和可持续发展”。

1997 年 5 月，国务院发布了《传统工艺美术保护条例》，保护的范围包括：百年以上，历史悠久，技艺精湛，世代相传，有完整的工艺流程，采用天然原材料制作，具有鲜明的民族风格和地方特色，在国内外享有盛誉的手工艺品种和技艺。国家对传统工艺美术品种、技艺、珍品实行认定制度。具体保护措施包括：搜集、整理、建立档案；征集、收藏优秀代表作品；对其工艺技术秘密确定密级，依法实施保密；资助研究，培养人才。该条例的相关规定可以用于保护少数民族的传统工艺美术，传统工艺美术也是第一章中分析的“传统知识”的一个重要范畴。

2006 年 11 月 14 日，《世界文化遗产保护管理办法》正式颁布实施。其中第 12 条规定，省级人民政府应当为世界文化遗产建立保护记录档案，并由其文物主管部门报国家文物局备案。国家文物局应当建立全国的世界文化遗产保护记录档案库，并利用高新技术建立世界文化遗产管理动态信息系统和预警系统。第 13 条规定，省级人民政府应当为世界文化遗产确定保护机构。第 15 条规定，在参观游览区内设置服务项目，应当符合世界文化遗产保护规划的管理要求，并与世界文化遗产的历史和文化属性相协调。服务项目由世界文化遗产保护机构负责具体实施。实施服务项目，应当遵循公开、公平、公正和公共利益优先的原则，并维护当地居民的权益。第 16 条规定，各级文物主管部门和世界文化遗产保护机构应当组织开展文化旅游的调查和研究工作，发掘并展示世界文化遗产的历史和文化价值，保护并利用世界文化遗产工作中积累的知识产权。

（四）关于少数民族非物质文化遗产保护的实施

2000 年 2 月，文化部和国家民委共同下发了《关于进一步加强少数民族文化工作的意见》，该文件对做好少数民族文化工作作了全面要求，其中包括，加快中西部民族地区文化建设，加强民族地区文化基础设施建设，搞好重点文化工程建设，繁荣少数民族文艺创作，加强民族地区文化队伍建设，加强少数民族传统文化的保护和利用，扶持优秀的少数民族文化，落实和完善文化经济政策，增加民族地区文化建设的投入，加强少数民族文化工作，等等。

2006 年 9 月 13 日，中国发布了《国家“十一五”时期文化发展规划纲要》，其第七部分专门规定了“民族文化保护”，[①] 从六个方面规定了民族文化保护的具体措施，使民族文化的保护成为全民的共识和政府的重要工作目标。主要包括：编纂出版文化典籍，发挥重要节庆和习俗的积极作用，重视中华优秀传统文化教育和传统经典、技艺的传承，规范和保护国家、民族语言文字，加强重要文化遗产保护，抢救濒危文化遗产等。具体措施包括：完成全国文化遗产普查，高度重视重要革命历史文物的收集、整理和重点革命历史遗迹的保护，加强世界文化遗产、大遗址、历史文化名城（街区、村镇）和文物保护单位的保护管理，制定并实施不可移动文物保护规划，完善重大建设工程中的文物保护工作，严格项目审批、核准和备案制度，建立非物质文化遗产名录体系，绘制国家非物质文化遗产资源分布图，确立非物质文化遗产传承人谱系，制定传承人资助办法，采取有效措施，保护濒危的民族文化遗，继续实施文物保护维修重点工程，排除文物保护单位重大险情，建设抢救性文物保护设施，完善文物保护单位和博物馆安全消防设施设备，做好基本建设中的抢救性考古发掘和文物保护，加强对民间文学、民俗文化、民间音乐舞蹈、少数民族史诗等若干非物质文化遗产项目的抢救等。

① 这里面所讲的“民族文化”既包括少数民族物质文化遗产，也包括少数民族非物质文化遗产。

2012年2月15日，中国发布了《国家“十二五”时期文化改革发展规划纲要》，在“加强公共文化产品和服务供给”方面，特别谈到“鼓励扶持少数民族文化产品的创作生产，提高优秀汉语广播影视节目、出版物等的民族语言译制量，开展少数民族文字书报刊赠送活动”。在“加强非物质文化遗产保护传承”方面，特别谈到“加大西部地区和少数民族非物质文化遗产保护力度。正确处理保护与利用、传承与发展的关系，促进文化遗产资源在与产业和市场的结合中实现传承和可持续发展”。

（五）对违反少数民族传统文化的行为进行惩处

《刑法》第249条规定了煽动民族仇恨、民族歧视罪，第250条规定了出版歧视、侮辱少数民族作品罪，第251条规定了非法剥夺公民宗教信仰自由罪和侵犯少数民族风俗习惯罪。这些都是从国家刑事立法的角度规定的对侵害少数民族文化权利的行为进行惩处，也是从事后惩罚与补救的角度规定的对少数民族文化权利的保障。

此外，《出版管理条例》第26条中规定了任何出版物不得含有煽动民族仇恨、民族歧视，破坏民族团结，或者侵害民族风俗、习惯以及危害民族优秀文化传统的内容。第56条、第57条中规定了对上述行为及其相关行为的具体惩罚措施。这也是从国家对出版行业的行政管理的角度规定的对少数民族文化权利的保障。

二、少数民族传统文化保护的地方立法

在中国少数民族传统文化保护的国家法紧锣密鼓地进行之时，我们无法忽视，早在1986年，贵州省人大常委会公布《贵州省文物保护管理办法》，特设“民族文物”一章，明确规定，“对具有地方特点和民族特点，并具有研究价值的典型民族村寨，以及对与少数民族的风俗习惯、文化娱乐、宗教信仰、节日活动

有关的代表性实物、代表性场所及具有重要价值的文献资料，要加以保护”；“各级文化行政管理部门和城乡建设环境保护部门，应在调查研究的基础上，对于历史比较悠久、建筑具有特点、民俗具有特色的典型村寨，根据其科学研究价值报同级人民政府核定公布为不同级别的民族保护村寨。”《云南省实施〈中华人民共和国文物保护法〉办法》也是如此，很多地方立法已经在此领域进行了有益的探索，并取得了良好的效果。这些立法都在开篇就规定了本省民族民间传统文化的保护范围，大同小异，在此不一一列举。此外，这些地方立法还规定了专门的传统文化保护机关、传统文化的传承人和传承单位、传统文化之乡、传统文化保护区等特别措施来加强对少数民族文化权利的保障，在很多方面具有开拓性，也为该领域的国家立法提前进行了探索。

（一）概括性规定

对少数民族传统文化保护的概括性规定主要指中国目前已经制定的 134 个自治条例中对少数民族文化权利保障的相关规定，具体表述不是很一致，但从内容上看，一般都是有专门的条款对该事项做出了原则性规定。例如，《三都水族自治县自治条例》的第 45 条中规定，自治县的自治机关加大资金投入，保护名胜古迹、文物、民族文化遗产和烈士陵园，加强文化生态博物馆、民族民间传统文化之乡和民族文化村寨的保护和建设；发掘民族民间文化资源，培养民族民间文化传承人，支持民族民间文化进校园。该条例利用一个条款专门规定了水族文化权利保障的多方面内容。

此外，中国部分省市所制定的少数民族权益保障条例或散居少数民族权益保障条例也对此作了概括性的规定。例如，《浙江省少数民族权益保障条例》第 18 条中规定，各级人民政府及有关部门应当扶持发展少数民族文化、体育事业，保护、发掘、整理少数民族优秀文化遗产，培养少数民族文艺、体育人才。

（二）规定少数民族非物质文化遗产的范围

《云南省民族民间传统文化保护条例》（2013年6月1日该条例被《云南省非物质文化遗产保护条例》所取代）、《福建省民族民间文化保护条例》和《贵州省民族民间文化保护条例》（2012年5月1日该条例被《贵州省非物质文化遗产保护条例》所取代）中规定的少数民族非物质文化遗产的范围大致相同，《新疆维吾尔自治区非物质文化遗产保护条例》中特别对“代表性传承单位”加以规定，《江苏省非物质文化遗产保护条例》规定了代表性传承人和代表性传承单位的权利与义务。这些条例中规定的非物质文化遗产主要包括：少数民族的语言、文字；具有代表性的民族民间文学、戏剧、曲艺、诗歌、音乐、舞蹈、绘画、工艺美术等；民族民间文化传承人及其所掌握的传统工艺制作技术和技艺；集中反映各民族生产、生活习俗和历史发展的民居、服饰、器具、用具等；具有民族民间文化特色的代表性建筑物、设施、标识以及在节日和庆典活动中使用的特定自然场所；保存比较完整的民族民间文化生态区域；具有学术、史料、艺术价值的手稿、经卷、典籍、文献、契约、谱牒、碑碣、楹联等；具有民族民间代表性的传统节日、庆典活动、民族体育和民间游艺活动以及具有研究价值的民俗活动；民族民间文化的其他表现形式。广西、苏州、湖南省的湘西土家族苗族自治州、长阳土家族自治县等也都制定了各自的民族民间文化保护方面的地方立法。正是由于我们目前没有能力也没有必要对所有的非物质文化遗产进行保护，因此这些规定科学地界定了非物质文化遗产保护的范围，对地方立法的实施以及整个法制运行环节都是有重要指导意义的。

（三）规定专门的少数民族非物质文化遗产保护机关

《云南省民族民间传统文化保护条例》（2013年6月1日该条例被《云南省非物质文化遗产保护条例》所取代）、《福建省民族民间文化保护条例》和《贵州省民族民间文化保护条例》（2012年5月1日该条例被《贵州省非物质文化遗产保护条例》所取代）中都规定县级以上人民政府的文化行政部门主管本行政区域内少数民族非物质文化遗产的保护工作。《云南省纳西族东巴文化保护条例》第5条规定，丽江市和有关县（市、区）人民政府文化行政部门是纳西族东巴文化保护工作的主管部门。这些部门的职责大致相同，主要是：宣传、贯彻国家有关保护民族民间传统文化的法律、法规和方针、政策；会同有关部门制定本行政区域内民族民间传统文化保护工作规划，并组织实施；对民族民间传统文化的保护工作进行指导和监督；管理民族民间传统文化保护经费；对违反本条例的行为进行处罚。民族事务、教育、旅游、规划、建设、新闻及其他有关部门应当在各自的职责范围内，协助文化行政部门共同做好民族民间传统文化的保护工作。

虽然根据以上关于文化行政部门职责的规定以及其他相关条款的规定，这些地方性法规主要通过行政管理的手段对少数民族非物质文化遗产予以保护，而没有将其作为一种与财产权利相关的客体来进行保护，没有明确所有者与使用者的关系。但这些条例毕竟是在该领域的开拓性立法，具体制度设计非常合理也比较完善，照顾到了少数民族非物质文化遗产保护的许多因素，具有积极的实践意义。

（四）规定少数民族非物质文化遗产代表性传承人和传承单位

《云南省民族民间传统文化保护条例》（2013年6月1日该条例被《云南省非物质文化遗产保护条例》所取代）第15条规定了云南省民族民间传统文化传承人的认定条件：本地区、本民族群众公认为通晓民族民间传统文化活动内涵、形式、组织规程的代表人物；熟练掌握民族民间传统文化技艺的艺人；大量掌握和保存民族民间传统文化原始文献和其他实物、资料的公民。

《福建省民族民间文化保护条例》第 11 条规定了民族民间文化传承人的条件：在本行政区域或者一定地域范围内被公认为通晓某一民族民间文化形态；熟练掌握某一民族民间文化传统工艺或者制作技艺，在当地有较大影响；保存某一民族民间文化的原始资料、实物，并且有一定研究成果。第 12 条规定了民族民间文化传承单位的条件：以保护民族民间文化为宗旨，经常开展以民族民间文化为内容的活动；掌握某一民族民间文化表现形态、传统工艺或者制作技艺；保存某一民族民间文化的原始资料、实物，并且有一定研究成果。

该规定有利于动员一切积极因素，鼓励民间社会团体、非政府组织，以及少数民族公民组织起来参与对少数民族传统文化以及民间文化的保护工作。由于“单位”的概念不明确，不是一个规范的法律术语，应使用“组织”一词，称为“民族民间文化传承组织”更科学、更规范。

《福建省民族民间文化保护条例》第 14 条和第 15 条规定，传承人和传承单位享有以下权利：开展传艺、讲学以及艺术创作、学术研究等活动并取得报酬；可以向他人有偿提供其掌握的知识和技艺以及有关的原始资料、实物、建筑物、场所；经济困难的传承人和传承单位，可以获得县级以上地方人民政府的资助。传承人和传承单位应当履行以下义务：完整地保存所掌握的知识和技艺以及有关的原始资料、实物、建筑物、场所；按照师承形式或者其他方式选择、培养新的传人；依照法律法规规定开展传播、展示等经常性活动。上述两条对传承人和传承单位的权利义务的规定更是有开创性的，《云南省民族民间传统文化保护条例》中没有规定该方面的内容。虽然该规定还不是特别具体，还没有涉及民族民间文化的所有者这一根本性问题，但规定了传承人和传承单位的权利义务，更具可操作性。

《宁夏回族自治区非物质文化遗产保护条例》规定，符合下列条件之一的公民，可以申请或者被推荐为非物质文化遗产传承人：（1）在一定地域范围内被公认为通晓某一非物质文化形态的；（2）熟练掌握某一非物质文化传统工艺或者制作技艺，在当地有较大影响或者被公认为技艺精湛的；（3）只有本人及其徒弟才有的特殊技艺的；（4）通晓并保存有某一非物质文化遗产的原始文献资料、实物的。

《江苏省非物质文化遗产保护条例》规定，非物质文化遗产代表性传承单位应该具备的条件：（1）有掌握某种非物质文化遗产代表作表现形态或者技艺的传承人，并对该非物质文化遗产展开研究；（2）以传承、发展非物质文化遗产为宗旨，并坚持开展相关活动；（3）保存某项非物质文化遗产的原始资料或者代表性实物。

（五）规定民族民间传统文化之乡

《云南省民族民间传统文化保护条例》（2013 年 6 月 1 日该条例被《云南省非物质文化遗产保护条例》所取代）第 17 条规定了云南省民族民间传统文化之乡的命名、设立条件等方面的相关规定。其中包括：历史悠久，世代相传，技艺精湛，有较高艺术性、观赏性的；有鲜明的民族风格和地方特色，在国内外享有盛誉的；在当地有普遍群众基础或者有较高开发利用价值的。第 19 条规定，命名云南省民族民间传统文化之乡、设立云南省民族传统文化保护区，应当尊重当地各民族公民意愿。

该条例在全国范围内首次对民族民间传统文化传承人、民族民间传统文化之乡、民族传统文化保护区作了相应规定，在云南这样一个多民族聚居的大省使少数民族传统文化保护纳入法制轨道，取得了良好的社会效果，并为其他地区的立法提供了范例，推动了传统文化保障观念的深入人心。立法者在加强对民族民间传统文化保护的同时，注意到了应当尊重当地各民族公民意愿。这是对少数民族作为民族民间传统文化的权利主体意志的尊重，有利于调动当地各族公民的积极性，加入到保护行动中来。

（六）规定民族传统文化保护区或文化生态保护区

贵州在文化遗产保护的系统工程中，特别重视对民族村寨的保护和管理。早在1984年，原省文化出版厅就发出了《关于调查民族村寨的通知》，指出："我省各族人民在开发贵州高原的长期历史发展过程中，修建了许多具有地方特色和民族风格的自然村寨，生动地反映了我省各族人民的历史文化和创造才能，具有重要的民族、民俗文物价值。有选择地保护好具有地方特色和民族风格的民族村寨（包括汉族村寨），对于研究贵州的建筑艺术、民族历史，进而建立一批露天民族民俗博物馆，借以推动两个文明建设，具有十分重要的意义。"

《云南省民族民间传统文化保护条例》（2013年6月1日该条例被《云南省非物质文化遗产保护条例》所取代）第18条规定了设立云南省民族传统文化保护区的条件，主要包括：能够集中反映原生形态少数民族传统文化的；民居建筑民族风格特点突出并有一定规模的；民族生产生活习俗较有特色的。

《福建省民族民间文化保护条例》第16条规定，民族民间文化形态保存较完整、并具有特殊价值、特色鲜明的民族聚居村落和特定区域，可以命名为福建省文化生态保护区。具有悠久历史、地方特色的民族民间文化表现形态、传统工艺和制作技艺，并有广泛群众基础的区域，可以命名为福建省民间文化艺术之乡。该条规定对文化生态保护区进行命名的做法，也是值得称颂的，因为立法者有了"文化生态"的概念，已经意识到民族民间传统文化的保护不能离开其原生地，与其生长环境是一个整体。可以说，这是少数民族非物质文化遗产保护理念方面的一个进步。

虽然对以设立类似民族文化保护区的方式来保护少数民族的传统文化的做法还存有一些争议，但三个条例都肯定了其积极作用，以地方立法的形式对设立条件做了具体规定。2006年，中国在“十一五”期间确定了“10个国家级民族民间文化生态保护区”，[①] 至2010年底，文化部共批准了闽南文化（福建）、徽州文化（安徽）、热贡文化（青海）等10个文化生态保护试验区。“十二五”期间，中国拟设立20个国家级文化生态保护实验区。

前面几项内容是地方立法中保护少数民族非物质文化遗产的主要规定，除此之外，还有一些规定也是非常重要并且具有地方特色的。例如，《云南省纳西族东巴文化保护条例》第5条规定了东巴文化保护经费的来源及主要用途。《延边朝鲜族自治州朝鲜族文化工作条例》第四章还以专章的形式规定了群众文化，规定以特别的措施保障群众参加文化生活的权利。第五章以专章的形式规定了图书和文物，特别强调对民族文物的保护，这些虽然是原则性的规定，但其在国内比较早地规定了政府在民族文化工作方面的义务，以及采取措施促进群众对文化生活的参与，是比较罕见的。

三、对我国少数民族传统文化保护立法的反思

从以上关于少数民族传统文化法律保护的中央立法和地方立法中可以看出，少数民族传统文化是公共资源，政府负有不可推卸的保护责任，我国该领域现有的立法主要集中在国家对传统文化的管理上，再扩展一步，最多也就是从公法视角来加强对少数民族非物质文化遗产的法律保护，而私法视角的少数民族非物质文化遗产法律保护则几乎没有。正如已故著名知识产权法专家郑成思教授所言：“现有知识产权制度对生物技术等高技术成果的专利、商业秘密的保护，促进了发明创造；对计算机软件、文学作品的版权保护，促进了工业与文化领域的智力创作。但它在保

① 《国家“十一五”文化发展纲要》。

护各种智力创作与创造之‘流’时，在相当长的时间里忽视了对‘源’的知识产权保护。这不能不说是一个缺陷。而传统知识，尤其是民间文学的表达成果，正是这个‘源’的重要组成部分。”[①] 但长期以来我们把这些传统文化作为公共产品随便加以利用，在其背后，我们忽略了作为传统文化主人的当地社区或少数民族的文化利益。对传统文化的产权进行法律保护，就是对各种智力成果的“源”进行保护的一种方式。传统文化就是包括知识产权在内的智力成果的“源”的一种，真的无法计算有多少音乐作品、舞蹈作品、摄影作品、美术作品、影视作品中含有传统文化的“影子”。

权利形态是少数民族非物质文化遗产法律保护制度构建的核心理论范畴。在权利模式的立法选择方面，主要有如下几种观点：第一，公权保护说，即规定政府或国家在保护非物质文化遗产方面的职责或行为，如普查、建档、研究、保存、传承、弘扬等，以及为实现这些保护行为而提供的财政、政策、技术等措施，而不涉及平等主体就某一财产的归属、利用、转让等产生的权利义务关系。[②] 目前少数民族非物质文化遗产的公法保护主要存在着如下一些形式：一是利用现代传媒手段将传统文化以有形的载体形式保存起来；二是在传统文化所在的社区建立文化生态保护区或文化生态村寨，通过这些社区的群体，将活态的传统文化传承下来；三是恢复或重建已经消失或即将消失的传统文化；四是鼓励在传统的基础上创造或再创造传统文化的表现形式或内容；五是对传统的技艺和艺术形式进行适当的商业利用和开发来促进保护；六是集中专家学者进行中国民族民间文艺集成志书编

① 郑成思：《知识产权文丛》（第 8 卷），方正出版社 2002 年版，第 3 页。

② 王鹤云、高绍安：《中国非物质文化遗产保护法律机制研究》，知识产权出版社 2008 年版，第 194 页。

纂工作；七是在全国实施了中国民族民间文化保护工程。第二，知识产权保护说，即采用知识产权法律或改造现有的知识产权法律来规范和调整传统文化在其利用和传播中所发生的社会关系，主要解决的是在非物质文化遗产的利用中所产生的问题，旨在保障相关知识产权人精神权利和财产权利的实现。① 通过创设私权，鼓励传统文化来源社区与传承人自觉维系传统文化的存续与发展，并依托他们的习惯法与其自身的努力来实现传统文化的可持续发展，实现文化自觉。第三，综合保护说，即由于传统文化的复杂性，对它的保护需要依赖综合性措施，知识产权不能成为保护传统文化的主要手段，应采取融公法和私法于一体，多种保护手段相配合的综合性法律制度。② 本人赞同第三种观点，由于少数民族非物质文化遗产是一国的文化资源，又是其民族精神的凝结，保护传统文化首先是政府的公共职能之一；同时，传统文化又涉及其主体在平等的民事关系中对传统文化进行开发与利用的私法上的权利义务关系，因而应采取综合保护说。这是因为，如果不将传统文化视为传统社区的民事权利，仅以国家公法模式保护，鉴于公共资源的稀缺性，国家必然要考虑哪些传统文化值得保护、哪些传统文化急需保护及哪些传统文化不需保护，并进行重要性等先后排序、并决定保护措施及投入等问题，非常类似于我国目前的非物质文化遗产保护模式，既耗费公共资源又无法避免遗漏，当然这并不是说这种保护方式是多余的；尤其是可能又为随体制、官员个人而产生寻租现象增添一个借口，使真正需要保护的弱势群体的权利成为牺牲品。相反，如果明确少数民族非物质文化遗产首先是相应群体（少数民族）的私权，则只要少数

① 持这种观点的学者有很多，如吴汉东、蒋志培、严永和、张耕等。

② 张玉敏：《民间文学艺术保护模式的选择》，载吴汉东主编：《知识产权年刊》（2007 年号），北京大学出版社 2008 年版，第 114 页。

民族非物质文化遗产产权人主张其自身的权利，其权利就可得到充分的法律保护，这样就能充分调动少数民族非物质文化遗产产权人保护和发展传统文化的积极性。因而，我们主张综合保护说，即以私法保护措施为主，辅之以公法保护措施，即在少数民族非物质文化遗产产权人不能保护或不愿保护等特殊情况下，国家再行使相应的公法保护职能。

一般认为，罗马人是公法与私法之区分的开创者。关于公法与私法的划分的最权威的观点来自当时的著名法学家乌尔比安，乌尔比安说："公法是涉及罗马国家的关系，而私法是涉及个人的利益。"乌尔比安这句话被查士丁尼法典转载，从此这一观点随同罗马法世代传袭下来，直至今日，这种对法律的划分方法在当前仍然具有积极的意义。私法是保护一切私人利益的法律，公法保护的目的在于维护公共利益，其权利主体是国家，主管部门行使的是"权力"，而非"权利"。主管部门的职能只能是代表国家行使权力，保护国家的文化安全、少数民族非物质文化遗产社区的基本人权、对外代表国家维护国家的文化主权，但不能维护传统文化的产权人的民事上的利益。公法的价值侧重于社会秩序与社会公平的维护，实现的是分配正义，其调整能量是自上而下的，主要关系到社会资源的再分配。私法能够保证人们按客观经济规律办事，实现商品交换中的等价、有偿、自愿原则，体现权利主体的自主与平等，体现着保卫人们的财产不受侵犯，保卫社会关系参加者的正当权利免受国家权力的专横干涉。私法的规范主要是授权性规范，当事人可以根据自己的序言和意志进行选择。其价值侧重于自由和效率，实现的是校正正义，它的调整能量是自下而上的，与市场经济的自行调节相适应，主要关系到社会资源的初次分配。[①] 鉴于本书的研究目的所在，我们所探讨的少数民族非物质文化遗产的法律保护既有公法层面，也有私法层面，试图构建一种国际社会努力寻求的专有权利保护模式。[②]

第二节 少数民族非物质文化遗产代表性项目的认定与名录制度

政府在保护非物质文化遗产方面应主要发挥三个作用：一是普查建档作用，即根据非物质文化遗产保护之需要，政府要利用行政资源和手段，通过对传承人的普查、记录和整理，建立档案和名录，最大限度地避免重要和优秀的非物质文化遗产及其传承人的消失。二是资助保障作用，政府不是传承的主体，并不直接干预传承，而是采取各种措施帮助支持传承人的传承活动，例如提供经费支持，提供相应生活待遇和社会待遇，开发利用传承人的民间文化资源，保护传承人赖以生存的村寨、社区的传统文化生态环境，提供公共教育的传承途径等。三是宣传、引导作用，即通过大众传媒、舆论工具大力宣传非物质文化遗产保护，积极维护并创造有利于非物质文化遗产传承活动的文化环境、社区环境和公众环境；同时，对社会力量参与的各种保护行为，政府要发挥积极引导作用。

一、非物质文化遗产的普查

非物质文化遗产的普查，是国家在 21 世纪初进行的一次大

---

① 孙国华、杨思斌：《公私法的划分与法的内在结构》，载《法制与社会发展》2004 年第 4 期。

② 参见 WIPO 与 UNESCO 于 1982 年共同制定的《保护民间文学艺术表现形式、防止不正当利用及其他侵害行为国内法示范法条》。

规模的文化普查，是掌握全国及各地区非物质文化遗产蕴藏状况和了解民情民心的重要手段。普查所得的资料和数据，作为全面分析国情的重要资料之一，是国家或地区主管机构制定文化政策乃至制定国策的重要依据。非物质文化遗产普查又是对非物质文化遗产进行有效保护，对濒危的非物质文化遗产进行抢救的基础。因此，根据国务院统一部署，对全国各地区的非物质文化遗产所进行的普查，无论对非物质文化遗产的继承和发展，还是对国情的调查，都具有重要意义。

在非物质文化遗产普查中，要充分尊重民众的创造性，以全面性、代表性、真实性为普查的指导原则。例如，《云南省民族民间传统文化保护条例》第 19 条规定，命名云南省民族民间传统文化之乡、设立云南省民族传统文化保护区，应当尊重当地各民族公民意愿，由所在地县级人民政府申报，州、市人民政府、地区行政公署审核，省人民政府批准。该地方立法中也体现出了尊重民众意愿的思想。所谓全面性，即在普查和采集过程中，要避免教条主义和机械主义，以马克思主义历史唯物史观为指导，坚持全面调查和采录。所谓代表性，即在普查中，任何人都不可能对一切民间文化现象平均使用力量，要善于发现在一个地区的范围内，哪些形式、哪些作品、哪些类型、哪些民俗现象是有代表性的，抓住了这些，就抓住了主流的或主要的东西。因此，代表性在某种程度上具有抽样调查的性质。所谓真实性，即按照民间文化作品和民俗表现形态，真实地、不加修饰地将其记录和描述下来，更不要以自己的想象或凭自己的知识和爱好去篡改民间文化作品。只有把全面性、代表性、真实性三者结合起来、统一起来，符合这“三性原则”的普查和采录成果，才经得起历史的检验。

自 2005 年开始的第一次全国性的大规模非物质文化遗产普查至 2012 年已经基本结束，共走访民间艺人 115 万人次，普查文字记录量达20亿字，汇编普查资料14万册，收集珍贵实物和资料29万件，非物质文化遗产资源总量近87万项。在党和政府的高度重视下，我国非物质文化遗产保护跃入世界前列。

二、非物质文化遗产代表性项目的确认程序

由于非物质文化遗产代表性项目的确认既涉及相关群体的文化权利与文化认同，也关系到国家非物质文化遗产保护与开发的整体战略的实施。一般说来，非物质文化遗产代表性项目的确认应该经过以下几个程序：

1. 推荐。《非物质文化遗产法》第19条规定，省、自治区、直辖市人民政府可以从本省、自治区、直辖市非物质文化遗产代表性项目名录中向国务院文化主管部门推荐列入国家级非物质文化遗产代表性项目名录的项目。推荐时应当提交下列材料：（1）项目介绍，包括项目的名称、历史、现状和价值；（2）传承情况介绍，包括传承范围、传承谱系、传承人的技艺水平、传承活动的社会影响；（3）保护要求，包括保护应当达到的目标和应当采取的措施、步骤、管理制度；（4）有助于说明项目的视听资料等材料。《国家级非物质文化遗产代表作申报评定暂行办法》第8条规定，公民、企事业单位、社会组织等，可向所在行政区域文化行政部门提出非物质文化遗产代表作项目的申请，由受理的文化行政部门逐级上报。申报主体为非申报项目传承人（团体）的，申报主体应获得申报项目传承人（团体）的授权。

同时，《非物质文化遗产法》第20条规定，公民、法人和其他组织认为某项非物质文化遗产体现中华民族优秀传统文化，具有重大历史、文学、艺术、科学价值的，可以向省、自治区、直辖市人民政府或者国务院文化主管部门提出列入国家级非物质文化遗产代表性项目名录的建议。

2. 初评。《非物质文化遗产法》第22条规定，专家评审小组

对拟列入国家非物质文化遗产代表性项目名录的非物质文化遗产代表性项目进行初评，提出初评意见。《国家级非物质文化遗产代表作申报评定暂行办法》第12条规定，部际联席会议办公室根据本办法第10条的规定，对申报材料进行审核，并将合格的申报材料提交评审委员会。在非物质文化遗产的实际工作中，认定的非物质文化遗产的标准是由父子（家庭），或师徒，或学堂等形式传承三代以上，传承时间超过100年，且要求谱系清楚、明确。

3. 评审。《非物质文化遗产法》第22条规定，专家评审委员会对初评意见进行审议。初评意见应当经专家评审小组过半数的专家通过。专家评审委员会对初评意见应当进行充分协商，提出审议意见。《国家级非物质文化遗产代表作申报评定暂行办法》第15条规定，评审委员会根据本办法第6条、第7条的规定进行评审，提出国家级非物质文化遗产代表作推荐项目，提交部际联席会议办公室。

4. 公示。《国家级非物质文化遗产代表作申报评定暂行办法》第16条规定，部际联席会议办公室通过媒体对国家级非物质文化遗产代表作推荐项目进行社会公示。草案公示时间不少于20日。《非物质文化遗产法》第23条也作了类似的规定，国务院文化主管部门应当将拟列入国家级非物质文化遗产代表性项目名录的项目予以公示，征求公众意见。

5. 公布。《国家级非物质文化遗产代表作申报评定暂行办法》第17条规定，部际联席会议办公室根据评审委员会的评审意见和公示结果，拟订入选国家级非物质文化遗产代表作名录名单，经部际联席会议审核同意后，上报国务院批准、公布。

三、非物质文化遗产代表性项目名录制度

20世纪末，联合国教科文组织宣布了“人类口述与非物质遗

产代表作条例”，旨在奖励口头和非物质遗产的优秀代表作品。代表作的范围包括：口头传统，以及作为文化载体的语言；传统表演艺术（含戏曲、音乐、舞蹈、曲艺、杂技等）；民俗活动、礼仪、节庆；有关自然界和宇宙的民间传统知识和实践；传统手工艺技能；与上述表现形式相关的文化空间。人类口述和非物质遗产代表作的评选从2001年开始，每两年一次，鼓励多国联合申报，不占名额。联合国教科文组织总干事定期向会员国发布已被宣布为“人类口述和非物质遗产代表作”清单。这些代表作在经过严格的程序后评估产生。代表作必须符合双重标准，一方面要在文化上有特殊价值，一方面要有组织措施加以保证。代表作必须接受监督，每两年向教科文组织报告行动规划的实施情况，如果不遵守行动规划，称号可能被撤销。截至2012年底，全世界共有248个项目列入联合国教科文组织“人类口述与非物质文化遗产名录”，31个项目列入急需保护名录，10个项目列入优秀实践名册。我国共有34个项目入选联合国教科文组织“人类口述与非物质文化遗产名录”，其中29个项目入选“人类非物质文化遗产代表作名录”，7个项目入选“急需保护的非物质文化遗产名录”，1个项目列入“优秀实践名册”，成为入选名录项目最多的国家。

《非物质文化遗产法》第18条规定，国务院建立国家级非物质文化遗产代表性项目名录，将体现中华民族优秀传统文化，具有重大历史、文学、艺术、科学价值的非物质文化遗产项目列入名录予以保护。省、自治区、直辖市人民政府建立地方非物质文化遗产代表性项目名录，将本行政区域内体现中华民族优秀传统文化，具有历史、文学、艺术、科学价值的非物质文化遗产项目列入名录予以保护。在名录建立过程中，需要充分发挥专家的作用。为此，《非物质文化遗产法》对专家评审机构和评审程序作了明确规定：国务院文化主管部门应当组织专家评审小组和专家评审委员会，对有关项目进行评审。省、自治区、直辖市政府建立名录的程序则由省、自治区、直辖市人大或者其常委会，或者省、自治区、直辖市政府规定。目前，我国已经建立起国家、省、市、县四级名录体系。

2006年、2008年、2011年国务院先后公布了三批共1219项国家级非物质文化遗产代表性项目名录，其中少数民族项目有515项，占项目总数的42%，在2006年5月20日，经国务院批准公布的第一批国家级非物质文化遗产名录共计518项，其中少数民族项目165项，约占全部项目的31.9%；2008年6月第二批国家级非物质文化遗产名录共计510项，其中少数民族项目248项，占全部项目的48.6%；2011年5月第三批国家级非物质文化遗产名录共计191项，其中少数民族项目102项，占全部项目的53.4%。截至2011年，热贡文化、羌族文化、武陵山区（湘西）土家族苗族文化、迪庆民族文化、大理文化等5个少数民族文化生态保护实验区先后批准成立。2007年至2013年，文化部先后认定并命名了四批共1986名国家级非物质文化遗产项目的代表性传承人。少数民族代表性传承人有521名，占总人数的26%，这与民族地区大量的少数民族传承人相比很不相称，少数民族非遗的濒危程度又大大高于其他非遗，加强对少数民族非遗传承人的保护就成为我国文化遗产事业的重中之重，应逐步提高少数民族非遗代表性传承人在各级各类传承人中的比例，加大扶持力度。

我国目前将非物质文化遗产的确认定位在“申报——评定”，侧重于被动确认，没有明确规定对非物质文化遗产的主动确认。这种情况，不利于非物质文化遗产的保护。其实，政府主管部门可以根据非物质文化遗产普查情况和相关研究成果，选出跨地区、具有公知性、但没有被申报的非物质文化遗产作为推荐项目。在非物质文化遗产的主动确认方面，日本和我国台湾的经验值得借鉴。“二战”以后，日本国家层面的文化遗产保护制度建设是以1950年的《文化财保护法》为主体的，并于之后的1954年和1975年进行了两次比较大的修订。对一些特殊的，或具有典型意义的文化遗产，则专门立法，如《古都保存法》《明日香村法》《关于阿依努文化的振兴及阿依努文化传统知识与开发的相关法律》等，采取一般与特殊相结合的方法，建立完善的法律体系。而对于文化遗产的通用的认定与管理，在中央政府层面则有指定、选定、登录等几种形式。其中，有形文化财、民俗文化财、纪念物三种文化财实行指定和登录两种认定和管理方式，无形文化财实行指定方式。指定文化财是文化财中最重要价值最高的部分，由文部省大臣进行指定，由文部省、地方、所有者按照分工严格管理。登录文化财是除指定文化财之外的部分，由文部大臣决定予以登录，在文化厅指导下，主要由地方和所有者进行管理。[①] 我国台湾地区《文化资产保存法》第17条规定，进入古迹指定之审查程序者，为暂定古迹。具古迹价值之建造物在未进入前项审查程序前，遇有紧急情况时，主管机关得径列为暂定古迹，并通知所有人、使用人或管理人。暂定古迹于审查期间内视同古迹，应予以管理维护；其审查期间以六个月为限。但必要时得延长一次。主管机关应于期限内完成审查，期满失其暂定古迹之效力。建造物经列为暂定古迹，致权利人之财产受有损失者，主管机关应给予合理补偿；其补偿金额以协议定之。第二项暂定古迹之条件及应践行程序之办法，由中央主管机关定之。

---

① 宋振春：《日本文化遗产旅游发展的制度因素分析》，经济管理出版社2009年版，第40页。

第三节　少数民族非物质文化遗产传承制度研究

联合国教科文组织在通过《文化多样性宣言》时再次重申：文化应被视为某个社会或某个社会群体特有的精神与物质，智力与情感方面的不同特点之总和；除了文学和艺术外，文化还包括生活方式、共处的方式、价值观体系，传统和信仰。文化是当代就特性、社会凝聚力和以知识为基础的经济发展问题展开的辩论的焦点，确认在相互信任和理解氛围下，尊重文化多样性、宽容、对话及合作是国际和平与安全的最佳保障之一。文化多样性的重点是少数民族非物质文化遗产的保护和发展，这就更凸显了保障少数民族文化权益的重要性，尤其是探索具体的少数民族非物质文化遗产的保护模式。在这方面，宣科、杨丽萍、田丰等都以他们的实际行动在积极地探索，并付出了不懈的努力。我们只是从学人的社会责任感的角度来进行理性的思考，使他们的努力能够可持续地实施并获得全社会的承认。

一、我国少数民族非物质文化遗产的传承概况

《中国民族民间文艺集成志书》的编纂工作在1979年启动，于2004年12月完成了全部卷册的编纂工作。这一洋洋5亿多字、298部450册的宏大工程，“第一次将中华民族几千年来散落在民间的无形遗产转变为有形的文化财富”，它是改革开放以来我国在民族民间文化抢救与保护方面最大也最有代表性的文化工程。25年来，全国十几万文化工作者，对中国浩如烟海的民族民间文艺进行了全方位地深入普查、挖掘和抢救，系统地收集了我国各地民族民间优秀文学艺术的基础资料和产生、发展、衍变的轨迹，整理、记述了各地民族民间文艺的面貌、特色和现状，以期

全面反映中华民族源远流长的民族民间优秀文化遗产。《中国民族民间文艺集成志书》按照统一规划、统一体例编纂，分别为“中国民间歌曲”、“中国戏曲音乐”、“中国民族民间器乐曲”、“中国曲艺音乐”、“中国民族民间舞蹈”、“中国戏曲”、“中国民间故事”、“中国歌谣”、“中国谚语”和“中国曲艺”10大门类，每一门类按省分卷。这一工程被确定为国家重点科研项目，并陆续纳入中国哲学社会科学发展总体规划中。

自1992年以来，由文化部发起，中宣部、中央外宣办、国家计委、教育部、国家民委、公安部、财政部、交通部、农业部、总政、海关总署、广电总局、体育总局、国家林业局、国家海洋局、国家文物局、全国总工会、团中央、全国妇联20个部委和人民团体共同建设的“全国万里边疆文化长廊”，经过20多年的建设，已经在我国18个沿边、沿海边疆地区形成了一条有较大密度的文化设施网络，并各具民族文化特色，基本满足人民群众文化生活需求，适应改革开放和经济发展需要的“廊”形文化地带，这条环形的文化长廊总长度达到了3.9万公里，堪称世界上最长的“长廊”。它的建成，大大丰富了边疆人民的文化生活，对边疆地区的经济发展、社会稳定正在发挥着越来越重要的作用。国务院1996年《关于进一步完善文化经济政策的若干规定》中提出了关于在边境建设费和民族地区发展经费中应有一定比例用于文化事业建设的政策；增加“万里边疆文化长廊”建设补助经费的政策等。文化部在《关于实施西部大开发战略　加强西部文化建设的意见》和文化部、国家民委联合下发的《关于进一步加强少数民族文化工作的意见》中要求加强西部民族地区文化建设，扶持优秀的少数民族文艺。采取切实有效措施，加强西部民族地区的文化工作，推动西部民族地区的文化事业发展。类似“万里边疆文化长廊建设”这样的工程应进一步增加，同时设立专项的传统文化发展基金，专门用于其发展，这既是政府增加对社会公益事业的投入，也是保障少数民族群众参加文化生活权利的必要的物质保障。

2003 年 2 月 25 日，“中国民族民间文化保护工程国家中心”在中国艺术研究院正式挂牌成立。该中心是文化部授权中国艺术研究院成立的专门规划统筹和组织实施“中国民族民间文化保护工程”的工作机构，中心成立运行之后，全国各地的地方中心也陆续建立。该工程计划历时 18 年，分 3 期实施，主要内容包括三部分：建立中国非物质文化遗产代表作名录、建立民族文化生态保护区和中国民族民间传统技艺保护。该工程采取的主要措施包括：加大宣传，使全社会形成自觉保护非物质文化遗产的意识；国家要有长远规划，分步实施，首先应该保护那些濒危的并具有历史、文化和科学价值的非物质文化，逐步建立起比较完备的保护制度和保护体系；立法保护，并建立一系列相关的保护措施；建立专门的保护机构，加快建设地方文化博物馆；政府主导、社会参与，开展传统文化竞技比赛项目，进行评选，设立激励机制，在纪念、节庆活动中增加传统文化的内容；科学保护，一是要研究如何进行保护，研究科学、有效的保护技术和方法，二是要研究如何恢复已经失传或保存不全的非物质文化，以恢复传统文化的原有风貌；开发保护，一是多办专门从事传统婚丧嫁娶仪式的文化产业，二是多办文化旅游产业；在学校教学实践中设立传统文化课程。近年来，中心采取措施积极扶持传统工艺美术行业的生产，命名了 200 余名“工艺美术大师”，成立了“振兴京剧指导委员会”、“振兴昆曲指导委员会”，使这些剧种从资料保存、剧目保留、人才培养等方面得到了加强。“保护工程”采取试点先行、以点带面的工作方式，在全国范围内逐步推开，并取得了积极进展。

2005 年 12 月 22 日，国务院下发的《关于加强文化遗产保护工作的通知》决定，自 2006 年起，每年 6 月的第二个星期六为中国的“文化遗产日”。“文化遗产日”的设立借鉴了国外的成功经验，至此，我国已经有了“文化遗产日”、“文化遗产标志”和“文化遗产保护公益歌曲”，对于增强全体民众的文化遗产保护意识将会起到十分积极的促进作用。凸显了文化遗产保护事业在国民经济与社会发展中的重要地位和作用，政府对文化遗产保护的投入在逐步增加，各级政府和人民群众文化遗产保护意识也将有很大提高。此外，2005 年，在北京召开的中国高等院校首届非物质文化遗产教育教学研讨会，在中国文化发展史上，有重要的历史意义。会议根据联合国教科文组织人类文化遗产相关主题背景和遗产文本，根据国家文化遗产发展趋势和启动实施的文化遗产工程以及中国教育和非物质文化遗产传承现状、存在的问题和发展需要，经过讨论，正式通过并推出《非物质文化遗产教育宣言》。其中特别强调，国家应当以立法的形式，确立国家与公民在面对本土非物质文化遗产时应具有的文化使命和应尽的教育传承与认知义务；少数民族地区政府应根据宪法的依据，制定本民族的非物质文化遗产教育传承法，传承保护本民族代表性的文化资源和社区文化象征；倡导面向中国非物质文化遗产的全方位教育传承的实现，等等。

2006 年 9 月 13 日，国家制定了《十一五文化发展纲要》，也强调促进少数民族文化的发展。从传统的产业扶持角度看，对于经营少数民族传统文化的文化产业在税收和信贷方面也要给予政策扶持，文化服务业的营业税税率为 3%，对于民族蜡染、民族工艺美术、民族服饰等行业应制定相应的减免措施；在信贷方面，也要对这些行业的未来发展进行信贷扶持。2012 年 2 月 15 日，中国发布了《国家“十二五”时期文化改革发展规划纲要》，在第八部分“加强文化遗产保护传承与利用”中特别强调要对濒危项目和年老体弱的代表性传承人实施抢救性保护，对具有一定市场前景的非物质文化遗产项目实施生产性保护，对非物质文化遗产集聚区实施整体性保护。正确处理保护与利用、传承与发展的关系，促进文化遗产资源在与产业和市场的结合中实现传承和可持续发展。非物质文化遗产的教育传承，不仅是一种被长期忽视的民族民间文化资源进入主流教育的过程，而且是一种民族古老生命记忆的延续，同时，也是一个对民族生存精神和生存智慧及活态文化存在的认知过程，更是一个更具人性发现和理性精神的民族文化整合过程。因而，国家加强对文化遗产的保护与传承的目的也正是希望我们能够传承并创造一个具有民族文化基因特色的持续发展的美好未来。

二、少数民族非物质文化遗产代表性传承人的认定

（一）非遗传承人的界定

1. 传承人概念之争

有学者认为，到目前为止，非遗传承人还只是一个通用的提法，并没有一个明确的定义。非遗传承人的概念之所以难以统一，是因为人们对于传承活动的范围这个问题的理解还有很多争议。从字面上说，“传”是传授，“承”是继承，“传承”就是传授和继承活动的统一。具体到非物质文化遗产领域，非物质文化遗产的传承是其世代相传和继承发展的实践活动。对于个人来说，传承的第一要义是习得，即通过传习而获得；第二要义是创新或发明，即在前人所传授的知识或技能的基础上，加入自己的聪明才智，有所发明有所创新，使传承的知识或技艺因创新和发明而有所增益。[①] 此种对传承人概念的界定尤其是对传承人“创新或发明”的要求存在争议，因为有些非物质文化遗产注重“原汁原味”地传承，对“变化”存有一定的戒备。如韩国《文化财保护法实施令》第 12 条关于保有者的认定标准中提到，保有者就是可以将无形文化财的技艺能原样保存和实现的人。这里面强调的是“原样保存”。

① 刘锡诚：《传承与传承人论》，载《河南教育学院学报》2006 年第 5 期。

也有学者认为，传承人是在有重要价值的非物质文化遗产传承过程中，代表某项遗产深厚的民族民间文化传统，掌握杰出的技术、技艺、技能，为社区、群体、族群所公认的有影响力的人物。也就是说，具有民俗传统、掌握某项遗产的技术技艺、具有公认性是非遗传承人必须具备的三个要素。① 该学者所指的传承人仅仅是一般传承人中的极少数人，是传承人中的杰出代表，他们在非物质文化遗产传承中起着示范性作用，往往又被称为“代表性传承人”。

还有学者认为，非物质文化遗产来源群体的所有成员都是非物质文化遗产的传承人，这些传承人约定俗成地、无意识地传承着非物质文化遗产，因此也被称为普通传承人。② 该学者的观点也存有争议，虽然其认为这是对普通传承人的界定，但其忽视了“来源群体”与“普通传承人”二者之间的区别，如在黔东南的苗族地区，家家户户都搞刺绣，但在传统上刺绣仅限于妇女参与，那么我们可以说这些妇女都是苗族刺绣的“普通传承人”，而该地区的男性只能是“来源群体”，因为他们基本都不会刺绣，把这些男性都定义为“普通传承人”是不恰当的。

联合国教科文组织将传承人定义为：在社区中复制、传承、改造、创造和创制某种文化的社区成员，这些成员的上述传承活动得到整个社区的认可。传承人扮演多重角色，他们可以是非物质文化遗产的创造者、实践者，也可以是非物质文化遗产的管理者。③ 该定义比较准确地界定了传承人的内涵和特征，既包括普

---

① 祁庆富：《论非物质文化遗产保护中的传承及传承人》，载《西北民族研究》2006 年第 3 期。

② 李墨丝：《非物质文化遗产保护国际法制研究》，法律出版社 2010 年版，第 180 页。

③ See Glossary – Intangible Cultural Heritage，Results of the International Meeting of Experts on Intangible Cultural Heritage – Establishment of a Glossary，UNESCO Headquarters，Paris，10 – 12 June 2002.

通传承人，也包括代表性传承人。

2. 代表性传承人

非遗代表性传承人是指那些全面、充分地掌握某项非物质文化遗产的技术、技艺和技能，被社会公认至少是非物质文化遗产来源群体公认的该项非物质文化遗产的杰出代表。大体上包括两个层面的含义：一是完整掌握非物质文化遗产项目或者具有某项特殊技能的人员，二是积极开展传承活动，培养后继人才者。也就是，他担负着“传”与“承”的双重任务，很多非物质文化遗产都是存活在那些一代代的优秀传承人的脑海和行动中。联合国教科文组织认为，人类活珍宝是指那些保有使人民的文化生活和使其物质文化遗产延续下去的特定方面生产所必需的技艺并且具有最高水准的人们。[①] 显然，这里的“人类活珍宝”就是指我们所说的代表性传承人。

与我国的非遗代表性传承人制度类似，日本的“人间国宝”是指那些在艺术表演领域具有突出的表演才能、精湛的表演技艺并愿意将自己的这些技艺传诸后人的杰出的表演艺术家，而在工艺制作领域则特指那些身怀绝技并愿意通过带徒方式将自己的技艺传诸后人的著名艺人、匠人。如同世界上许多国家的民间艺术传承深陷困境一样，为了使这些“国宝”不至失传，从 1955 年起，日本政府开始在全国不定期的选拔认定“人间国宝”，将那些大师级的艺人、工匠，经严格遴选确认后由国家保护起来，每年发给他们 200 万日元的特别扶助金，用以磨炼技艺，培养传人。[②] 韩国也有类似的制度，日本和韩国的“人间国宝”基本相当于我们所指的“代表性传承人”，从一定意义上可以说，由于日本在非物质文化遗产及传承人保护方面走在世界前列，其他国

① 联合国教科文组织《关于建立“人类活珍宝”制度的指导性意见》第 3 条。
② 晓光：《从日本“人间国宝”说起》，载《人民日报》2007 年 5 月 30 日。

家的相关制度都在很大程度上借鉴了日本的成功经验。

3. 代表性传承人与来源群体的关系

在实践中我们尤其要注意处理好传承人与来源群体的关系，各级政府认定代表性传承人的行为，所确认的只是他们在某项非物质文化遗产项目上公认的“代表性”，而不应将各级政府的认定行为视为对该项目的“独占性”。毕竟从理论上讲，来源群体（传统社区）[①] 才是非物质文化遗产的所有人，[②] 而代表性传承人只是非物质文化遗产的承载者和传递者，非物质文化遗产的延续最终还要靠其赖以产生和生长的文化土壤。还有学者将来源群体称为原生境人，[③] 这些原生境人享有非物质文化遗产权，[④] 他们享有相关活动开展权、展示权、取得报酬权、传播权利、相关知识

① 《保护非物质文化遗产公约》中所指的社区，是指在植根于实践、参与和传承非物质文化遗产的共同的历史联系中形成认同感和连通感的人们结成的网络，参见 Report of the Expert Meeting on Community Involvement in Safeguarding Intangible Cultural Heritage: Towards the Implementation of the 2003 Convention, UNESCO, Tokyo, 2006. pp. 8 –9.

② 如吴汉东教授认为，传统文化表现形式的知识产权一般归属于特定的民族、部族和社区，奉行的是以群体为特征的权利主体制度。当然在某些特殊情况下，传统文化表现形式的权利归属并不排除个人享有的形式，但总的来看，群体所有权是其基本原则，并处于核心地位。参见吴汉东：《论传统文化的法律保护》，载《中国法学》2010 年第 1 期。

③ 原生境人就是指与非物质文化遗产的产生、成长环境密切相关，融为一体的民族、自然社区，以及其中的每一个成员。原生境人是一个包含极其广泛的概念，它除了指与非物质文化遗产相关的民族、自然社区、传承人、传播人、持有人外，还包括与非物质文化遗产相关的传统区域的一切人们，不论其是否掌握非物质文化遗产的知识、思想、技艺等。参见高轩：《我国非物质文化遗产行政法保护研究》，法律出版社 2012 年版，第 245 页。

④ 非物质文化遗产权是指为保障原生境人及其后代的尊严、生命、健康和财产，基于其长期以来所珍视的代代相传的特性，对其视为保持健康富足的生活方式必不可少的、具有审美或精神价值及经济价值的、有形的和无形的非物质文化遗产资源所享有的一种集体权利的统称。参见赵纲：《论我国非物质文化遗产原生境人的法律地位》，载《法制与社会》2008 年第 2 期。

产权、获得国家物质帮助权、获得国家奖励权等财产权利，以及署名权、传承权、尊严权、发展权等精神权利。代表性传承人作为来源群体的一分子，同样享有这些权利，但在涉及来源群体专属的如授权、转让、处分非物质文化遗产的部分相关权利时，需要征得来源群体的同意或者经来源群体授权。

我们认为，非遗传承人既包括普通传承人，也包括代表性传承人。作为非物质文化遗产的承载者和传递者，不论是普通传承人还是代表性传承人，都是非物质文化遗产中不可或缺的因素，普通传承人是非物质文化遗产保护的群众基础，代表性传承人是传承人中的杰出代表，他们对非物质文化遗产的继承与发展都有着重要作用。相对于普通传承人来说，代表性传承人在非物质文化遗产的传承和发展中发挥的作用更加引人注目，但其作用的发挥又离不开来源群体。

（二）非遗代表性传承人认定制度的实施

非遗代表性传承人的认定，一般是指有关机构根据申请者所掌握的非物质文化遗产的实际情况，依照法定权限和程序，在咨询有关专家委员会的基础上，将非物质文化遗产的普通传承人确认为代表性传承人的过程。我国当前的非遗代表性传承人认定制度如下：

1. 官方与民间的两套认定体系同时并存

（1）两个官方部门的多级认定同时并存

我国政府借鉴日本、韩国等的经验，在2008年的第三个“文化遗产日”期间，出台了《国家级非物质文化遗产项目代表性传承人认定与管理暂行办法》，该《办法》规定，符合下列条件的公民可以申请或者被推荐为国家级非物质文化遗产项目代表性传承人：一是掌握并承续某项国家级非物质文化遗产；二是在一定区域或领域内被公认为具有代表性和影响力；三是积极开展传承活动并培养后继人才。从事非物质文化遗产资料收集、整理和研究的人员不得认定为国家级非物质文化遗产项目代表性传承人。2007 年至 2013 年，文化部先后命名了四批国家级非物质文化遗产项目代表性传承人，共计 1986 名，并专门举行了颁证仪式。为了加强对传承人的保护，很多地方政府也都认定了本地方的代表性传承人，四级保护体制已基本形成，如云南省 1999 年、2002 年、2007 年、2010 年分四批命名了 803 名省级非遗代表性传承人，各州（市）、县也认定命名了一批市级和县级代表性传承人。

此外，早在 1979 年我国就开始了代表性传承人的命名和表彰活动了，只不过当时的称谓是“工艺美术大师”，只限于工艺美术领域，这项工作由原轻工业部和原轻工总会主持，后来由国家发改委主持，截至 2012 年底，共授予 443 名“中国工艺美术大师”荣誉。我国已经出台了相关的行政法规《传统工艺美术保护条例》来加强对传统工艺美术的保护，其中包括认定与命名的相关规定，“中国工艺美术大师”申请者应是直接从事传统工艺美术设计与制作的人员，并同时具备下列条件：爱国敬业，遵纪守法，德艺双馨，无不良信誉记录；连续 20 年（含 20 年）以上从事传统工艺美术设计并制作的专业人员；有丰富的创作经验和深厚的传统文化艺术修养，技艺全面而精湛，创作出色且自成风格，艺术成就为业内所公认，在国内外享有盛誉；在传统工艺美术的传承、发掘、保护、发展、人才培养等方面有突出贡献；省级人民政府或省级行业主管部门认定的工艺美术大师称号；未开展评定省级工艺美术大师的地方，应具有省级人力资源社会保障部门按照国家统一规定评定的高级工艺美术师职称。不符合上述第 2 项、第 5 项条件，但掌握独特技艺或绝技，或少数民族地区掌握濒临失传技艺的申报者，允许破格申报，但应从严掌握。同样地，很多地方目前也都在进行本行政区域的“工艺美术大师”命名和表彰活动，实际上也是多级并存的状况。

（2）两个民间组织的认定同时并存

从 1996 年起，中国民间文艺家协会与联合国教科文组织下属的国际民间艺术组织合作，进行“民间工艺美术大师”等称号的评定，涉及陶瓷、刺绣、染织、泥塑、面塑、木雕、内画等几十个民间艺术门类。截至 2012 年底，共认定“民间工艺美术大师”37 名，“一级民间工艺美术家”96 名，“民间工艺美术家”1213 名。中国文联、中国民协也于 2007 年 6 月 6 日“文化遗产日”举行首次“中国民间文化杰出传承人命名大会”，166 名民间艺术家获得“中国民间文化杰出传承人”称号，涵盖了 156 个非物质文化遗产项目。该项目启动于 2005 年 3 月，通过各地的“民协”对当地民间艺人进行调查、搜集资料后逐级上报，再由中国文联和中国民协组织专家研讨、认定，确定最后的名单。关于评选的标准，一是杰出，就是有杰出的技艺，在行内有数一数二的专业地位，同时这项技艺在当地也有相当的影响，或者曾经很有影响，现已濒临绝迹。二是传承，也就是从事实际的传承活动，杰出传承人的技艺是祖辈或者师父传下来的，同时他又传给后代或徒弟，具有这种传承性。民间很多技艺只能靠人传承，靠书本、音像只是辅助手段。很多省级单位目前也都在进行本省的“民间文化杰出传承人”命名和表彰活动。其所涵盖的领域主要包括民间文学、民间表演艺术、手工技艺和民俗技能四大类。中国民间文艺家协会、中国文联与中国民协都属于民间性的社团组织，同时也具有一定的行业代表性，民间的社团组织是否具有认定国家级非遗代表性传承人的资格是值得探讨的。①

我国目前存在的四个部门四个序列的非遗代表性传承人认定制度并存，不仅意味着四个部门各自在摸底调查、资料收集与整理、专家委员会设置、登记与建档等工作中的重复投入，也表现出政府与民间组织在非遗保护领域各有势力范围，这种状况显然是由我国行政机关设置不科学、职责不清、权属不明、条块分割所导致的，也与我国非物质文化遗产保护工作所确立的“政府主导、社会参与、明确职责、形成合力”的原则相背离，不同部门对此类问题或分类存在着认识上的不同，所以，我国也就自然地形成了四个认定体系并存与交叉的现象。经过我们对国家级非物质文化遗产项目代表性传承人、中国民间文化杰出传承人以及中国工艺美术大师名单的比对分析，从中发现：166 名中国民间文化杰出传承人中，与国家级非物质文化遗产项目代表性传承人重复的有 64 名，重复率达到 38.6%；443 名中国工艺美术大师中，与国家级非物质文化遗产项目代表性传承人重复的有 113 名，重复率达到 25.5%；37 名“民间工艺美术大师”中，与国家级非物质文化遗产项目代表性传承人重复的有 5 名，重复率达到 13.5%。由于在官方和民间四个部门四个序列的非遗代表性传承人名单之间存在着很高的重复率，这可能将刺激获得认定者想要

---

① 2013 年 5 月 15 日，中国政府网发布了《国务院关于取消和下放一批行政审批项目等事项的决定》（以下简称《决定》）。《决定》指出，经研究论证，国务院决定，取消和下放一批行政审批项目等事项，共计 117 项。其中包括取消行政审批项目 71 项，下放管理层级行政审批项目 20 项，取消评比达标表彰项目 10 项等内容。在被取消的评比达标表彰的 10 个项目中，取消了 7 个项目，转、并了 3 个项目。“中国工艺美术大师”评选项目没有被取消，但属于主办单位转接项目。根据《决定》，延续了 34 年之久的“中国工艺美术大师”评选活动，将不再由工业和信息化部等国务院部门主办，而交由民间组织性质的“中国轻工业联合会”评选，这意味着此项评选活动由“官办”到“民办”。自此，我国的非物质文化遗产代表性传承人认定制度是“一个官方部门与三个民间部门”的四个部门四个序列的认定同时并存。

得到双重认定或更多称号。[①]

2. 代表性传承人认定的原则

关于代表性传承人的认定原则，在前述的《国家级非物质文化遗产项目代表性传承人认定与管理暂行办法》、《传统工艺美术保护条例》等相关法规、规章或规范性文件中都有所涉及，地方立法中也有具体的体现，例如，《云南省民族民间传统文化保护条例》第15条、《福建省民族民间文化保护条例》第11条、《贵州省非物质文化遗产保护条例》第25条等都规定了代表性传承人的条件，《福建省民族民间文化保护条例》第12条还规定了民族民间文化传承单位的条件。一般认为，代表性传承人认定的原则主要有如下几项：

第一，代表性传承人的认定应当以非物质文化遗产项目名录为基础。因为列入各级非遗保护名录的项目，都具有特别重要的价值和突出的代表性，同时也征询了各方意见，具有相当的权威性。

第二，代表性传承人一定要在该非遗项目上有影响，宁缺毋滥，否则就失去了代表性传承人的"代表性"，使认定活动违背初衷了。如苗族银饰锻造技艺国家级代表性传承人吴水根认为，各传承人之间的图案基本差不多，顾客更愿意购买技术好的、质量好的、创意好的银饰品，他的银饰锻造过程保留了传统的吹焊技艺，质量和创意都得到周围群众的认可。

第三，代表性传承人一定要带有徒弟，尽到"传承"的义务。例如，在黔东南州州级代表性传承人认定过程中，凯里市舟溪镇新光村芦笙制作技艺上报了7个人，州里考虑了3个人，其中一个是国家级工艺美术大师，另一个是其中辈分最高的潘炳

---

① 周超：《中日非物质文化遗产传承人认定制度比较研究》，载《民族艺术》2009年第2期。

文，再一个是有一个家庭三兄弟都申报了，技艺也都不错，但是事实上是大哥带了两个弟弟，在名额有限的情况下政府评选了大哥作为该项目的代表性传承人。①

第四，代表性传承人的认定必须以专家委员会的意见为前提，各级文化行政主管部门必须依法组建非遗专家委员会，并对委员会的工作程序做出详细规定，以增强认定工作的权威性和社会性。例如，黔东南州州级非物质文化遗产代表性传承人评选的专家委员会第一批 17 人，第二批 19 人，都是州里面的权威人士，有官员 2 人，做文化研究的专家 4 人，其余的都是专业人士。

第五，政府的认定必须征求群众意见。特别要促进非物质文化遗产来源群体对传承人认定的有效参与，征求他们对传承人认定的意见。例如，同一项目、同一地区上报的代表性传承人人数较多时，考虑代表性传承人的谱系（也就是辈分）问题，辈分高的考虑得多一些。很多少数民族有很多支系，选择辈分高的，本民族的人和当地群众都比较信服。

3. 代表性传承人认定制度的实施——以黔东南州为例

（1）代表性传承人认定缺少对普通传承人权利的保护

有一些非遗项目可能不适宜评选代表性传承人，因为这些非遗项目具有广泛的群众基础，群众在该非遗项目上的水平相差无几，评选代表性传承人是对普通传承人权利的不尊重，也不利于该非遗项目的传承与长远发展。如苗族刺绣，据多年从事苗学研究的雷秀武先生估计，黔东南州 180 多万苗族人中至少有 70 万人会刺绣，至少 60 万 ~70 万人会唱飞歌，侗族大歌的情况也类似，如果我们评选了代表性传承人，大家都不服气，是对群众整体积极性的损害，应该评一个村或一个社区可能会好一些。② 很多外

① 该材料来源于笔者对黔东南州民族研究所前所长雷秀武先生的采访。

② 同上。

地人到了黎平，问你们村里面谁会唱侗族大歌，老百姓会回答，你们到岩洞去找某某吧（该人是代表性传承人），其实每个村子都可以组织起一个大歌队，侗族聚居区的人基本都会唱侗族大歌。

（2）对团体性项目代表性传承人的认定不够客观

例如，黔东南州州级非遗项目苗族多声部情歌代表性传承人的评选只评了方某（女）一人，T 县人，现在在 T 县网络公司做收银员，每月 2000 多元工资。

> 根据我们对方某的采访，她说，一般大家聚到一起就可以唱歌，大家男男女女聚到一起喝酒也会唱，没有特别固定的团队，比较随意。虽然一男一女可以唱情歌，但多声部情歌，一般起码要两男两女才能演唱，我们团队有四个人，除了我之外，还有另外一个方某某（女）、吴某（男）、杨某（男），我们经常共同外出参加比赛，共同去省里面演出。我们最初都是跟随父母学习，会唱的比较多，唱得好的不是很多，我们四个人之间经常互相交流。歌词用汉语记下来，用汉语标注记音，唱的时候用苗语唱，我们会唱的歌曲多一点儿，再小的会唱的歌就很少了，有一些固定的歌，其余的很多是即兴表演，现场发挥。一般我们几个人聚在一起喝酒或者过年过节的时候就会唱歌了，大部分人会唱又会跳，跳芦笙、踩鼓等，飞歌一个人也可以唱，我们四个人合作比较默契，歌词、曲调、场合等。2006 年我们去北京参加第十三届 CCTV 全国青年歌手大奖赛原生态单项比赛，来自贵州省黔东南的苗族朵蝶朵阿组合①总共 6

① “朵蝶朵阿”的意思是 18 岁以上的未婚男孩女孩，组合正好主要表现的就是苗寨青年男女的恋情以及生活状态，所以就取了这个名字。

个人，男的是T县文化局的方某，与我一个寨子的；州歌舞团的张某，T县反排寨的；T县武装部的邰某，T县方召乡的；女的是T县的欧某，贵州民院毕业的；凯里的雷某，原来在州歌舞团工作，现在好像在省歌舞团工作。该组合组建于2006年2月，是为了参加青歌大赛才组建的，选手都是从当地苗寨选拔出来，在当地都是小有名气的“金嗓子”。

从方某的描述中，我们可以看得出来，一般情况下，苗族多声部情歌的演唱需要至少两男两女共同来完成，而且整个团体中的每个人在演唱中所发挥的作用具有互补性，很难判断所谓的“哪个更重要，哪个不重要”，因而，在该项目的州级代表性传承人认定过程中只认定方某一个人对其他人来讲是不公平的。

（3）缺乏对代表性传承人本人意愿的尊重

很多时候，我们在进行各级代表性传承人认定过程中，都没有征求传承人本人的意见或者以居高临下的姿态“通知”传承人，因为我们认为这是对传承人有好处的事情，因而很多情况下政府在推选与申报过程中起了主导作用，与传承人的沟通不足。

杨某，苗族剪纸的黔东南州州级代表性传承人，杨某本人带着30多个弟子，经常来的有20多个，从2005年到现在她带的弟子有300多个，2006年以后的三年专门给外国人表演。奶奶和母亲都是有名的刺绣高手，杨某既是剪纸高手，又是刺绣能手，实际上她自认为她的刺绣比剪纸好，在苗族中，会剪纸的一定会刺绣，但会刺绣的不一定会剪纸，T县刺绣能手很多，虽然杨的刺绣更好一些，但是T县政府为了多获得一些州级代表性传承人的名额，在申报州级代表性传承人时就做动员，让杨某参加剪纸的代表性传承人评选，杨某多次参加

"多彩贵州""文化大舞台""玉鼠迎春"等省市电视台组织的活动和节目，搞过很多次剪纸展演，结果如T县领导所愿。但是，杨某本人更希望被政府认定为苗族刺绣的州级代表性传承人。自2002年以来的大部分时间杨某没有在T县老家，而是在北京的潘家园，试图与外面的大公司合作，来拓展期所从事的苗族刺绣的发展路径。她认为每个苗族刺绣后面都有故事，别人仿制但不懂刺绣背后的故事，永远也仿制不出苗族刺绣的神韵。真正懂得苗族刺绣的人并不多，因而杨某总想往外面跑，想带着自己的刺绣到处走走逛逛，了解一下外面的世界对苗族刺绣有些什么需求。此时，如果自己被认定为苗族刺绣的州级代表性传承人，可能会对自己在外面宣传和学习更有帮助，当前的状况使她觉得有些无奈。

（4）对民俗类代表性传承人的认定不够科学

学界主流观点认为，代表性传承人的认定应当从实际情况出发，根据不同的非遗项目认定相应的代表性传承人。我国根据民俗类非遗的实际情况，认定在该民俗的组织与传承方面起主导作用的灵魂人物为代表性传承人。但是，很多民俗类项目认定的国家级代表性传承人数量太少，如景颇族目瑙纵歌只认定了岳麻通，瑶族盘王节也只认定了盘良安、赵有福。事实上，很多大型民俗活动各地都在举办，如很多地方的瑶族都过盘王节，各地的组织者并不相同，即使在同一个地方，其组织者往往不止一人，他们的所发挥的作用也是基本相同的，这些人都应该被认定为代表性传承人，否则有失公平，也不利于民俗活动的传承。此外，更为重要的是，该民俗活动是群体共同参与的，整个来源群体都是该民俗活动不可或缺的一部分，仅靠代表性传承人是无法完成该民俗活动的，因而，能完整保存该民俗的代表性群体都应该被认定为代表性传承人。

4. 代表性传承人的退出机制

非物质文化遗产法对代表性传承人的审定、保护及应当履行的义务作了明确规定。同时《非物质文化遗产法》第31条第2款规定，非遗代表性传承人无正当理由不履行传承、配合调查、宣传等规定义务的，文化主管部门可以取消其代表性传承人资格，重新认定该项目的代表性传承人；丧失传承能力的，文化主管部门可以重新认定该项目的代表性传承人。这就意味着我们还应该关注代表性传承人是否保持了非物质文化遗产的传统，这是其认真履行传承义务的具体体现。非物质文化遗产在传承中出现变异是无法避免的，但是变异不是否定传统，更不等于滥用和盲目改造。尤其面对商业社会的猛烈冲击，代表性传承人更应当克制自己的行为，继承并保持传统，将非物质文化遗产在原生状态下传承下去。[①]在频繁的商业表演和展示中，代表性传承人会有意识或无意识地、主动地或被动地迎合受众，改变非物质文化遗产的内容和形式。有的代表性传承人则加入旅游公司或表演团体，远离故土从事表演或展示活动，他们的传承功能几乎丧失殆尽。[②] 当上述情况发生时，文化主管部门有权取消其代表性传承人称号。

此外，实践中代表性传承人因为死亡、疾病及其他意外情况的发生导致其事实上无法继续从事传承活动也应该“退出”代表性传承人队伍，应重新认定该项目的代表性传承人。但这种情况的“退出”与前一种“退出”是不同的，这种“退出”还应该

---

① 李墨丝：《非物质文化遗产保护国际法制研究》，法律出版社2010年版，第184－185页。

② 苑利：《名录时代的非物质文化遗产保护问题》，载《江西社会科学》2006年第3期。

将代表性传承人的名字保留在“代表性传承人名单”中，只是减少或取消对该代表性传承人的资助或奖励，严格说来这并不是一种“退出”。联合国教科文组织《关于建立“人类活珍宝”制度的指导性意见》也指出，某些时候，列入“人类活珍宝”名单的人由于年纪或脑力衰退，已经不能履行上述义务。无论如何，那时就撤销他们的“人类活珍宝”称号是不公平的。因为资助或奖励的一部分是荣誉性的，最好是允许他们保留在名单之中而减少部分奖励，如减少每年的资助额。而另一方面，如果他身体健康并能够承担规定的传承义务而拒绝承担，在事先警告无效的情况下，撤销其奖励就是恰当的。[①] 韩国法中也有类似的规定。[②] 前述情况发生时，都可以重新将其他的传承人认定为代表性传承人。

三、非物质文化遗产传承人的权利与义务

（一）非物质文化遗产传承人的权利

在非物质文化遗产的公法保护方面，最重要的问题是促进非物质文化遗产的传承；在非物质文化遗产的传承方面，最重要的问题就是保障非物质文化遗产传承人的权利。《非物质文化遗产法》第 29 条规定了代表性传承人的资格认定、第 30 条规定了对代表性传承人的资助措施、第 31 条规定了代表性传承人的义务，但该法案中却没有对传承人的权利作相关规定，这不由得让人思

① 联合国教科文组织《关于建立“人类活珍宝”制度的指导性意见》第 37 条。

② 根据《韩国文化财保护法》（法律第 11228 号，2012 年 1 月 26 日部分修改）第 24 条规定，被认定为重要无形文化财（国家级）的保有者根据第 41 条第 2 款不能正常进行技能、艺能传授教育时，经过文化财委员会审议，文化财厅厅长可以认定其为名誉保有者。在以上情形下被认定为名誉保有者时其重要文化财保有者的认定视为取消。根据《韩国文化财保护法实施令》第 25 条规定，《韩国文化财保护法》第 41 条第二款规定的不进行传授教育的事由如下：1. 因为疾病或者事故不能进行传授教育，2. 在外国大学或者研究机构进行一年以上的研究、进修。

索：非物质文化遗产的传承人是否应享有一定的权利呢？比照著作权法的相关规定，根据非物质文化遗产活态传承的特点，笔者认为，传承人的权利包括署名权、表演权、发展权、传承权、获得帮助权等，下面分别加以介绍。

1. 署名权

一般来讲，署名权是精神性权利的最重要的内涵之一，指的是作者有权在其作品上署名，以昭示自己作者的身份。此外，署名权还有很重要的另一层意思，即作者有权禁止未参加作品创作之人署名。非物质文化遗产传承人的署名权可以理解为，在传承人的表演、传承、制造的活动中及基于此活动所产生的作品中，以适当的方式注明非物质文化遗产的来源或出处。

2. 传承权

少数民族非物质文化遗产传承人拥有传承权，是指传承人有权利将自己所掌握的知识和技能传承给自己选择的传承人。传承权的内容主要包括：

（1）下一代传承人选择权

为了让文化遗产更好更广泛的传承与发展，下一代传承人的选择并不限制但也不排除在家族范围之内或少数民族的群体之内，可以由传承人自己选择有天赋和适宜继承的人选。但是考虑到对少数民族文化的精神感情和文化积淀，可以偏向选择该少数民族的成员作为传承人。在传承的过程中，由于传承也耗费了很多精力和物力，传承人可以收取一定的费用。但是，传承人的选择是传承人的权利，无论传承人如何选择，我们都应予以尊重。例如，在花鼓灯的传承过程中，以安徽省蚌埠市的冯嘴子村为例，已有6户恢复了祖孙三代都玩花鼓灯的传统。

（2）传承方式选择权

该项权能指传承人有权决定以何种方式将其所掌握的非物质文化遗产向徒弟或学生传授。非物质文化遗产的传承的实现形式大体包括自然性传承和社会性传承两种：前者是指在无社会干预性力量的前提下，完全依赖个体行为的某种自然性的传承延续，最典型的就是个体之间的“口传身授”；后者是指在社会某些力量干预下的传承，这包括行政部门、社会团体等的各种行为干预和支持。对于某一项非物质文化遗产来说，具体采取哪种传承方式，由传承人来决定。

（3）惩戒权

任何教育教学活动的顺利进行、目标的达成都需要相应的秩序作为保障，惩戒是达成秩序的一种方法。为了使非物质文化遗产能够顺利地传承，应赋予传承人一定的惩戒权，当然惩戒权的行使是有一定限度的，即在传承人行使惩戒权时，要遵守国家的基本法律，在不违反基本人权的限度内，是非物质文化遗产传承所必需的，惩戒时要符合比例原则等。

对于技艺传承的保护则主要体现在静态与动态两个方面。静态主要是指资料的收集整理，尤其是对那些年事已高的传承人，应尽快将他们的技艺以书籍、影像等方式记录下来。动态则包括设立传承基地及带徒补贴等方面。除了资金问题，目前传承人反应比较强烈的就是没有演出及培训场地，另外就是由于待遇太低而找不到徒弟。

3. 改编权

传承人并不是民族非物质文化遗产的创作者，因此在理论上，他肯定不能在没有经过创作者同意的情况下，将文化作品随意改动。但是传承人也并不是与文化遗产毫无关系的人，他是持有者或占有者，他懂得其中的文化内涵，在很多情况下他还是所有权群体中的一员。因此笔者认为，传承人应该拥有对其掌握的非物质文化遗产的改编权。

4. 表演者权

表演者权，是指表演者依法对其表演所享有的权利，属于著作权中邻接权的内容。表演者权的内涵主要包括：表明表演者身份；保护表演形象不受歪曲；许可他人现场直播和公开传送其现场表演，并获得报酬；许可他人录音录像，并获得报酬；许可他人复制，发行录有表演者表演的录音录像制品，并获得报酬；许可他人通过网络向公众传播其表演，并获得报酬。非物质文化遗产传承人作为非物质文化遗产的表演者，对其表演享有表演者权是理所应当的。

5. 获得帮助权

获得帮助权是指传承人或原始材料提供者为了更好地传承非物质文化遗产，有从国家和社会获得物质帮助和政策支持的权利。传承人有权利从国家、政府获得经济上的帮助和政策上的支持；政府应该为传承人的传承活动提供所需的场所、创造条件和环境。2008 年 6 月出台的《国家级非遗传承人认定与管理暂行办法》中规定各级文化行政部门应对开展传习活动确有困难的国家级非物质文化遗产项目代表性传承人予以支持，支持方式主要有：资助传承人的授徒传艺或教育培训活动；提供必要的传习活动场所；资助有关技艺资料的整理、出版；提供展示、宣传及其他有利于项目传承的帮助。对无经济收入来源、生活确有困难的国家级非物质文化遗产项目代表性传承人，所在地文化行政部门应积极创造条件，并鼓励社会组织和个人进行资助，保障其基本生活需求。例如，中央财政从 2008 年起专门资助国家级非遗代表性传承人每人每年 8000 元。近日，文化部表示，从 2011 年开始，对非遗传承人每年的资助将从原来的 8000 元增加到 1 万元，鼓励和支持他们开展传承活动。在很多省区市，地方政府颁布了地方性法规保护非物质文化遗产传承人，还举行各种活动促进非物质文化遗产的传承和发展。

（二）非物质文化遗产传承人的义务

从另一个角度来看，传承不仅是一种权利，也是传承人的义务。在传承人的身上承载的不仅是一门技艺或知识，也是这个民族或社区的历史发展的精华和文明。因此，传承人不能以一种不作为的方式或消极的方式从事传承活动，或以积极的方式破坏传承活动，或破坏与传承有关的工具或条件。若传承人不履行传承的义务，可由非物质文化遗产的所有权群体向政府相关部门申请强制履行传承，或由政府主动采取相应措施进行强制传承。同时，每个传承人都应该完整保存其所掌握的知识、技艺及有关的原始资料、实物、建筑物、场所等，依法开展展示等传播非物质文化遗产的活动。有条件的传承人还应该讲述自己的口述史或留下书面著作。为此，《非物质文化遗产法》第 31 条规定了代表性传承人的四项义务：继续开展传承活动，培养后继人才；妥善保存相关的实物、资料；配合文化主管部门实施非物质文化遗产调查；参与非物质文化遗产公益性宣传活动。这与《国家级非物质文化遗产代表性传承人认定与管理暂行办法》第 13 条规定是基本一致的，只是后者对国家级非物质文化遗产代表性传承人规定了比一般的代表性传承人更为明确具体的传承方面的义务，这是因为国家给予他们更高的荣誉和更多的资助，这符合权利与义务相一致的基本法律原则。例如，《江苏省非物质文化遗产条例》第 21 条规定，代表性传承人和代表性传承单位履行下列义务：按照师承形式或者其他方式选择、培养新传承人；完整保存所掌握的知识、技艺及有关的原始资料、实物、建筑物、场所等；依法开展展示、传播非物质文化遗产等活动。

总之，非物质文化遗产传承人的权利应成为非物质文化遗产法律保护的核心内容，作为一个新的法律问题摆在学界面前，需要通过公法与私法协同保护的模式来创制并实施该权利，以此来促进非物质文化遗产的传承，守护人类的精神家园。

第四节 少数民族非物质文化遗产司法保护的现状

2011年，贵州省安顺市完成首次全市非物质文化遗产普查工作，全市共收集资源目录清单808项、整理普查项目610项，完成普查验收文本189项。通过非物质文化遗产普查和申报工作，安顺市现有国家级非物质文化遗产保护项目名录8项，包括安顺地戏、铜鼓十二调、布依族勒尤、苗族跳花节、苗族芦笙舞、安顺蜡染、西秀区苗族服饰、关岭自治县苗族服饰；国家级非物质文化遗产代表性传承人3人；省级非物质文化遗产保护项目38项，46处；省级非物质文化遗产项目代表性传承人15人；市级非物质文化遗产保护项目95项，166处。安顺市的非物质文化遗产种类众多，与非物质文化遗产相关的司法案件也比较多，下面作一简述。

一、安顺蜡染案

（一）案情简介

2009年，贵州省安顺市蜡染协会会长洪福远将北京一家蜡染服饰手工作坊的负责人青某、陈某和他们的北京苗艺民族文化艺术交流中心诉至法院，认为对方使用了他创作的蜡染图案，侵犯了他的著作权。这起蜡染图著作权案共涉及《双龙献寿》《瓦当龙纹台布》《敦煌伎乐》《彩陶》《车架出巡壁饰》《泰山石敢当》等13幅作品。洪福远被称为中国蜡染界大师级人物，作品屡次在国内外获奖，三十多年间创作了包括上述13件作品在内的千件蜡染图案。青某、陈某夫妇以他们开办的苗艺文化中心的名义在北京西直门外的金开利德国际服装市场销售盗版蜡染产品。根据国家级的报刊介绍，青某在贵州安顺开办了“福达民族工艺坊”从事蜡染生产。原告发现被告青某等人未经允许，擅自使用其创作的上述图案生产蜡染产品，并在网站上刊登上述侵权产品图案以推介销售。洪福远请求法院判令：1. 三被告在《黔中早报》中缝以外版面刊登声明向原告赔礼道歉；2. 判令三被告停止使用原告享有著作权的 13 幅涉案作品，判令三被告停止销售涉案侵权蜡染产品，判令三被告停止在网站上刊登涉案侵权蜡染产品照片；3. 判令三被告连带赔偿原告经济损失 10 万元；4. 本案诉讼费用由三被告承担。青某等人答辩称，其所销售蜡染产品都是从民间艺人处购得，并非抄袭原告蜡染产品或产品设计图。蜡染是一种传统的民间手工绘染艺术，不同创作者以同一景物绘制画比比皆是，其蜡染产品的著作权并不属于某一个人，而归于各制作者。

法院经审理认为，洪福远提交了涉案产品设计图的著作权登记证书、设计图原稿、含有设计图图案的蜡染产品及合法出版物，在无相反证据的情况下，应认定洪福远为涉案蜡染产品设计图的作者，依法享有著作权。青某、陈某及苗艺中心未经洪福远许可，生产、销售与洪福远享有著作权的涉案蜡染作品图案基本相同的涉案蜡染产品，并在其网站上予以刊登，既未为洪福远署名，也未向洪福远支付任何报酬，其行为亦侵犯了洪福远享有的涉案蜡染作品的署名权、复制权和获得报酬权等，理应承担停止侵权、赔礼道歉、赔偿损失等法律责任。青某、陈某及苗艺中心主张其为涉案蜡染产品的销售者并有合法来源，但未提供充分证据予以佐证，法院不予支持。原告提交的证据已经形成明显优势，2010 年 7 月 7 日，北京市第一中级人民法院终审判决青某等三被告立即停止销售、使用侵权作品，赔礼道歉并赔偿洪福远 17 万元。[1]

① 卢维：《安顺蜡染案跨省维权传捷报》，载《法制生活报》2010 年 3 月 15 日。

无独有偶。2010年12月22日，安顺蜡染大师王翀从安顺市中院领到了他状告一蜡染商家侵犯著作权纠纷一案的判决书，法院一审判决，被告赔偿原告王翀3万元。王翀在诉状中称，他的作品曾多次获奖，具有一定的艺术价值和市场价值。2002年，他开办了画廊，以自己的作品为蓝本生产蜡染进行经营。长期以来，被告涂开富作为一位安顺人，置他人著作权于不顾，大量生产、销售盗版原告的蜡染产品《芦笙舞》《金陵十二钗》等。据此，王翀请求判令被告停止使用原告作品生产蜡染产品，判令被告赔偿经济损失6万元，并在媒体上赔礼道歉。11月30日，安顺市中院公开开庭审理了本案。庭审中，被告涂开富辩称，蜡染是本民族祖辈传承的，没有侵权。原告王翀向法院提供了《芦笙舞》《金陵十二钗》等美术作品的底稿，同时出示了代理律师李俊以普通消费者身份在被告处购买的《芦笙舞》《金陵十二钗》等6幅蜡染布，以证明上述画布侵犯了原告的著作权。经过审理，法院认定被告侵犯了原告对涉案美术作品依法享有的复制权、发行权和获取报酬权。而且，被告在使用涉案作品时，将作品中原告的署名和印鉴裁切，还侵犯了原告享有的署名权。根据相关法律规定，法院一审判决被告涂开富赔偿原告王翀经济损失3万元，停止生产、销售、销毁待售的《芦笙舞》《金陵十二钗》等六幅侵权蜡染画，在《安顺日报》上刊登声明，就其侵权行为向原告王翀赔礼道歉。

（二）对安顺蜡染案的评析

安顺蜡染案的核心是少数民族非物质文化遗产的著作权问题，被告的复制并公开出售获得利益的行为是客观存在的，原告作为蜡染大师是否应该享有其作品的著作权，这就要看这些作品是否是原告创作的，在前述的两个蜡染案件中原告都拿出自己的底稿来证明自己的“创作”，也是本人对蜡染作品拥有著作权的有力证据。但是，从理论上讲，法院还应查明，这些蜡染作品的底稿是否是原告的原创作品，诚如案件被告所言，“蜡染是本民族祖辈传承的”，如果这些蜡染的底稿同样也是本民族历史上流传下来的，那么它的著作权应该属于整个民族，而非原告；如果经过调查研究，这些蜡染的底稿在本民族历史上并没有记载或者其他的本民族群众也不知晓，那么著作权就应该归属于原告。

二、安顺地戏案

（一）案情简介

2005 年，由张艺谋执导，日本演员高仓健主演的影片《千里走单骑》上映，这部被称作是张艺谋回归文艺的影片，当时吸引了国内外不少观众。影片讲述了一位年事已高的日本父亲为消除与病危儿子间的隔阂，只身前往中国云南省丽江市历尽千辛万苦寻找“面具戏”的感人故事。当年《千里走单骑》剧组为使剧情更具震撼效果，四处寻找戏剧原型，依然未果。2003 年 11 月，经人推荐剧组找到时任安顺市文化局局长帅学剑，讲明来意后，帅学剑认为这是个宣传安顺地戏的好机会，便答应为其张罗此事。当时，安顺相关部门还按照相应礼节接待了对方。随后，安顺市西秀区旧州镇詹家屯村三国地戏队的詹学彦、曾玉华等 8 位民间艺人应剧组邀请，前赴丽江，在影片中表演了《千里走单骑》《战潼关》这两场安顺屯堡地戏。在影片中，地戏演员、地戏演出的剧目以及音乐、声腔、方言、队形动作等，全方位地展现了安顺地戏的独特魅力，成为影片至关重要的内容。据了解，就连影片中使用的七个面具也都是出自安顺市龙宫镇下苑村面具雕刻艺人杨正坤之手。詹学彦等表演的安顺地戏，在 2006 年被列入我国第一批国家级非物质文化遗产保护名录。事实证明，这个被海内外专家誉为“中国戏剧的活化石”的戏剧乃安顺市所独有。不过，作为故事主线贯穿影片始终的安顺地戏，在影片中却变成了“云南面具戏”。导演张艺谋在新闻发布会、影片首映式等场合，以及影片本身中都没有表明“面具戏”的真实身份。后来，日本著名摄影家李金锁先生通过影片专程从日本到丽江寻找“面具戏”，和大多数因为影片慕名到丽江寻戏的游客一样，他并没有找到地戏的影子。更为戏剧性的是，丽江市澄江县委有关领导还曾一度撰文论证影片中的“面具戏”就是“澄江关索戏”。如今，《千里走单骑》依然在丽江影剧院等地方放映，市场上该影片的光碟也依然在大量销售。原本想通过影片宣传安顺地戏的，却在影片播放后被当地群众骂成是在卖祖宗。

2010 年 1 月，安顺市文化局以非物质文化遗产保护部门的名义对影片导演张艺谋、制片人张伟平、发行方北京新画面影业有限公司侵犯安顺地戏署名权向北京市西城区人民法院提起诉讼。安顺方面希望判令导演张艺谋、制片人张伟平、发行方北京新画面影业有限公司分别在《法制日报》《中国日报》（英文版）中缝以外版面刊登声明，就影片《千里走单骑》侵犯“安顺地戏”署名权消除影响。同时他们希望判令北京新画面公司停止发行影片《千里走单骑》，具体诉讼事务已委托上海市协办律师所李俊律师全权代理。安顺市文化局在起诉中称，贵州“安顺地戏”有六百年历史，被誉为“中国戏剧的活化石”。《千里走单骑》一片以“云南面具戏”为线索并贯穿始终，而该影片所宣传的“云南面具戏”实际上正是“安顺地戏”，而且是由安顺市詹家屯的詹学彦等 8 位地戏演员出演的。“可 3 被告既没有在影片本身及影片发布会等公开场合表明‘云南面具戏’的真实身份，也未在后期放映和发行阶段提及‘安顺地戏’，其错误地诠释了地方民俗文化，严重伤害了安顺人民的情感。”原告代理人在庭上说，除了“伤害安顺人民的情感”，3 被告还侵犯了“安顺地戏”作为民间文艺作品或者非物质文化遗产标明名称的权利，也就是署名权。

2010 年 5 月 11 日，北京市西城区人民法院开庭审理了此案。

电影《千里走单骑》中的詹家屯三国地戏队主要演员还当庭进行了表演，庭审吸引了全国几十家媒体。法庭上，被告方律师在答辩中坚称影片不构成侵权，且认为相关法律没有出台，原告主张的署名权没有法律依据。同时称安顺地戏没有独特性，影片首映后5年起诉，是别有用心，是故意炒作。庭审中，被告方代理人首先毫不客气地点出了他判断的安顺市文化局诉张艺谋的原因："原告起诉张艺谋的原因，更多的是他的影响和地位，而没有法律依据。我国法律规定出品人是电影的权利人，制片人、导演只是创作团队，并不是适格的被告。"同时，被告代理人表示，"电影是艺术创作，当中的人物、故事情节都是虚构的，不能对号入座。""安顺地戏"状告电影《千里走单骑》侵犯署名权一案于5月24日10时在北京西城区人民法院宣判。法院认为，安顺地戏作为我国非物质文化遗产应当依法保护，但张艺谋及其执导的影片不构成侵权。[①] 对宣判结果，安顺方面表示不服，决定向北京市第一中级人民法院提起上诉。2011年9月14日，北京市第一中级人民法院合议庭经合议后，法院当庭做出驳回上诉请求的终审裁定。二审法院认为，影片中将"安顺地戏"错误标注为"云南面具戏"，责任承担主体应该是影片的制片人。本案中安顺地戏不构成作品，难以得到著作权法保护，上诉人的相关上诉理由不能予以支持。一审认定事实清楚，适用法律正确。[②]

（二）本案的争议焦点

2006年，文化部出台了《国家级非物质文化遗产保护与管理暂行办法》，该暂行办法基本上是从行政管理的角度对非遗保护

① 王巍、李奎：《千里走单骑侵权案宣判》，http：//www. yn. chinanews. com/pub/2011/yule_ 0914/17769. html，登录时间2012年6月18日。

② 王巍、李奎：《走单骑侵权案二审宣判 地戏表演者重装出庭》，载《扬子晚报》2011年9月15日。

工作进行了明确，2011年，我国虽然已经出台了《非物质文化遗产法》，得延续了前述做法，仅限于对非物质文化遗产的公法保护，在很多方面尤其是私法保护方面仍是空白。我国《著作权法》第6条规定："民间文学艺术作品的著作权保护办法由国务院另行规定。"《著作权法》第6条的立法原意在于保护民间文学艺术的表现形式，也就是说对于民间文学艺术本身仍未作出规定。《著作权法》的如此规定在实践中确实造成了很多的混乱。民间文学艺术与民间文学艺术作品关系如何？非物质文化遗产到底应该如何保护？电影创作是否应该对所用非物质文化遗产进行明示？我们是否需要创设新的权利来保护非物质文化遗产？

安顺市文化局是否有资格提起本案诉讼？

由案件事实可知，"安顺地戏"系国家级非物质文化遗产，其由安顺地区人民世代相传、继承、丰富而成。因这一文化遗产系安顺地区人民共同创作并拥有的精神文化财富，并不归属于某个特定民事主体。本案中，安顺市文化局虽然并非是"安顺地戏"的权利人，但依据《非物质文化遗产法》第7条规定，安顺市文化局作为县级以上地方人民政府的主管部门负责本行政区域内非物质文化遗产的保护、保存工作。在"安顺地戏"已被认定为国家级非物质文化遗产的情况下，作为"安顺地戏"的管理及保护机关，安顺市文化局有资格代表安顺地区的人民就他们侵害"安顺地戏"的行为主张权利并提起诉讼。据此，安顺市文化局与本案有着直接利害关系，有权提起本案诉讼。

这里的理论问题就是：非物质文化遗产的保存、保管人在诉讼中的法律地位？被告新画面有限公司、张艺谋和张伟平是否均为该"侵权行为"中的责任承担者？根据权利享有与义务承担相一致的原则可知，若是影片《千里走单骑》中对"安顺地戏"的使用方式构成侵权的话，那么，影片《千里走单骑》的著作权享有者也同时是该影片构成侵权行为的责任承担者。所以，新画面有限公司、张艺谋和张伟平是否均应为该“侵权行为”承担责任，关键在于判断影片《千里走单骑》的著作权享有人是谁？

《著作权法》第15条规定，电影作品和以类似摄制电影的方法创作的作品的著作权由制片者享有，但编剧、导演、摄影、作词、作曲等作者均享有署名权，并有权按照与制片者签订的合同获得报酬。由该规定可知，电影作品的著作权归电影作品的制片者享有，制片者有权就电影作品对外行使著作权并获得收益。编剧、导演等民事主体虽享有署名权，但并非电影作品的著作权人，无权就电影作品对外行使著作权并获益。但是著作权法中规定的“制片者”的概念在实践中的标注形式并无固定要求，有多种存在方式，需要具体情况具体分析。而且应该注意的是，《著作权法》中规定的“制片者”并不等于具体电影作品中标注的“制片”或“制片人”，前者系法律概念，后者系商业概念，并非一定是同一主体。制片者有可能是制片人，有可能不是制片人；制片人也有可能是制片者，也有可能不是制片者。具体到本案，虽然张伟平在涉案电影中标注为“制片人”，但这一标注并不等于《著作权法》意义上的制片者。在涉案电影中标注出品单位及《电影许可供应证》中载明的出品人均为新画面公司的情况下，结合电影业的惯例，此部影片的著作权人应为新画面有限公司。

这里包含的理论问题就是：《著作权法》第15条中的“制片者”应作何理解？这是两个概念，不要比较，制片者是法律概念，制片人是商业概念；前者是著作权人，后者是投资人；制片人本身也分好多种，投资方的制片人就是出资的，发布命令的；承制方的制片人就是执行的，拉团队拍摄的还有制片主任，制片助理，就是干活儿的。独立制片人就是自己拉投资，自己拍摄，自己找团队；那个著作权，一般是谁投资就算是谁的。电视的话，一般电视台会出钱，版权归电视台，投资方和影视公司都不要这个，给钱就卖。电影一般不论谁出钱，最后都会由一家公司买下来。比如20个投资方，投了这一部电影，那么大家共有版权，等卖座了，分钱，最后由一家买断版权，以后是卖是留就无所谓了。目前大致就是这些。谁出钱，谁分钱，版权可以分成。电影出品人也称“制片人（Producer）”，指影片的投资人。影片的商业属性，决定了制片人是一部片子的主宰，有权决定拍摄影片的一切事务，包括拍摄什么样的剧本，聘请导演、摄影师、演员和派出影片监制代表它管理摄制资金，审核拍摄经费并控制拍片的全过程。影片完成后，制片人还要进行影片的洗印，向市场进行宣传和推销。出品人就是主要出资方的法定代表人，出品人就是投资方；制片人实际就是指搭建剧组，负责剧组的日常生活与维持剧组的拍摄活动，以及成片之后的宣传与播放等一系列事务。因此出品人和制片人也是有区别的。因此，对于著作权法中的“制片者”在实践中的确定还得具体情况具体分析；

本案中，影片《千里走单骑》中对“安顺地戏”的使用方式是否构成对“安顺地戏”署名权的侵犯？这里包含的两个理论问题，第一，著作权法保护的是著作权法意义上的作品，那么“安顺地戏”是否属于著作权法第三条规定的作品？第二，著作权所包含的“署名权”这一权利内容如何理解和阐释，署名行为又该怎样理解？根据《著作权法》的基本原理，只有对思想的具体表达才可能构成受《著作权法》保护的作品，但“安顺地戏”作为一个剧种，其仅是具有特定特征的戏剧剧目的总称，是对戏剧类别的划分，而非对于具体思想的表达，故“安顺地戏”并不构成受《著作权法》保护的作品，故针对“安顺地戏”这一剧种并不存在著作权法上所称的署名权的问题。第三，根据案件中查明的事实可以认定，“安顺地戏”属于著作权法第六条规定的民间文学艺术作品，对于这一特殊类型的作品，《著作权法》中尚无具体的规定，因此对其保护可以依据《著作权法》的基本原则和规定，其署名权亦不例外。《著作权法》第10条规定，“署名权，即表明作者身份，在作品上署名的权利。”由上述规定可知，署名权的权利主体是“作者”，权利客体是具体的“作品”，权利内容是在作品上标注作者的名称。也就是说，署名权中的“名”是指权利主体（作者）的名称，而非权利客体（作品）的名称，只有在使用作品而未署“作者”的名称时，其行为才能构成对署名权的侵犯，之于是否标注了“作品”的名称，则并非为署名权调整的范围。

另外，关于“安顺地戏”是否符合《著作权法》第10条中有关署名权的要求，主要是要判断“安顺地戏”是否为署名权的权利主体或者为权利客体，只有这样，其才有可能获得《著作权法》署名权的保护。因“安顺地戏”显然并非权利主体，所以关键是要判断其是否构成署名权的权利客体，即作品。在此基础上，对于电影中将“安顺地戏”称之为“云南面具戏”这一行为是否属于受署名权控制的署名行为。另外，电影在进行艺术创作时对使用的艺术元素进行相应虚构，具有合理性。

（三）本书观点

笔者认为，影片《千里走单骑》中对“安顺地戏”的使用方式构成对“安顺地戏”署名权的侵犯。且“安顺地戏”属于著作权法中规定的受保护的作品，并且“安顺地戏”作为贵州省安顺市的民间文学艺术作品享有其署名的权利，分析如下：

首先，“安顺地戏”属于著作权法中受保护的作品；著作权法中规定受其保护的作品包括民间文学艺术作品，“安顺地戏”作为贵州民间文学作品的一种表现行为，它不仅具有形式上的属于一种地方剧目的意义，而且还具有包括各种剧目、特色的演出服装、舞台设计等内容上的意义，因此，不能以“安顺地戏”是为一种地方剧目的分类就否认其为“民间文学艺术作品”这一事实，而且虽说“安顺地戏”作为地方剧目的一种分类，但是具体本案中，此处的“安顺地戏”是包含了《千里走单骑》和《战潼关》这两首剧目的，属于形式兼实质上意义的“安顺地戏”。因此，综上所述，“安顺地戏”属于著作权意义上的应受保护的民间文学艺术作品；

其次，“安顺地戏”作为贵州省安顺市的民间文学艺术作品享有其署名的权利。著作权法中规定的作品，无论是文字作品、摄影作品、音乐作品，或是美术作品，大多都会有其特定明确的著作权人。但是民间文学艺术作品是在一国国土上，由该国的民族或种族集体创作，经世代相传，不断发展和积累而形成的作品。这种特殊的形成方式决定了民间文学艺术作品的著作权人和对其进行保护的特殊性。一般认为，民间文学艺术作品的归属权为创作该作品的该区域的全体人民，另外，根据我国《非物质文化遗产保护法》第 7 条规定：县级以上人民政府其他有关部门在各自职责范围内，负责有关非物质文化遗产的保护、保存工作；因此，安顺市文化局作为行使保护、保存“安顺地戏”这一非物质文化遗产的主管部门，可代为行使对“安顺地戏”的保护、保存工作。法院的判决中解释“安顺地戏”只是作为权利的客体，而并非权利的主体，因此不符合著作权法意义上的“署名”的条件。但是，从词义出发来阐释“安顺地戏”，地戏二字表明了该种民间文学艺术作品的表现形式，而前面的“安顺”二字更是表明了该民间文学艺术作品所归属的区域、人群，为何在这里就不能理解为“安顺地戏”即为权利主体和权利客体的集合呢？我认为答案是肯定。“安顺地戏”理解为权利主体和权利客体的集合，更有利于对民间文学艺术作品的保护。

最后，我认为，影片《千里走单骑》中对“安顺地戏”的使用方式构成对“安顺地戏”署名权的侵犯。根据以上的两点推论，“安顺地戏”既属于著作权法中规定的受保护的作品，且“安顺地戏”本身就为权利客体和权利主体的集合。在该影片中，虽然话外音将“安顺地戏”解说成为“云南面具戏”，这是可以理解的，因为影视作品并非真实的纪录片，它来源于真实的生活，但是为了剧情、情节的需要，会以艺术的手法对其进行修改和改造，免不了会存在虚构的成分，并且制片者主观上并没有侵犯“安顺地戏”相应权利的意图，也没有造成严重的影响和后果；但是，影片的制片方在影片最后标注了影片中的地戏表演者为安顺市詹家屯三国地戏队的演员，这是不足的，一要标注出这是安顺地戏，相当于音乐作品中的作曲者或作词者，另外也要标注出是由安顺詹家屯三国地戏队的演员演出的，这相当于音乐作品的演唱者，二者缺一不可。

非物质文化遗产与跟进非物质文化遗产所创作的作品二者是两回事。对于非物质文化遗产保护的讨论在世界范围内已经持续了几十年，但是至今都没有能够达成一个统一的认识。从目前的情况来看，国际上主要有两种不同的保护体系，一是以韩国、日本等国家为代表，以“文化财产法”的形式，对非物质文化遗产进行公法的保护；而另一种途径，则以非洲和拉丁美洲国家为代表，直接以著作权法对非物质文化遗产进行保护，但是这一做法并没有得到普遍的认可。很多学者认为，一方面，如果以私法对非物质文化遗产进行保护，必然要明确所谓权利的主体、权利的内容、权利行使的方式等很多方面的内容，其结果很可能是阻碍了非物质文化遗产多样性的发展；而另一方面，在保护的内容和方式上，非物质文化遗产保护本身不能忽视对于利益的分配。例如，取材于中国古代传说的《花木兰》被美国人拍成电影之后，在全世界范围内上映，获得巨额利润。但是作为该作品内容起源地的中国，却无法获得任何利益，这显然是不公平的。

有学者把“安顺地戏案”称为中国非物质文化遗产保护第一案，其实并非如此，2003 年，北京市第二中级人民法院审结的“乌苏里船歌案”早就对非物质文化遗产的法律保护做过探讨，相比较而言，“安顺地戏案”“乌苏里船歌案”虽然具体案情不同，一个涉及的是真实的民歌，一个涉及的是艺术化了的“面具戏”，但两个案件的核心问题都是相关民族对其非物质文化遗产的署名权问题，我们不得不说，在非物质文化遗产法律保护方面，“安顺地戏案”是一个历史的倒退。与由前面的两个案例可以看出，由于相关法律的缺失，当前我国非物质文化遗产的司法保护处于非常尴尬的境地。

第五节　少数民族传统文化保护与开发的瓶颈

一、文化群体的尊严被漠视

在2004年美国格莱美颁奖典礼上，一个叫OUT KAST的流行二人组合，在用印第安风格轻柔的旋律表演完一首名叫“HEY YA!”的歌曲后，赢得了满堂喝彩。在一段充满宁静和神秘色彩的旋律后，台上马上奏响了低音并徐徐降下了一个类似宇宙飞船的物体，随之OUT KAST两个成员和一群衣衫单薄的舞蹈演员出现在了台上。他们的旁边是南加利福尼亚大学的乐队（他们戴的帽子上都装饰着羽毛），在乐队的伴奏下，OUT KAST高声唱完了这支流行单曲。颁奖典礼的当晚，这对二人组合总共囊括了三项格莱美大奖，其中包括年度最佳唱片奖。在整个表演期间，现场观众反映异常热烈，他们都站起来大声喝彩，尤其在观看后面舞蹈演员的精彩表演时更加的兴奋——这些舞蹈演员绝大多数都是非裔美国女人——她们在场上跳起活泼奔放的舞蹈，身穿软毛制的比基尼，长长的穗带，头上还别着羽毛。他们的舞蹈编排中包括用平坦的手掌拍击张开嘴的动作，这是模仿一次传统平原部落战争中哭喊的情景。第46届格莱美颁奖典礼因为有OUT KAST的精彩表演，而获得了极大的成功。然而不久之后，印第安报社（之后还有一些更大的媒体机构）报道了土著群体针对OUT KAST表演行为的强烈抗议。印第安人认为这些表演滥用了印第安人仅为仪式所用的象征物，如羽毛和战争绘画，有人则为表演使用了“印第安战斧和TIPI模型”而感到愤怒。而最让人震惊的是，印第安民族揭露出“HEY YA!”的前奏旋律是NAVAJO（DINE）的圣歌“BEAUTY WAY”。根据NAVAJO（DINE），歌曲意味着“恢复和平与和谐”，不适合为娱乐的目的而使用。[①]

无独有偶。台湾南部高山族有一个阿美人的群体，非常喜欢唱山歌，有一对原住民郭英南夫妇特别喜欢唱《老人饮酒歌》，唱得非常好，在那一带很有名。1988年，郭英男受法国文化之家邀请到法国演唱。法国人听了他的歌非常感动，于是盛情邀请他到录音室把这些歌录制保存下来。这首歌不仅法国人喜欢，德国人、美国人也喜欢。1993年，德国谜乐团在他们的一首歌中撷取了《老人饮酒歌》的原音，大受欢迎，创下了数百万张碟的惊人销售数量。但遗憾的是，没有人知道这美丽的旋律竟来自台湾阿美人的郭英男。1996年，亚特兰大奥运会主题曲选用了德国Enigma乐团的《回归纯真》（*Return To Innocence*），当乐曲响起的时候，高山族的村民们就从电视里听到了，一听，这不是郭英男的歌吗？他们就很欣喜地跑到他家里，表示祝贺，说：你的歌唱得好啊，到国际奥运会上给我们争光了。都觉得是一种莫大的荣耀。郭英男夫妇当时就懵了，感觉不对啊，后来七想八想，才猛然发觉：这首歌的旋律，就是自己1988年在法国录下的《老人

① Angela R. Riley, Straight stealing: Towards an Indigenous System of Cultural Property Protection, Washington law Review 80, Wash. L. Rev. 69, 2005. pp. 1 - 2，转引自张耕：《民间文学艺术的知识产权保护研究》，法律出版社2007年版，第81-82页。

饮酒歌》——Enigma 乐团撷取了郭英男的原音，填上了歌词，就变成了自己的《回归纯真》。等到郭英男发现时，距离《回归纯真》首发已经 3 年，唱片已经卖出上百万张。开始村民们都觉得是他们的荣耀，高山族的民歌走向奥运会，走向世界了。后来，郭英男才想到：他们采用我的曲子和声音怎么也不通知我一声啊，这不是剽窃吗？于是，村民鼓励郭英男夫妇同他们打官司，讨回公道。1993 年，在台湾唱片界友人协助下，郭英男夫妇对国际奥委会、EMI 公司等提出侵权诉讼。经历三年的波折，这场国际诉讼终于在 1999 年 7 月 2 日达成和解，美国 EMI 公司派代表来台，颁赠白金唱片给郭英男夫妇，奥委会主席萨马兰奇也以自己的名义写一封道歉函给郭氏夫妇，当时，这场官司在国际上非常有名。最后，郭英男夫妇还是打赢了，得到了一大笔款子，可以不用种田，足够他们下半辈子的生活。[1] 刘江彬说，郭英男一案反映出，先进工业国家与原住民之间的冲突，不仅仅在于非物质文化遗产的取得及运用，商业化后的庞大利益分配、权利归属才是后续的一大问题，也凸显了现行法律规范的不足之处。原住民歌很长时间都被娱乐观光化，他们很悲哀。郭英男对 Enigma 的诉讼和奥运会的侧面鼓励，让台湾原住民音乐开始被全世界范围关注，台湾唱片公司也开始觉醒，他们把原住民集合起来，投入资金做“自己土地上的歌”，让民歌走向商业化走向大众。作为参与郭英男一案的法律专家、台湾政治大学知识产权研究所副教授孙元钊随后补充，郭英男夫妇得到补偿后，那些村民族人们觉得不对劲了：这首歌曲不是我们阿美人的吗？怎么变成你的了，还发了一大笔财？于是族人们又开始不高兴了，在台湾阿美人内部又产生了新的纷争：《老人饮酒歌》的权属究竟属于郭英

---

① 阎喜琴：《论民俗旅游对旅游地民俗文化的“污染”与防治》，载《贵州民族研究》2006 年第 1 期。

男还是属于整个台湾阿美人？权属关系不厘清，保护又从何谈起？①

类似的例子在世界各国都屡见不鲜，少数民族的文化权益保障问题进入人们的视野并引起广泛的重视与前述这些事件的频繁发生有很大的关系。少数民族应该享有哪些文化权益？这些权益的主体是谁？少数民族的文化权益与他们的生存状态和未来发展之间是什么关系？少数民族的文化权益与公民文化权益乃至整个国家的文化安全具有怎样的联系？他们应该受到什么样的保护？我们应该采取什么样的方式去保护他们的传统文化及文化权益？……这一系列的问题不能不引起每一个人的深思，也是本书成书的起因之一。

二、争夺传统文化使用权与开发权

试举一例。

> 湘西土家族傍山依水而居，到处可见“吊脚楼”，湘西苗族多居山顶，形成规模较大的“山寨”村落，两个民族比肩而居，在建筑风格方面相互影响，苗族有人居住吊脚楼，土家族有人建山寨。过去谁也不会追问“吊脚楼”或者“山寨”是哪个民族发明创造的，至今谁也回答不了“吊脚楼”或者“山寨”最初是由谁修建的。可是自从20世纪80年代以来，“吊脚楼”和“山寨”具有了旅游开发价值，人们便将它们提升到引人自豪的民族文化的高度来看待，两个民族的文化精英们即开始为“吊脚楼”和“山寨”的民族文化的归属争论起

① http：//www.ihchina.cn/inc/detail.jsp？info_ id＝367。

来了。[①] 类似的争论还有很多，甚至在同一民族内部也会发生类似争论。

“吊脚楼”和“山寨”这两种建筑样式是少数民族的物质消费生活方式的重要组成部分，这样的权利冲突在很多民族地区甚至同一民族内部均时有发生，一旦发生，几乎没有什么好的解决办法。在这个问题上比较有代表性的一个案例是“成吉思汗陵的旅游开发”，成吉思汗陵园的各种祭祀活动，每年要进行 30 多次，其中有 4 次是四时大祭典，分别在每年农历的三月二十一、五月十五、九月十二、十月初三进行。成陵祭奠有着古老的传统祭奠程序，如祭天、敬献花束、敬献哈达、敬献鲜奶、祭灯、祭酒、献羊背子等。有固定祭词，同时还要朗诵《出征歌》和《苏力德歌》，以表达蒙古族人民群众对成吉思汗的无限敬仰和怀念之情。在祭奠仪式之后，除举行摔跤、射箭、赛马活动之外，还举办那达慕大会，演出民族歌舞，开展物资交流活动。500 户达尔哈特人的后代认为只能由他们来搞这项旅游，历史上他们一直就是为成吉思汗守灵的，达尔哈特人是蒙古族的一个支系，历史上他们为成吉思汗守灵的故事可谓家喻户晓，他们的任务是专门管理成陵的守护和祭奠事宜，他们按照成吉思汗遗训，永远不担任任何官职，也不负担官差徭役。达尔哈特的行政机构、组织状况、生产方式等和当地蒙古族群众有着明显的区别。一般蒙古人是以传统畜牧业进行生产活动，而达尔哈特人除了在成陵周围的草原上进行一部分畜牧业生产外，他们的生活来源要来自参加祭奠成陵的蒙古人的施舍。其他蒙古族人则认为成吉思汗是整个蒙古族的英雄，是全民族文化的不可缺少的一部分。因此，整个蒙古族的人都可以从事成吉思汗陵的旅游开发。这就引起了相当大

① 该案例摘自朱兴文：《权利冲突论》，中国法制出版社 2004 年版，第 196 页，在此向朱兴文老师表示感谢。

的争论。目前，成吉思汗的祭典仍由达尔哈特人主持，成吉思汗陵园周围的旅游开发则由管理部门承包给商户经营。但是今天达尔哈特人已经达到5000多人，只有30户达尔哈特人专门从事成吉思汗陵的守陵和祭祀活动。[①] 2001年5月23日，鄂尔多斯市委、市政府经过多方面研究决定，确立该市东联集团为成陵旅游开发区之业主单位。东联集团注册资金3000万元，注册成立了内蒙古成陵旅游有限责任公司。该公司历经三年，一期投资3.4亿元建设了旅游区，旅游区艺术团精心编排的以《圣地古韵》为代表的一系列反映成吉思汗文化、蒙古族历史文化、鄂尔多斯文化的精品文艺节目。旅游区2005年的营业额达到1230万元，2006年突破2000万元。可是，到目前为止，内蒙古成陵旅游有限责任公司的旅游区和成吉思汗陵园区之间还有阻挡人和车直接通行的栅栏障碍。[②]

无独有偶。同其他任何少数民族一样，由于其传统文化及所处社会环境的复杂性，对传统文化的保护与开发必然“仁者见仁，智者见智”。赫哲族也同样如此，大家对“传统文化应如何发展”还没有完全达成共识，尚需要在实践中进一步探索。在同江市街津口乡渔业村，我入户访谈的第四个问题就是“您认为汉族人可以从事本民族文化方面的旅游活动吗?”接受访谈的19户中，有11户认为“不可以，并且他们心里非常不舒服”，有1户认为“不归我们管，显得很无奈，其实也是反对”，有7户认为“可以，为了民族团结、发展民族文化需要其他民族帮助、本民族有的人不喜欢等”。对于以上及类似以上情况的现象，当地人

---

① 该材料引自2007年3月27日对著名蒙古族作家阿云嘎先生的访谈记录，张文香老师翻译，在此一并表示感谢。

② 奇海林、张志华：《鄂尔多斯成吉思汗陵的旅游开发》，载周勇、马丽雅主编《民族、自治与发展：中国民族区域自治制度研究》，法律出版社2008年版，第100－101页。

认为是一种“假冒行为”，如果不是赫哲族人在经营，不应使用“赫哲”或“赫哲族”字样，这样做侵犯了赫哲族的合法权益，应该被制止。尤其是在民族风情园内，这种行为更应该被制止，否则，为什么叫“赫哲族民族风情园”呢？赫哲族人认为，近十年来，国家对当地的投入有四五千万元，但没有使赫哲族人从中获得应得的利益，相反，其他人却使用赫哲族的传统文化去发财，赫哲族文化没有给本民族的人带来好处使其他人从中获利，应出台保护赫哲族民族文化的民族政策。

目前，在我国的多数民族地区，都是动员社会一切积极因素共同参与到少数民族传统文化保护的事业中来，允许其他民族的成员来从事少数民族相关文化制品的经营与开发，而没有赋予少数民族以独占经营权。原因是多方面的，在目前的法律体系中，当少数民族的相关文化制品成为一项文化产业的时候，我们只能遵守市场经济中的“经济自由”原则，而不能在市场进入方面给予特别的保护。而且在赫哲族中也同样缺少善于经营以及有一定资本的人员。在民族法制快速发展并走向成熟的今天，“是否应该赋予少数民族对其传统文化的独占开发权”是一个值得深入探讨的问题。

在很多情况下，谁掌控传统文化的使用权谁就能从中获得巨大的经济利益，这在近些年来逐渐升温的非物质文化遗产旅游热以及民族旅游热中清楚地显现出来，各民族觉醒的文化权利意识的确在市场经济环境中发生某些冲突，如何正确处理这些冲突便成为摆在我们面前的时代课题。

三、争夺传统文化解释权

以广西昭平县黄姚古镇为例，黄姚古镇位于广西贺州昭平县东北部，与昭平县城及贺州市均相距40千米左右（直距），距桂林200千米。黄姚是有着近千年历史的古镇，发祥于宋朝年间，兴建于明朝万历年间，鼎盛于清朝乾隆年间。由于镇上以黄、姚姓者居多，故名“黄姚”。全镇居民600多户，八条街道，房屋多数保持明清风格，由于黄姚所处特殊的地理位置，四面皆山，易守难攻，而且交通不便，所以村镇处于半封闭状态，使得古老的民居、众多的文物得以保存。抗日战争时期，这里被定为敌后根据地，大批爱国人士从桂林到黄姚，这些文物、故居至今仍被完好地保存着，如韩愈、刘宗标墨迹，中共广西省工委旧址纪念馆、钱兴烈士塑像、何香凝、高士其、千家驹等文化名人寓所，以及许多诗联碑刻。黄姚盛产豆豉、黄精、酸梅等。黄姚豆豉在清朝被列为皇帝贡品，在民国时，远销东南亚。豆豉宴，是黄 姚的一大特色菜系，游客到此如不品尝，实为遗憾。近年来，黄姚古镇的绮丽风光吸引了大批的国内外游客，现已被列为省级风景名胜区。从物质层面来讲，古镇的街巷门楼、亭台楼阁、寺观庙宇等公共建筑，均是由世居于此的古镇居民集资修建而成，世代共有、共用。非物质层面的节日习俗等，也由当地居民共同创造并传承至今。这些资源并不能具体归属于某个家庭或个人，而是作为一种集体性存在，在整个社区生活中发挥作用。

在对文化资源的使用和解释上，旅游公司和当地人有各自不同的逻辑：旅游公司通过与当地政府签订协议，获得经营开发权而取得了对当地传统文化资源进行包装后转换成为一种旅游产品，它所看重的是旅游产品的经济效益而不是当地文化的原真性。对当地居民来说，旅游公司编写导游词是在没有获得当地人同意的前提下对古镇文化进行的主观臆造和想象，这既是对当地文化的不尊重，也是对当地人的不尊重。当地居民通过强调自己的本地人身份，在文化解释上以不同于旅游公司的叙说方式，来否认公司对当地文化的解释权、经营权、使用权的合法性，从而申明自己对本土文化的解释和使用才具有正当性和合法性。其实，旅游公司于当地居民对传统文化解释权的争夺的最终目的仍然是对传统文化产权的争夺，目标指向依旧是对传统文化开发所获得的利益。

在这些现象的背后，还有一些值得我们思考的内涵。国家历史资产和古迹所宣传的往往是那些对构成核心的民族故事发挥主要作用的神话事件。地方性的传统文化所宣传的文化旅游资产则往往彰显地方文化或少数民族文化的独特之处以及它们与核心文化的差异，解释地方性文化或少数民族文化如何面对各种强大的奇特事物而保持其活力；或者宣传与这些群体相关但是可能与史学通说有冲突的不同的历史。这些都在一定程度上反映了各地方或各少数民族的“文化自觉”，他们已经充分认识到了自己文化的价值。

四、因产权不明引发的冲突逐渐升级

广西阳朔县的遇龙河是该县的第二大河流，素有“小漓江”之称。遇龙河景区范围包括遇龙河、两岸的村落和山地在内，西北部以金龙桥为界，东南部以工农桥为界，面积28.84平方千米。虽然遇龙河景区的范围中包括了两岸社区中的居民，但在一般的划分中，景区的核心部分是河流，社区是外围地带，是核心景区的延伸部分。景区是以自然景观为展示重心的，社区及其居民作为人文景观也是景区的重要构成要素，二者不可分割。遇龙河景区不能包含社区居民的所有生活，其向游客展示的是部分生活，对于沿河的大部分社区而言，只是一种远距离的展示，社区居民的生活空间和生产空间部分的被景区囊括在内。对于遇龙河，不仅在地理上与社区紧密相连，在社区居民心理上也是密不可分的，他们世世代代沿着遇龙河繁衍生息，遇龙河是他们的母亲河，他们的生产生活都离不开这条河。虽然遇龙河在所有权上属于国家，但在居民的心目中，“这条河是我们的，它就在我们的家门口，我们从小就在河边长大”。虽然景区提供的主导旅游产品不是社区生活，但景区和社区是不可分割的。

由于遇龙河沿岸有多个村庄和社区，他们之间的矛盾和冲突经常发生。棋丘树和矮山门之间就发生了比较大的冲突事件。由于棋丘树和矮山门是相邻的两个村，经营竹筏漂流中经常有抢客现象，后来他们双方协商达成“互不到对方地盘码头载客”的协议。在经营的过程中，演变为不准到对方河段漂流。由于游客经常要求漂流不同的河段，于是不时出现摩擦。特别是 2003 年 4 月的一天，棋丘树的竹筏被矮山门的人阻拦后，矮山门的竹筏在棋丘树也受到阻截。矮山门随后在陆路上设卡专门卡棋丘树的人，棋丘树的村民经过他们路段时，要收过路费才给以通过，后经政府制止撤除关卡。撤除关卡后，棋丘树又阻拦了矮山门的竹筏，于是双方发生了争斗，并有几人受伤。公安局拘留了有关违法者，最后由法院对此事进行了裁决。事情虽然过去了多年，但在两村人的心里留下的是抹不去的积怨。

所有的村斗想得到利益，都想把码头设在自己村。景区河段上有 27 个滚水坝，其中 10 个明坝，许多村都在明坝上拦坝要钱。农民间的利益关系错综复杂，上游的人漂到下游，下游的人要收费。筏工不交钱，就要游客自己交过河费。为了赚钱，村民们各想奇招。棋丘树村在河边设立了浮桥，说是为了孩子过河读书方便安全，但主要目的还是为了获利，在浮桥边专门有几个妇女在收费，每个游客 2 元。阳朔的攀岩资源也十分难得，据业内人士介绍说每年的攀岩者至少有 5 万人。农民对于前来攀岩的人也自行收费，一般每人 10 ~ 50 元，个别游客不给钱，农民就将攀岩的线路涂污弄脏。在争利心理越来越严重的情况下，弄坏桥、毁坏坝、强占码头、收费争执的事件时有发生。[①]

① 孙九霞：《旅游人类学的社区旅游与社区参与》，商务印书馆 2009 年版，第 159 - 172 页。

五、传统文化流失严重

传统文化的流失首先体现在一些民族地区的传统文化（如苗族刺绣）遭到国外掠夺性抢购。20 世纪 80 年代，黔东南的交通远不如现在便利，经济状况也相当落后。那个时候，国外的人类文化学者常常来到黔东南地区，当他们在朴实的苗族老乡家里发现他们代代相传的苗族服饰的时候，仿佛发现了稀世之宝。那造型独特的图案、那精致的银饰、那艳丽的色彩，以及那图案承载的历史和文化内涵，都让他们对这个古老而神秘的民族充满了好奇，遂以高价将其收购。随着经济的发展，交通的便捷，黔东南地区那些修了公路的村寨逐渐看到了越来越多的外国人，他们的到来似乎也给这里生活的人们带来了致富的机会，因为他们总是会以让村民们惊得睁大了眼睛的价格将这些普通苗族人家里几代人穿过的衣服买下。近几年来，外国人对苗族服饰已经从最初的私人收藏转变成了商品买卖，一件有价值的苗族衣服，他可以花几千元钱在黔东南收到，然后在国际市场上卖到十几倍的价格。黔东南苗族侗族自治州民族研究所副研究员雷秀武在与法国巴黎一家私立民俗博物馆馆长交流时，曾经了解到，这家法国私立博物馆目前已收藏了 180 多套苗族服饰，其中，黔东南的苗族服饰就有 108 套，贵州月亮山地区的极具文物价值和文化价值的民族服饰——祭祀服“百鸟衣”就有 15 套，超过了贵州省内的收藏。① 类似的现象还有很多。作为民间文化形式之一的少数民族古籍正以每年上千册（卷）的速度流失，由于对文献古籍缺乏认识以及受利益的驱动，贝叶经在西双版纳曾被一页一页地卖给旅游者作为纪念品。新平县平甸乡李自强的父亲是彝族毕摩，存有

① 兰世秋：《海外收购团蜂拥入黔 苗族千年服饰遭掠夺性抢购》，http：//www. tjzmj. com/info_ Show. asp？ArticleID =470。

上百册彝文古籍。数年前毕摩去世时，其家人把全部彝文古籍搬出门外堆放在屋檐下，不久便散失殆尽。该乡张朝顺的父亲也是当地有名的毕摩，存有 60 部彝文古籍，数年前毕摩去世后，其家人将古籍当作随葬品全部焚毁在坟旁。[①]

少数民族文化遗产的流失还体现在传承人的权益没有得到很好的保护，致使传承面临众多困难。正是由于我们对少数民族文化遗产保护的切入点有偏差，才导致我们对少数民族传承人的关心、帮助不够。传承人是创造我国古老文明的精英，更是异彩纷呈的传统文化的重要载体。客观地讲，我们的各种文化遗产，特别是非物质文化遗产，主要靠传承人世代口传心授，才得以千古流传。当前的少数民族传承人保护问题实在严峻，一是数量、分布及传承潜力等情况不明朗；少数民族非遗传承人的“多重”身份（传承人、民间权威、宗教或祭祀执行者、纠纷调解者等）与“双重”弱势地位（少数民族相对于多数群体的弱势与传统文化相对于主流文化的弱势）；当前国家认定的非遗传承人只是代表性项目的代表性传承人，更多的少数民族非遗传承人生活在最底层、根植于民间还未被地方政府申报，他们大多年事已高，并且地位弱化、经济贫乏、生活困顿，传承场所与设施不足；少数民族非遗传承人保护、扶持与资助的各级各类政策法规的梳理与分析；少数民族非遗代表性传承人与来源群体、普通传承人、其他代表性传承人的关系不够明确等。

六、少数民族物质文化遗产日渐衰败

近些年来，不少地方都在积极开展编制历史文化名城、街区、村镇的保护规划工作，并通过地方人民政府或立法机关审议

---

① 林庆：《民族记忆的背影——云南少数民族非物质文化遗产研究》，云南大学出版社 2007 年版，第 77 页。

通过，使之具有政府法令或地方法规的效力。一些地方政府或立法机关还专门制定了所在地的历史文化名城保护办法或条例。如《平遥古城保护条例》《丽江历史文化名城保护管理条例》《昆明历史文化名城保护条例》《福州历史文化名城保护条例》等。但是，游客超载、楼满为患、人满为患、“商业化”、“人工化”等现象，严重破坏了文化遗产的原生环境。下面以丽江古城为例，来详细论述少数民族文化遗产保护的现状。

（一）丽江古城的变迁

十年前，1997年12月4日，丽江古城被列入世界文化遗产，与雅典、罗马、威尼斯等伟大城市比肩。2001年10月18日，联合国教科文组织亚太地区办公室主任理查德·思格哈特博士宣布，把丽江古城的保护模式命名为“联合国教科文组织亚太地区可持续性文化旅游发展丽江合作模式”，该模式将由联合国教科文组织制定为工作文件，供市政府、遗产地管理者和旅游开发商使用。所谓的“丽江模式”古城保护行动计划是以丽江古城保护管理的某些成功经验为蓝本，吸纳了尼泊尔巴克塔普尔、越南惠安、老挝朗勃邦、菲律宾维甘、斯里兰卡勘迪、马来西亚迈拉卡、斐济7个示范点的长处而形成的，是亚太地区8个示范点4年来理论研究和实践的成果。“丽江模式”由文化遗产保护的市政财政管理模式、对遗产进行旅游基础设施投资模式、对遗产地居民进行教育及技能培训模式、解决旅游开发与保护遗产之间的矛盾模式四大部分组成，是一个系统的框架，因其诞生于丽江，故命名为“丽江模式”。①

然而，这些措施并没有持久。十年后，2007年6月，在新西兰举行的第31届世界遗产大会上，丽江古城、故宫、长城、圆明园、布达拉宫和云南三江并流6项中国世界遗产被要求在大会

---

① 刘晖：《旅游民族学》，民族出版社2006年版，第325页。

上就管理上出现的问题作解释。联合国对丽江古城的商业化和原住民的迁出表示担忧，提出三条建议：制定古城及其周边总体规划，以保护遗产及其周边环境的完整性；制定恰当的土地使用规章制度和针对拟建的开发项目影响的评估程序；继续为本地民房所有人提供支持，使其能够根据传统建筑方式对其民房进行维护。

2008 年 1 月 14 日，联合国派出检查组，丽江面临被亮“黄牌”之忧，他们执行的是第 31 届世界遗产大会的决定：实地考察丽江古城并提交报告。这个报告对于丽江是否被列入世界遗产“濒危目录”（即亮“黄牌”）至关重要。随着旅游开发的过度商业化，目前古城核心区域商铺客栈林立，正面临着“空巢化”的危险，由于规划理念问题和前期管理的失控，旅游房地产开发大肆泛滥，过度商业化越来越严重，古城的纳西人将住房和铺面租给外来移民经营，纳西族人纷纷将房院腾出给外来商人以获取一年十几万的租金，并用这笔钱在新城购置洋房，他们搬走家当的同时还搬走了在城中存活了近千年的纳西族文化，使纳西人和纳西文化“边缘化”。而与此同时，外来移民代替了当地纳西居民，成为古城内的主体居民。古城的酒吧街，如今每晚都充斥着都市人的现代生活方式，男男女女在强烈的节奏中扭动身躯，酒吧服务员则不知疲倦地拉歌领舞，他们身着少数民族的服装，但唱的是流行歌曲。宣科说：“我刚刚要睡着，又被吵醒了，这些狗男女。”他最终无法忍受夜晚的喧嚣，搬离古城住进了自己在城郊占地 86 亩的庄园中，联合国的报告中还提到了他的迁出。宣科位于古城的家，现在是一间客栈。① 2006 年丽江旅游人数是 400 万，旅游总收入 46.29 亿元，2007 年达到了 540 万人次，实现旅

① 卢斌：《丽江古城面临亮“黄牌”之忧》，http://www.mjjq.com/blog/archives/1896.html。

游总收入57亿元，而1995年这两个数字仅为84.5万人次和3.26亿元。相比之下，2012年，丽江市共接待游客1599万人次。收入方面，丽江旅游总收入是211.73亿元，丽江表现更为出色。

（二）法律缺失

1990年，丽江纳西族自治县制定了《丽江纳西族自治县自治条例》，随后制定了针对保护传统文化以风景名胜的几部单行条例，如1993年制定了《丽江纳西族自治县玉龙雪山管理条例》和《丽江纳西族自治县林业管理条例》，1994年制定了《丽江历史文化名城保护管理条例》，1999年制定了《丽江纳西族自治县城市市容和环境卫生管理条例》，2001年制定了《丽江纳西族自治县东巴文化保护条例》等。但随着区县分设，一是由于立法主体的缺失，这些单行条例也就失去效力；二是由于法律适用区域的变更，这些单行条例的适用空间不复存在；三是同一民族的传统文化财富分属于不同的行政区划之中，即使玉龙纳西族自治县享有自治地方立法权，也无力通过制定单行条例的方式保护属于同一民族而分布在两个行政区划中的共同传统文化。

根据2002年12月26日《国务院关于同意撤销云南省丽江地区设立地级丽江市的批复》，撤销了丽江地区和丽江纳西族自治县，设立地级丽江市；丽江市辖原丽江地区的永胜县、华坪县、宁蒗彝族自治县和新设的古城区、玉龙纳西族自治县。其中，古城区辖原丽江纳西族自治县的大研镇、龙山乡、七河乡、大东乡、金山白族乡、金江白族乡。纳西族总人口8.55万人，占总人口比例的60.7%。辖区内有大研古城、束河古镇等旅游文化资源。

2006年，丽江政府批准实施了由朱良文主编的《丽江古城传统民居保护维修手册》，将古城建筑的样式风格制度化，规定维修必须遵循“修旧如旧”的原则。2006年1月1日，《云南省丽江古城保护条例》开始实施，将古城的保护提到全云南省的地方性法规层面进行规范，也就是说，在整个云南省的范围内，每一个人都有义务来保护丽江古城。但是，新通过的《云南省丽江古城保护条例》明确规定丽江古城“是指位于丽江市古城区、玉龙纳西族自治县行政区域内，列入联合国教科文组织《世界遗产名录》的大研古城（含黑龙潭）、白沙民居建筑群、束河民居建筑群三片区域”。①

同时，原有的几个单行条例都因为主体缺失而失效，而新的单行条例又没有及时制定，这才导致目前对丽江古城的保护上切实有效的法律的缺失。

（三）传统文化被割裂

从中国各民族的历史而言，共同生活的地域是进行中国民族识别的一个重要标志，行政区划的边界往往就是这一民族互相认同的边界，中国实行民族区域自治制度也正是以我们对中国民族问题的历史和现状的深刻认识为基础的。今天丽江市古城区和玉龙纳西族自治县的地域，历史上一直是纳西族先民的传统居住地。从历史上看，丽江辖区有大有小，但纳西族历来的“小聚居”之地——原丽江纳西族自治县，还不曾在行政区划上被一分为二。纳西族先民在与其他民族广泛交流的基础上，在这一片地域内建构了纳西族这一社会共同体，并创造和发展了其独特的纳西族文化。但对原丽江纳西族自治县区县分设造成的影响，我们认为似乎容易导致人为割裂同一民族的传统文化、社会联系、民族情感以及他们之间的相互认同。纳西族无论属于哪一行政区划范围，都是中华民族大家庭中的一个成员，在今天民族地区城市化进程和行政区划改革过程中，都不应人为地、生硬地割裂其长

① 杨云鹏、杜建荣：《从丽江区县分设看民族区域自治制度在实施中的几个问题》，载周勇、马丽雅主编：《民族、自治与发展》，法律出版社2008年版，第267－270页。

期形成的社会联系。

同时，目前的行政区划改革也人为地造成了同一个民族享有不同的法律地位的现象。中国的民族区域自治并不是单纯的“民族自治”或是“区域自治”，而是二者的结合。区县分设后，玉龙纳西族自治县的近12万纳西族人民根据《民族区域自治法》，享有在其境内的自治权，而古城区8万余纳西族人民则失去了自治权。

（四）文化传承面临挑战

当今世界唯一存活的以图画象形文字为载体的东巴文化，在其全盛时，东巴达数千人，教授级的大东巴就有几十人，而现在丽江全县东巴不到50人，教授级东巴的仅剩一两人，东巴活动日益减少，在大部分纳西族地区已绝迹；东巴教经典法器在民间几乎绝灭，纳西人过去自称祭天人，现在95%以上的纳西人不祭天，也不知何谓祭天。古纳西乐号称“中国古代音乐的活化石”，被国内最有权威的一些音乐家鉴定为“在丽江出土的中国道教音乐和唐宋音乐。”但西方传媒报道其“正在喜马拉雅的暗影下消失着”，不少曲目已失传，不能再演奏。在丽江，越来越多的本地青年不愿再穿民族服装，而钟情于流行服饰，忘了老祖宗千百年来传下来的优美豪放的民歌舞蹈，而沉醉于卡拉OK和迪斯高中，传统文化的传承面临整体断代的危险。[①] 纳西族传统文化在舞台上的繁荣与在纳西族民间的衰落形成鲜明的对比，令人深思。

---

① 贺德红：《论民族旅游地传统文化的保护》，载《内蒙古农业大学学报》2007年第5期。

第六节 利益分配是少数民族传统文化保护的核心问题

一、对"田丰模式"的反思

提到云南民族文化保护，就不能不提起云南少数民族文化传习馆，不能不提起田丰。田丰，中央乐团著名作曲家，他早年创作的《东风吹战鼓擂，当今世界谁怕谁》以及《毛泽东诗词大合唱》曾经是中国一个时代的音乐象征。20 世纪 90 年代初，他为了创作歌剧《屈原》，长期在云南采风。每一次下去，民族变化之快都是他没想到的。

1993 年，田丰创立云南少数民族文化传习馆，寻访民间艺人和有歌舞天分的孩子，集中在馆里进行文化传习。从 1993 年到 1997 年，有 4 个民族的 5 个支系在这里进行文化传习，田丰用"原汁原味，求真禁变"这 8 个字来规范教学，不允许对民族传统做任何加工，甚至不允许学员看电视，因为："电视看多了，电影看多了，就连自己的服装都不愿意穿，跟着社会跑了。"

然而，"跟着社会跑"，实在不是田丰个人所能阻拦得了的。

传习馆采用学员制，学生先进行半年的试读，试读期间只解决生活费用，半年后如果双方相互认可再给予经济补贴。由于经济来源完全依靠社会机构赞助和田丰个人的创作所得，传习馆的经济相当拮据，现实和田丰对学员们强调的未来拉开了越来越大的差距。田丰曾向学生们描述过他们的未来："建立传统文化的保护区……对学得好的一些学生们和一些老师们今后就在这些村落里生活……他们在这里的生活都完全按照传统的方式进行，他们的生活问题不愁。”

尽管多方防范，现代文化对学员们的影响还是在悄悄地起作用。不让看电视，学员们就在大家睡下后偷偷看；而城市的现代生活也让学员对自己的经济状况提出质疑，甚至怀疑田丰把钱私吞了。为了提高学员的生活待遇，田丰将一些最优秀的学员借给了云南旅游歌舞团，传习馆开始解体，而学员们继承的文化传统也开始为了演出市场的需要而改变。

由于缺乏足够的商业素质，田丰的传习馆在后期与种种商业合作机会擦肩而过，传习馆以师徒反目，学员自组土风舞团而收场。2001 年，田丰因肺癌去世，他所倡导的传习馆模式宣告失败。

提起田丰，曾参与创办传习馆的杨丽萍满怀敬意，但她同时也指出了传习馆的软肋：“禁变是不科学的，你不能用一种理想或是想象来看他，是农民他就伟大，或者他是农民就朴实。你在保护文化，他们就要为你保护，就要和你想得一样。每个人要是觉得自己有使命，要弘扬一种东西，就把自己悬空起来，最后会跌落得很重，会彻底让人失望。”①

但是，也有学者对以类似“生态博物馆”和“文化保护区”的方式来保护少数民族文化的做法提出了质疑，这些观点也是非常值得我们思索的。刘晖就是对此种做法提出质疑的学者之一，首先，他认为少数民族文化和少数民族文化旅游资源是两个不同的概念。我们能利用的或者说能开发成旅游文化资源的只是显在的少数民族文化现象以及少数民族文化沉淀所形成的物化形式为旅游服务而不是整个文化。文化的隐性构成要素如伦理观念、价值取向、认知模式、审美情趣等，是很难被开发为旅游对象并通

① 马戎戎：《〈云南映象〉：民族文化保护的“杨丽萍模式”》，载《三联生活周刊》，2004 年 4 月。

过文化保护区加以保护的；其次，该学者认为不能类比“自然保护区”来建立“文化保护区”。在全球化背景下，这种划定区域的保护方法是无法阻止以电视、电话、互联网为代表的现代传媒的迅速普及及其所带的外来文化因子的渗入；最后，谁有权设定文化保护区？我们显然不能为“旅游”而剥夺“主人”希冀现代化的良好愿望。由政府或外人提出对某一拥有珍稀濒危文化遗存的族群建立所谓“文化保护区”，与该族群人们主动要求政府对其文化予以保护是根本不同的，无论其出发点是如何的善意，都必须得到文化主人的最终认可。[①] 刘晖的有些观点是值得商榷的，其第三点理由涉及的是少数民族文化权益的主体问题，本书的第一章中有详细论述，不再重复。其前两点理由是值得我们思考的，原因在于，任何传统的生活方式都是可以保留的，但关键是如何通过科学决策采取切实有效的措施来进行保留。

现有的民族文化村有两种形式。一种形式是民族聚集地实地展示型，如贵州的生态博物馆等；另一种是旅游目的异地仿制型，异地仿制型民族文化村是运用人工方式在靠近市场的地方，荟萃各民族的民间艺术、民族风情和民居建筑于一园，从多角度中揭示民族文化的大型文化主题公园。由于仿制民族文化村是为迎合旅游目的而专门建设的，虽然能反映一定的民族文化，但它与就地形民族文化村寨相比，缺乏真实的环境感应，过多的虚拟和移植，降低了旅游者的出游满意度。如深圳的微型民族文化村、香港仿宋朝京城建立的九龙荔园“宋城”、美国波士顿建立仿16～17世纪英国移民生活的“活人博物馆”等。这其中也不乏成功的例子，“文化保护区”不是不可以设，但现在的问题是具备什么条件才能设立？采取什么方式去设立？设立之后如何运

① 刘晖：《“摩梭人文化保护区”质疑——论少数民族文化旅游资源的保护与开发》，载《旅游学刊》2001年第5期。

行？目前的一些“文化保护区”让人忧心忡忡，有滥设之嫌。

“田丰模式”虽然失败了，但其中同样有积极因素，比如，“民族文化传习馆”这种传播民族文化的形式，在民族地区的很多基层社区仍然存在，并且效果也不错。其中所包含的“文化村”这种理念也开始逐步得到大家的认可，只是田丰老师没有注意到文化要连同它周边的环境共同保护，也就是缺少文化生态的认识视角。在此基础上，1997年，云南大学的学者尹绍亭教授吸纳国际上的理论以及贵州生态博物馆的成功经验与“田丰模式”的失败教训，提出建设“文化生态村”的设想。1998年，在美国福特基金会的资助和云南省文化部门的帮助下，民族文化生态村项目小组选择了腾冲县和顺乡、景洪市基诺乡的巴卡小寨、石林县北大村乡的月湖村、罗平县多依河乡的腊者村、丘北县的仙人洞村等具有代表性的少数民族聚居的自然村进行文化生态村试点，其中，景洪市“巴卡基诺族文化生态村”集民族文化保护、展示和传承等功能为一体，腾冲县“和顺乡文化生态村”以保护和展示文化遗产为宗旨，丘北县“仙人洞村彝族文化生态村”、石林县“月湖村文化生态展示区”、“新平县傣族文化生态村”等以歌舞表演和祭祀活动为主。十多年来，取得了比较好的效果，实现了文化与旅游的有机结合，《云南省民族文化大省建设纲要》已经将文化生态村建设作为基础性工作，成为政府保护和发展文化的一种重要手段。在2009年在昆明召开的国际民族学与人类学联合会第16届年会的组委会还从前述村寨中选择了一些村寨作为学者参观考察的示范点。

二、对“杨丽萍模式”的忧虑

（一）《云南映象》及其对传统舞蹈文化的保护

作为世界上最具特色的民族文化“集成块”的云南，人口达7000人以上的少数民族有25个，其中22个民族使用着26种语言和23种文字，民间文化形式的丰富令人惊叹。仅舞蹈一项，就有1095个舞蹈的品种，有6718个舞蹈的套路。因此，在现代化的进程中，民族文化遗产保护的问题也格外重要。

在多年的采风中，杨丽萍看到了云南民族文化的变化：许多绝技因为失去了用途而濒于失传，新生的一代喜欢牛仔裤甚于传统服装。一位专家在调查了基诺族巴卡村寨后指出，如果不加以重视和保护，这里的民族传统服饰有可能在10年左右消失；民族口碑文史及其风俗传承机制，有可能在20年内消失；民族传统歌舞有可能在20年内消失。而这种状况，在云南众多的村寨之中并不鲜见。绿春哈尼族有一种神鼓，能把从人的混沌状态到人的生老病死都用一套套鼓表示出来。20世纪90年代末期的时候全云南还有三个老太太会跳，据说现在只剩下一个了。

2003年8月，由著名舞蹈家杨丽萍首次出任总编导和艺术总监并领衔主演的大型原生态民族歌舞集《云南映象》在昆明公演。至今，《云南映象》已在国内演出近千场，场场爆满。从获得中国舞蹈最高奖“荷花奖”，到现在凭借商业演出养活剧组，再到海外百余场演出的成功运营，《云南映象》从舞蹈创作到市场经营方面都名副其实地成为“中国民族舞蹈的再启蒙”。从它的创作到策划，再到市场运作都利用了她在家乡云南多个民族地区采风得到的多种民族舞蹈元素，编排成大型民族歌舞作品《云南映象》。此作品由云、日、月、林、火、山、羽七场歌舞组成，歌舞素材基本取自云南山村的田间地头，服装道具也出自民间，参加演出者也大部分来自云南农村。多个民族的原生态歌舞。该模式可概括为“坚持走本土艺术性与商业化相结合”的道路，获得了艺术与商业上的巨大成功。

作品从5个方面诠释了云南民族歌舞文化的本真面貌和精髓，具体包括：原汁原味的云南民族舞蹈元素、尊重各民族宗教信仰的舞台元素、70%的演员来自本土的演员元素、来自生命本真吟唱的音乐元素、秉承原创宗旨的创作元素等；另一方面，为了适应现代旅游消费的大众审美趣味和市场需求，《云南映象》在市场化过程中，从这样三个方面进行了市场化的运作：一是在编导思想上体现了现代审美需求，经过现代舞美设计、音响效果包装后的舞台作品，适应了现代大众文化消费直观性、娱乐性的特点；二是采用了企业化的管理模式，市场化的运作模式，产业化的发展格局，建构了较为完善的文化产业生产模式；三是进行成功的营销策划与新颖的广告宣传。借鉴西方人类学家对旅游真实性的研究视角，笔者将《云南映象》的旅游真实性内容细化为客观真实性（演员、环境）；建构真实性（音乐、服装、编导、道具、传承、编导）；后现代真实性（布景），以及存在真实性（广告、表演）四种要素。①

例如，前述的绿春哈尼族的神鼓，据说当地会打这一套反映哈尼族对人类繁衍历史认识的神鼓的老人已经不超过三人。因为《云南映象》的表演，使之得以避免消失的命运。同时，这一套神鼓舞不仅得以传承，而且因为《云南映象》对其艺术化的舞台加工，赋予了神鼓舞新的艺术内涵，使其实现了秉承民族文化内涵的艺术变迁。如，《云南映象》中一段“烟盒舞”表演，真实的彝族烟盒舞表演中有击掌的动作，但是，杨丽萍将击掌动作丰富化，舞台化，加上了双手拍地、翻滚拍地等动作。彝族演员发现这样的改编使舞蹈更好看了，他们将会把这些动作带回村寨。这样一来，彝族烟盒舞因为商品化而发生了一些改变，而这些改变很可能成为未来彝族“烟盒舞”的真实内容。

（二）杨丽萍模式的积极意义

杨丽萍模式被认为是目前比较成功的保护少数民族文化遗产

---

① 高芳：《民族旅游开发中文化商品化与文化真实性关系辨析——以〈云南映象〉为例》，载《保山师专学报》2008 年第 3 期。

进而促进少数民族文化权益保障的模式，其积极意义主要有以下几个方面：

1. 本土居民或当地居民积极、广泛地参与。大胆启用非职业演员，使作品本身保留了原生态舞蹈的原汁原味，也因此显示了原生态舞蹈的美感和经济上的可回报性。

2. 通过采风记录下云南很多民族的原生态舞蹈，从中抽象出她认为能够表现当地民族文化的元素或特质部分，然后经过编排，使之成为一个服务于基本主题的舞蹈作品。这种创作方式既体现了文化发展和新陈代谢的规律，也因此创作出新作品，发展了新的传统文化。只要满足知识产权法的要求，就可以获得知识产权保护。

3. 坚持艺术应走市场化和产业化的道路，使之因而具有可持续发展性。杨丽萍坚信，高品位的艺术必然会有市场，该模式兼顾了少数民族传统文化的保护与开发，有利于这些文化的长远发展。

4. 从著作权法的角度看，《云南映象》是衍生作品。衍生作品是一种基于前作而创作出来的作品，但其独立性比演绎作品等更为明显。基于立法的预见性和经济学的分析，虽然现有法律制度无法规范衍生作品，但法学理论界对衍生作品著作权的独立性是认可的，应该及时建立相应的制度保护其著作权。

（三）本书对杨丽萍模式的反思

1. 文化资源的价值在该模式中没有体现。这里所谓的文化资源是指《云南映象》所取材的原生态舞蹈本身，这些舞蹈根植于云南少数民族的传统社会生活之中，是它们成就了高品位的《云南映象》，它们的艺术价值在《云南映象》中得到了彰显，而它们的经济价值没有任何体现。试想，长此以往，云南的少数民族在杨丽萍以后再来采风时会心甘情愿地表演自己的民族舞蹈吗？不同的艺术家或剧团是否会出于商业竞争的目的，因为到同一个地方来采风而发生争夺文化资源的现象？民族地区群众日益增长的市场经济意识和权利意识也会促使他们提出针对民族文化的经济诉求。比如，荔波瑶族村寨的猴鼓舞是瑶族民间流传的极有特色的舞蹈，以前只是在民间重大活动中演出，与经济毫不挨边。可现在，旅游者也好，电视台也好，要想拍摄这个舞蹈，对不起，要收费！谢彬如老师曾与中央电视台的摄影师到瑶麓拍摄猴鼓舞，拍一段，收费700元。类似的现象屡见不鲜，我们不能不说这是少数民族群众的合理利益诉求。[①] 如何解决类似的这些问题，又回到了本书第一章中对少数民族文化权益基本要素尤其是少数民族文化权益主体的界定之中。

2. 文化资源所有者[②]的意愿被忽视。民族文化资源属于所有资源中最富有开发潜力的资源，如果我们能在开发中利用好民族文化资源，对许多开发项目进行一种文化诠释和引导，这将使民族文化资源成为我们西部民族地区经济和社会发展的长项，西部的骄傲，西部的身份。[③] 然而在《云南映象》中，我们却无法得知这些文化资源所有者对于该种开发模式的态度。我们完全可以

---

① 谢彬如等：《文化艺术生态保护与民族地区社会发展》，贵州民族出版社2004年版，第56页。

② 关于文化资源所有者即少数民族文化权益的主体的具体分析请参见田艳：《传统文化产权制度研究》，中央民族大学出版社2011年版，在此以文化资源所有者一词来统指少数民族文化权益的各种主体。

③ 来仪等：《西部少数民族文化资源开发走向市场》，民族出版社2007年版，第37页。

借鉴《生物多样性公约》中的“事先自由知情同意”制度。[①] 坦桑尼亚制定的国家层面保护民族民间文化的法案规定，到坦桑尼亚记录和使用民族民间文化，除了出于教育、艺术创作和新闻报道外，任何个人或机构复制、发行、播放或表演民族民间文化，都要得到坦桑尼亚国家艺术委员会的同意，任何时候使用民间文化表现形式，都要提到原创群体和原创地名称。此外，任何人或机构使用民族民间文化都要付费，征收的费用由国家艺术委员会用于保护和弘扬民族民间文化。[②] 简单地讲，就是出于对少数民族文化尊严权的尊重，我们在开发少数民族传统文化资源时，应该考虑设计恰当的制度和相应程序来征求当地少数民族的意见，在事先要让他们知道，并获得他们的同意之后再来开发。即便如此，我们在文化资源开发过程中仍然要尊重少数民族的文化尊严。

三、“傣族园模式”的困惑

傣族的建筑主要有以西双版纳傣族民居为代表的优美灵巧的“杆栏式”建筑，以元江、红河一线傣族民居为代表的厚重结实

---

① 《生物多样性公约》第 15 条遗传资源的取得规定：

1. 确认各国对其自然资源拥有的主权权利，因而可否取得遗传资源的决定权属于国家政府，并依照国家法律行使。

2. 每一缔约国应致力创造条件，便利其他缔约国取得遗传资源用于无害环境的用途，不对这种取得施加违背本公约目标的限制。

3. 为本公约的目的，本条以及第 16 和第 19 条所指缔约国提供的遗传资源仅限于这种资源原产国的缔约国或按照本公约取得该资源的缔约国所提供的遗传资源。

4. 取得经批准后，应按照共同商定的条件并遵照本条的规定进行。

5. 遗传资源的取得须经提供这种资源的缔约国事先知情同意，除非该缔约国另有决定。

② 谢彬如等：《文化艺术生态保护与民族地区社会发展》，贵州民族出版社 2004 年版，第 71－72 页。

的平顶土掌房，以及典雅富丽的佛寺建筑。在滨水而居的河谷坝区，因受炎热、潮湿、多雨、竹木繁茂等生态环境的影响，傣族的民居建筑以“杆栏式”建筑（俗称“竹楼”）为主。竹楼近似方形，以数十根大竹子支撑，悬空铺楼板，分为上下两层，整座建筑空间间架高大，以木、竹做桩、楼板、墙壁，房顶覆以茅草、瓦块，上层用来住人，下层养家畜、堆放农具杂物、做家务、休闲等，竹墙缝隙很大，既通风又透光，利于保持居室干燥凉爽。《云南省西双版纳傣族自治州民族传统建筑保护条例》根据当地河谷坝区的特点，将民族传统建筑界定为，以傣族为主的世居少数民族杆栏式建筑和南传佛教塔、寺、亭、雕塑等建筑物和构筑物，以及各类传统建筑物纹饰。本书也是在这一意义上使用“傣族传统建筑”一词的。西双版纳傣族园的旅游开发可谓是少数民族的物质文化遗产与非物质文化遗产共同开发，但是以“少数民族非物质文化遗产”开发为主，试想，如果没有傣族的风土人情，迷人的歌舞，“天天泼水节”，会吸引众多游客前往吗？但是，当前傣族园在保护与开发中的矛盾与问题同样值得我们关注。

（一）异化建筑

傣族竹楼建造技艺已经被列入云南省省级非物质文化遗产名录，加强对其保护刻不容缓。“异化建筑”，即与民族地区传统建筑风格不相吻合的其他外来建筑样式。对于西双版纳的傣族而言，异化建筑就是指与傣族的传统杆栏式建筑风格不相吻合的其他外来建筑样式，主要是砖混建筑样式。以傣族传统建筑保护比较完好的傣族园为例，异化建筑同样是威胁当地传统建筑保护的最重要的因素。傣族园位于云南省西双版纳傣族自治州首府景洪市东南27千米处，共有曼听、曼春满、曼嘎、曼乍、曼将5个傣族村寨，333户人家，1586人。

早在20世纪70年代的时候，被称为橄榄坝的勐罕镇就开始有了游客，如今，傣族园已经发展成为西双版纳州第二大旅游接待点，游客量仅次于传统的风景点勐仑植物园。1999 年，公司以极其低廉的价格租到了村民的林地 19. 25 亩，田地 452. 4 亩，每年公司付给村民的土地补偿金是 23 万元，但公司的电瓶车承包费、泼水广场租赁费和允许外地人来园内搞“傣族婚俗展示”这三个项目一年的收入就在 30 万元以上。景区建立之初，曾与景区内 5 个村寨村民及勐罕镇政府，三方签订的协议规定：5 个村寨的村民不得在景区内建盖非木质结构或竹结构的异化建筑，而需要建盖新房的村民，由勐罕镇人民政府负责划出一片新区来，专门供建房使用。

然而，近年来傣族园异化建筑愈演愈烈，据民族事务部不完全统计，截至 2008 年 5 月 31 日，景区异化 建筑面积达到 20226 平方米（含五寨异化面积、傣族园办公区、村委会办公楼等），接近全园总面积的 1/4，“这个数字还在急剧攀升”，目前仍有很多村民计划建盖“洋楼”。傣族园出台了《傣族园景区杆栏式建筑保护与建设管理暂行规定》，该《规定》要求：傣族园内建盖的房屋必须是傣族传统杆栏建筑，木框架、瓦屋面（傣式泥制瓦）结构，其中厨房、卫生间可用砖混结构，但厨房第二层必须是木瓦结构。为此，傣族园对村民实施奖励措施：对新建、改建、扩建后符合条件的，每户给予 4000 元的奖励。2004 年至 2007 年，傣族园公司共表彰了 97 户，补助金额达 39. 2 万元。①目前傣族园公司正在与五个村寨商谈每户每年补助 2000 元用于维修传统建筑。为了与村民沟通，傣族园还成立了民族事务部，长期深入村寨，向农户宣传保护竹楼的重要性。

无独有偶，勐海县勐遮乡的曼刚寨也同样如此。该寨第一幢

① 王珍：《傣族园：傣族竹楼保护之争》，http：//www. mzb. com. cn/html/report/31258 -1. html，访问时间为 2009 年 11 月 1 日。

砖混楼房的主人是岩管，80年代他去过五次广州卖茶叶，赚了些钱。广州郊区的别墅式住宅给他留下了深刻的印象，他决定盖一幢那样的房子。他放弃了传统竹楼的青瓦斜面顶，建了平顶房。当地一些受人尊敬的老人说，曼刚寨还没有一百户人家，不能盖这样的房子，要等到一百户后才能盖平顶房，多年来这已经成为当地的习惯法规范。紧接着是岩比，他同样是在全寨总户数没有达到100家的时候，径自建了平顶新房。到2000年8月，在曼刚寨已经有了32家平顶新房。[①] 到2009年7月，本人前往调查时，当地仅有一户仍然保留了青瓦斜面顶，其余的都盖了平顶新式楼房。

（二）原材料匮乏

如今，随着生态保护的加强和经济的发展，一些地方开始以混凝土砖瓦结构代替竹木结构，但还保留了“干栏”的形式或人字形屋帽的外形，因而仍习惯称呼它为“竹楼”。根据我们在当地所做的访谈，目前建盖竹楼所需的木料非常紧缺而且价格昂贵，多数都是从缅甸进口的，傣族园公司补助的4000元钱仅能购买竹楼房顶上的一根主梁，翻盖一个10米×10米的竹楼的成本接近30万元，而相比较而言，建盖一个面积相同的砖混结构平顶楼房仅需20万元左右，同时，竹楼中的木料抗腐蚀效果不好，一般10年左右就要进行大的修补，而砖混结构的楼房结实耐用。

为此，当地政府制定了《云南省西双版纳州民族传统建筑保护条例》，已经于2008年8月1日开始实施，旨在解决困扰当地旅游业发展的“异化建筑”问题。西双版纳州人大法制委员会主

① 徐中起：《曼刚寨的傣族民居与公共事务管理》，载中挪《中国民族区域自治制度》项目组：《中国民族区域自治法研究文集》，云南大学出版社2003年版，第414页。

任李锟此前接受记者采访时也表示，该《条例》是针对西双版纳所有杆栏式民居建筑制定的，一般村寨民居仅要求他们保持传统的傣家竹楼造型，对用材没有限制。傣族园是一个特殊的区域，还需当地有关部门根据实际情况制定具体的保护措施。但他建议，允许村民在保持杆栏式建筑风格的前提下，建盖钢筋混凝土或者砖混结构的房屋，再包裹木质材料，兼顾双方的需求。[3]但这种建议同样面临着问题，村民因此而增加的建房成本由谁来承担呢？如果当地政府想促进旅游产业的长远发展，必须为傣族群众因保护传统建筑而额外支出的成本进行补偿并将其法制化，否则，西双版纳地区的民族旅游很难可持续发展。

（三）傣族群众的文化利益被忽略

以西双版纳的傣族园为例，自从1999年正式开发以来已经走过十多年的历程，在政府的引导下，公司以极其低廉的价格租到了村民的土地，但如前所述，公司所获得的收益与村民所获得的补偿相差悬殊。目前，公司已投资4600万元建成景区大门、迎宾广场、泼水广场、民族歌舞剧场、旅游厕所、水电地下管线、游览道路、主体绿化等基础设施的建设。这种“公司+农户”的经营模式也经历了众多考验，自始至终都伴随着公司与农户之间的利益纠纷。为了深入了解傣族园公司与村民在利益分配上的冲突及其可能的解决途径，我于2009年7月对傣族园进行了田野调查，主要采用了参与观察和入户访谈的方法。以下是部分调查结果：

在资源投入上，农户提供的是傣族村民在长期生活劳作中所创造的绚丽多姿的民族文化和美丽的自然风光，确切地说，公司看中的正是这里独特典型的竹楼院落、佛寺、傣族节日、日常生活风情、自然环境等文化资源和自然资源。但是，在农户收益方面，其实村民们为公司打工，或者卖一点儿水果和烧烤，赚到的钱并不多。村民认为公司的作用是双重的，一方面公司的宣传扩大了傣族园的知名度，让更多的游客来到了傣族园，但是一般团队都只安排两三个小时游览傣族园，不会在里面食宿，所以总的来讲村民的收入是有限的；另一方面，到傣族园吃饭的有相当部分是当地人，如景洪人或者勐罕镇的人，考虑到进傣族园要收门票，他们只是在有熟人朋友介绍的情况下才会来，所以，公司的存在也阻挡了一些想到傣族园吃饭但又没法绕过门票的客人。村民认为公司自己也承认傣族园最大的卖点是傣家竹楼，世代生活在傣族园里的村民及其创造并保存发展的传统傣族文化，既然景区有价值的资源都属村民所有，那么村民就应该参与门票分成。2009 年傣族园的普通门票价格是 100 元，因而傣族园公司的实际收益是很可观的。

通过此次调查，我们也了解到，傣族园内的五个村寨的村主任每年都同公司商谈利益分享的问题，但多年来都没有解决。在我进行入户访谈的时候，还了解到一个案例：

> 目前傣族园的很多村民都有私家车，岩香叫也不例外。2009 年 6 月的一天，岩香叫想利用自己的私家车拉几个客人进入傣族园，这样就可以躲过傣族园公司的门票，岩香叫本人也可从中获得与客人预先商谈好的额外收入，这类事情近些年来在傣族园也经常发生。但这次公司的保安拦住了岩香叫的车，请求他为车上的客人买票进入园区，进而双方发生争执，岩香叫打电话叫来三个朋友帮忙，他们四人一起殴打保安，致保安受轻伤，岩香叫因此被当地公安机关判处劳动教养三个月的处罚。

透过前述案例，我们可以看出，目前傣族园内的村民与公司之间因为利益分配而引发的冲突已经白热化，如果不能及时得到妥善处理，可能还有进一步升级的趋势。

四、前述问题的原因分析

（一）社会原因

尽管政府和民间都在传统文化保护方面进行了不懈的努力，但我国传统文化保护特别是少数民族的传统文化保护的状况仍然不容乐观，造成这种状况的原因各地基本相似，概括起来，主要有以下几个方面：①

1. 民族地区的经济仍然比较落后。很多民族地区当前面临的主要问题仍然是经济发展问题，尤其是改善当地少数民族落后的经济状态。由于地方财力匮乏，被称为“吃饭财政”。于是，地方财政对文化少投资或不投资，似乎也就成为“正当”理由。少数民族地区与其他地区仍然存在着事实上的不平等，这种不平等主要体现在经济方面，这使得民族地区无暇顾及少数民族文化权益的保护。

2. 现代化进程中外来文化的冲击破坏了少数民族传统文化得以产生和生存发展的物质基础，被动地承受着强势文化的挤压，影响了少数民族对其民族文化价值的判断。

3. 少数民族传统文化传承方式落后和低效，使得大量传统文化产品在继承和发展上无法获得相应的社会支持，加之缺乏政府相关部门和机构的支持和保护措施，一旦老艺人去世，很多传统技艺便成为绝技。

4. 年轻人大量外出打工，接受外界文化的影响和现代传媒及娱乐方式的熏染，以及我们在学校教育和社会教育方面缺少对少数民族传统文化的教育，使他们容易产生对民族文化的自卑心理，失去民族文化上的自信，不愿或不再下功夫去学习和传承少

---

① 该部分参考了谢彬如等：《文化艺术生态保护与民族地区社会发展》，贵州民族出版社 2004 年版，第 65－66 页。

数民族传统文化，从而造成少数民族传统文化传承上的危机。

5. 经济方式的改变和单纯对经济利益的追求，使少数民族传统文化的相当部分形态从其历史和传统中剥离出来，成为纯粹的工艺或表演，已不再负载其原生形态所蕴含的诸多历史文化信息，即本书所说的“文化贬低”，这种变异直接导致少数民族传统文化的断层和变异。

（二）制度原因

粗略地讲，文化权利的冲突可以分成两类：一是文化权利的外部冲突，即文化权利主体的无限性需求与文化产品的有限性供给之间的矛盾。这是因为随着人们物质生活的改善，其对文化生活的需求将大为提高，中国已经将文化产业作为重点发展的产业之一，为此还特意制定了《十一五文化发展纲要》《十二五文化改革发展纲要》，以促进中国文化事业的进一步繁荣与发展，满足人民群众日益增长的文化生活需要，这也是社会主义社会生产的主要目的之一。二是文化权利的内部冲突，即不同文化权利主体之间的冲突，例如，个人与个人之间，群体与群体之间，国家与国家之间就构成了不同的文化权利主体，他们之间的冲突就是文化权利的内部冲突。这两种类型的冲突都不像经济利益和政治利益的冲突那样直接和容易显现，而是相对表现比较温和与间接的，但是在现代化进程中，少数民族传统文化的开发利用，带来了巨大的经济价值，正是由于我国的传统文化产权制度多年没有建立起来，如果文化权利的冲突长期得不到解决，那么势必对民族地区社会的长治久安，对人的全面发展以及文化的传承极具危害性。

事实上，有些民族文化的产权很难判断。数千年来，各个民族相邻而居，在政治环境较宽松的时期，相互往来，有时甚至相互通婚，各民族的传统文化相互影响，有时还发生融合，很难判别它们最先是由哪个民族创造的。而且人的本性中是有相同的价值追求存在的，人类社会的发展是有规律的，即使两个不同民族的群体，历史上从未有过文化上的联系，也可以发现他们在许多方面具有相同或相似的内容，这可以从民族史和民族学（人类学）的许多研究中得到证实。

当前，中国各民族的传统文化在多元文化背景下仍然保持着相对的独立，具有明显的分割性，虽然各民族文化也互相影响和渗透，但仅仅限定在量的范围内，在多民族混居地区，各民族之间的权利行使完全依据自觉地约束来达到平衡，只要某一个民族的权利在扩张，那么原有的和谐和平衡便会被破坏，[①] 这与和谐社会的理念相背离，但任何事情都是发展变化的，我们必须针对新出现的问题进行制度创新，从而达到新的和谐与平衡。根据世界知识产权组织的归纳，传统社区、原住民在传统文化表达形式的保护问题上有以下几种诉求：一是保护传统文学艺术表达的相关产品和手工艺品，制止未经授权复制、改编、传播、表演和其他类似行为的发生；二是防止对前述主体精神上的侮辱性、贬损性和冒犯性使用传统文化表现形式；三是防止对其来源和真实性的虚假、误导性声明或不承认来源；四是防止未经当地社会、原住民的同意对传统标记和符号进行注册商标等使用。[②]

此外，不同民族之间或同一民族内部不同群体之间文化权利冲突的重要原因是中国历来的产权制度缺失现象在少数民族传统文化领域的一个体现，也就是少数民族传统文化的边界不明确导致的权利主体不明确。我们应对少数民族“对个人进行文化艺术创造所产生的精神上和物质上的利益享有受保护权”这一文化权

① 朱兴文：《权利冲突论》，中国法制出版社2004年版，第196页。

② WIPO Secretariat. Intellectual Property Needs and Expression of Traditional Knowledge Holders：WIPO Report on Fact – Finding Mission on Intellectual Property and Traditional Knowledge（1998 – 1999）.

利作扩大解释，使这一权利的主体包括少数民族集体在内，将传统文化产权的概念包含在其中，这对解决不同少数民族之间文化权利的冲突尤其是民间文学艺术表达方面的冲突非常必要。传统文化产权在此也表现出一定的层次性，包括家庭、小群体（如家族、宗族、队群等）和集体的文化权利，而不局限于个人的层面。少数民族文化权利的权利边界不明确，文化权利边界是对民族文化进行区分的界限，通常与民族居住区域的边界是重合的，但由于长期的文化接触，各地的民族传统文化很难再成为具体民族独有的文化特质，反而成为某地区共有的文化资源。正如有的学者所言，民族传统文化边界不断漂移。[①] 如“花儿”这种演唱形式，类似的现象还有很多。这种状态本身即非常容易引起不必要的冲突，也更加凸显了现代化进程中采取必要措施包括立法来加强少数民族文化权利保障的迫切性。

在民族旅游开发的过程中，作为重要资源的民族文化，由于缺乏国家明确的产权界定和保护，加上民族文化在当地的公共使用性，使得产权的界定有一定的难度，导致民族文化资源在旅游开发中被无偿使用，而资源的“拥有人”——当地居民无法获得任何收益。目前的产权安排从根本上剥夺了少数民族自身的权益，具体原因分析如下：

第一，民族文化是本民族人民共同缔造的，属于本民族人民“共同共有”，再加上民族文化资源的珍贵性、稀有性和脆弱性，所以对民族文化资源的保护就具有一定的社会公共利益，所以将民族文化资源的保护纳入社会保护的范畴，然而过分强调民族文化的社会性、公益性却导致了少数民族民事权利的弱化，民族文

① 李自然：《试谈民族传统文化的本质、特点及其保护与发展对策》，载伍精华、杨建新：《民族理论论集》（第八次全国民族理论研讨会论文集），民族出版社2005年版，第483页。

化资源在不经当地少数民族社区的同意，不支付任何费用的情况下，被任意用于民族旅游开发，当代居民不仅不能从民族旅游开发中受益，还丧失了民族文化的解释权，同时还要承受民族文化过度商业化所带来的种种损害，出现了“公用地悲剧”现象。

第二，我国是社会主义公有制国家，一切资源属全民所有，由于民族文化资源的公共性，其在法律上是属于国家所有的，由国家代为行使资源管理的权利，但是由于国家是一个公共机构，是虚设的，即“所有者虚位”，是无法具体地代表全民行使所有权的，少数民族文化资源的产权就委托给了以国务院为中心的各级行政机关及其部门。但在民族旅游开发中，地方政府和社会企业在旅游开发计划的制订和利润分配方面，却缺乏合理的文化资源产权安排，没有考虑到征求文化资源真正“主人”的意见，于是，主体的缺位造成了产权的忽视，广大少数民族没有得到民族文化资源开发后带来的应有收益，也就无法成为民族文化资源开发的真正受益主体。

（三）价值取向原因

在非物质文化遗产的保护与开发过程中，价值取向不同会导致利益分配失衡。在非物质文化遗产开发中不同的利益主体之间，在价值观、目标和利益诉求等方面会有所不同，他们在旅游业的不同领域中经营并从中获利，形成不同的成本构成与收益状况，从而构成了错综复杂的利益关系。

民族旅游业确实为当地社区带来了文化的交流、资金的注入和基础设施的改善，增加了当地居民的就业机会，也能促进当地经济的发展，但是，旅游开发商毕竟是市场经济条件下的“经济人”，他们的所作所为最终是为了谋求更多的经济收益和更多的利润，他们在政府政策优惠和扶持的条件可以用最小的投入获取最大的受益。而地方政府作为国家资源的“代理人”，拥有旅游资源的处置权和收益权，为了促进当地经济发展，也为了增加财政收入，利益的天平自然偏向了旅游开发商，给予开发商许多优惠条件，通过出让旅游开发的经营权和景区土地的使用权收取利益，同时在旅游开发中直接插手项目规划或者设置收费关卡收取门票分红，于是，经济利益的考虑使得政府的社会管理职能出现弱化。而在民族旅游开发中，当地居民需要的是生活环境的改善和经济利益的增加，但是开发中他们失去的是自己土地的使用权和景区开发的优先参与权，付出的是廉价的劳动力，得到的是极其微薄的收入，再加上当地的文化资源被无偿地、肆意地使用和篡改，而为文化环境和生活环境埋单的却是当地社区的居民，付出与收入严重失调……因此可见，利益相关的各方之间不同的价值取向导致了他们参与旅游的方式和态度各有不同，相应的利益分配也各不相同。借用哈贝马斯的话来说，撇开文化背景不论，所有的人凭直觉都能清楚地认识到，只要交往参与者相互之间没有建立起对称的关系，也就是说，只要交往参与者没有建立起相互承认的关系，并接受对方的视角，一同用他者的眼光来审视自己的传统，相互学习，取长补短，那么就不能出现建立在信念基础上的共识。①

（四）管理体制方面的原因

目前我国法律对少数民族及其传统文化的法律保护，主要集中于公法领域，主要依靠制定国家政策和颁布宪政法律，并通过政策贯彻与行政执法的手段来实现。虽然国家通过一系列公法手段保护少数民族文化是必要的，但是作为民族文化产权主体的当地少数民族却处于被动的“被保护”地位，不能充分满足其自身的权利需求、展现其权利主体意识。而现行私法领域的知识产权制度，对民族文化的保护显得比较单薄。澳大利亚莫纳石大学的

① ［德］哈贝马斯：《后民族结构》，曹卫东译，上海人民出版社 2002 年版，第 136 页。

学者史鹤龄也指出："中国目前的资源管理工作有很多制度上的缺陷，如立法范围太窄；风景名胜重叠，一个遗产地往往涉及建设、旅游、园林、文物、宗教等不同部门；所有制中的管理权、使用权、收益权没有明确的界定；旅游业快速和不受约束的发展；地方政府更期望短时间从遗产中获得较高的经济回报以便作为政绩，因而更乐意直接参与遗产的开发甚至是过度的开发而不太关心将其长期利益最大化。"①

由于文化遗产是稀有的、唯一的、脆弱的、不可再生的特殊资源，是文化的载体，后人通过观赏文化遗产，感受人类祖先的伟大创造力，将带给人们无与伦比的精神享受，在此期间也深受教育和鼓舞。所以，对文化遗产的利用最主要的形式就是发展旅游。少数民族的文化遗产也同样如此。由于地域和历史的原因，少数民族文化遗产在各地的保护与开发过程中仍然面临着各种各样的考验，因而管理者就更应立足于本地实际，将西方发达国家的现代管理方式与我国各少数民族的传统管理经验结合起来，探索一条适合民族地区实际的文化遗产管理模式，其中包括组织制度、人力资源、财务审计、监督监控等，力求根据我国少数民族文化遗产的独特特性和国际公约的规定进行有效的保护和合理开发利用。

---

① 转引自马林：《旅游资源产权理论的探讨》，载《蒙自师范高等专科学校学报》2002 年第 6 期。

第二章　利益补偿制度概述

通过上一部分的讨论我们可以看出，在对少数民族传统文化法律保护与开发中日益凸显、逐渐占据核心位置的议题是利益分配问题。正如有的学者指出的那样，长期以来，对传统文化尤其是少数民族传统文化的开发和利用，譬如收集、整理、改编等，容易被误认为原始创作，而真正的少数民族文化的所有者、传承者却很难主张其权利，更难以从中获益。因此，伴随着市场经济的发展和国际文化贸易的增长，在对少数民族传统文化的使用中，少数民族传统文化的拥有群体和使用者之间的利益矛盾会越来越突出。[①] 我们认为，这已经成为制约民族地区传统文化开发的瓶颈问题，由于传统文化产权制度迟迟没有建立起来，[②] 当前迫切需要建立以传统文化利益补偿为主的法律保护制度，以鼓励少数民族传统文化的合理开发和利用。因此，这一章的讨论将转向对现有利益补偿理论的梳理。

---

① 参见吴烈俊：《中国民族民间文学艺术的法律保护》，载《西南民族学院学报》2003 年第 3 期。

② 详见拙著《传统文化产权制度研究》（中央民族大学出版社 2011 年版）。此外，我国 1990 年颁布并于 2001 年修订的《中华人民共和国著作权法》第 3 条中规定，本法所称的作品，包括“口述作品”、“音乐、戏剧、曲艺、舞蹈、杂技艺术作品”和“美术、建筑作品”，并在《著作权法实施条例》第 4 条中进行了具体化。我们认为，此处列举的作品必然包括民族民间传统文化的相关作品在内，民族民间传统文化作品是我国著作权法的保护对象。同时，《著作权法》第 6 条规定“民间文学艺术作品的著作权保护办法由国务院另行规定”，该条款表明了以民事权利的方式来保护民间文学艺术这一重要法律立场。迄今为止，国务院还没有制定出《民间文学艺术作品著作权保护办法》，就相当于没有在实施层面建立起传统文化产权制度。

第一节　利益补偿制度缘起

一、价值取向不同导致利益分配失衡

旅游开发中不同的利益主体之间，在价值观、目标和利益诉求等方面会有所不同，他们在旅游业的不同领域中经营并从中获利，形成不同的成本构成与收益状况，从而构成了错综复杂的利益关系：民族旅游业确实为当地社区带来了文化的交流、资金的注入和基础设施的改善，增加了当地居民的就业机会，也能促进当地经济的发展，但是，旅游开发商毕竟是市场经济条件下的“经济人”，他们的所作所为最终是为了谋求更多的经济收益和更多的利润，他们在政府政策优惠和扶持的条件可以用最小的投入获取最大的收益。而地方政府作为国家资源的“代理人”，拥有旅游资源的处置权和收益权，为了促进当地经济发展，也为了增加财政收入，利益的天平自然偏向了旅游开发商，给予开发商许多优惠条件，通过出让旅游开发的经营权和景区土地的使用权收取利益，同时在旅游开发中直接插手项目规划或者设置收费关卡收取门票分红，于是，经济利益的考虑使得政府的社会管理职能出现弱化。而在民族旅游开发中，当地居民需要的是生活环境的改善和经济利益的增加，但是开发中他们失去的是自己土地的使用权和景区开发的优先参与权，付出的是廉价的劳动力，得到的是极其微薄的收入，再加上当地的文化资源被无偿地、肆意地使用和篡改，而为文化环境和生活环境埋单的却是当地社区的居民，付出与收入严重失调……因此可见，利益相关的各方之间不同的价值取向导致了他们参与旅游的方式和态度各有不同，相应的利益分配也各不相同。借用哈贝马斯的话来说，撇开文化背景不论，所有的人凭直觉都能清楚地认识到，只要交往参与者相互之间没有建立起对称的关系，也就是说，只要交往参与者没有建立起相互承认的关系，并接受对方的视角，一同用他者的眼光来审视自己的传统，相互学习，取长补短，那么就不能出现建立在信念基础上的共识。①

此外，对于工程建设中的文化遗产保护问题，《文物保护法》第 31 条规定，凡因进行基本建设和生产建设需要的考古调查、勘探、发掘，所需费用由建设单位列入建设工程预算。当然，这一规定是有利于文物保护的，因为在建设工地中的考古调查、勘探、发掘与建设单位的施工关系密切，将相关费用列入建设工程预算可以避免多家单位的介入而发生扯皮现象，这样比较有利于文物保护工作的开展。但是，这也加重了建设单位的经济负担，且建设工地里发现的重要文物被确定为遗址进行保护后，建设单位还会因用地面积缩小而蒙受损失，虽然《文物保护法》第 12 条规定对“发现文物及时上报或者上交，使文物得到保护”或“在考古发掘工作中作出重大贡献”的单位和个人给予精神和物质奖励，但在实践中却很少得到落实，致使建设单位没有保护出土文物或遗址的积极性，甚至故意隐瞒有关信息。考虑到出土文物或遗址属于国家所有且国家应对它的保护负主要责任，同时为了鼓励企业积极参与到文化遗产保护中来，应该建立机制对建设单位为保护遗址所支出的费用和蒙受的损失进行适当的补偿，诸如通过变更规划、退还相应土地出让金的方式给予补偿，或者对因保护遗址造成的施工延误给予适当补偿，或者给予企业税收优

① ［德］哈贝马斯：《后民族结构》，曹卫东译，上海人民出版社 2002 年版，第 136 页。

惠等。①

二、产权保护机制的缺乏导致文化资源被无偿使用

在民族旅游开发的过程中，作为重要资源的民族文化，由于缺乏国家明确的产权界定和保护，加上民族文化在当地的公共使用性，使得产权的界定有一定的难度，导致民族文化资源在旅游开发中被无偿使用，而资源的“拥有人”——当地居民无法获得任何收益。目前的产权安排从根本上剥夺了少数民族自身的权益，具体原因分析如下：

第一，民族文化是本民族人民共同缔造的，属于本民族人民“共同共有”，再加上民族文化资源的珍贵性、稀有性和脆弱性，所以对民族文化资源的保护就具有一定的社会公共利益，所以将民族文化资源的保护纳入社会保护的范畴，然而过分强调民族文化的社会性、公益性却导致了少数民族民事权利的弱化，民族文化资源在不经当地少数民族社区的同意，不支付任何费用的情况下，被任意用于民族旅游开发，当代居民不仅不能从民族旅游开发中受益，还丧失了民族文化的解释权，同时还要承受民族文化过度商业化所带来的种种损害，出现了“公用地悲剧”现象。

第二，我国是社会主义公有制国家，一切资源属全民所有，由于民族文化资源的公共性，其在法律上是属于国家所有的，由国家代为行使资源管理的权利，但是由于国家是一个公共机构，是虚设的，即“所有者虚位”，是无法具体代表全民行使所有权的，少数民族文化资源的产权就委托给了以国务院为中心的各级行政机关及其部门。但在民族旅游开发中，地方政府和社会企业在旅游开发计划的制订和利润分配方面，却缺乏合理的文化资源

① 李玉雪：《公众参与文化遗产保护的法律路径选择》，载《第三届中法文化遗产法研讨会论文集》，未出版，第46页。

产权安排，没有考虑到征求文化资源真正“主人”的意见，于是，主体的缺位造成了产权的忽视，广大少数民族没有得到民族文化资源开发后带来的应有收益，也就无法成为民族文化资源开发的真正受益主体。

第三，目前我国法律对少数民族及其传统文化的法律保护，主要集中于公法领域，主要依靠制定国家政策和颁布宪政法律，并通过政策贯彻与行政执法的手段来实现。虽然国家通过一系列公法手段保护少数民族文化是必要的，但是作为民族文化产权主体的当地少数民族却处于被动的“被保护”地位，不能充分满足其自身的权利需求、展现其权利主体意识。而现行私法领域的知识产权制度，对民族文化的保护显得比较单薄。澳大利亚莫纳石大学的学者史鹤龄也指出：“中国目前的资源管理工作有很多制度上的缺陷，如立法范围太窄；风景名胜重叠，一个遗产地往往涉及建设、旅游、园林、文物、宗教等不同部门；所有制中的管理权、使用权、收益权没有明确的界定；旅游业快速和不受约束的发展；地方政府更期望短时间从遗产中获得较高的经济回报以便作为政绩，因而更乐意直接参与遗产的开发甚至是过度的开发而太关心将其长期利益最大化。”①

三、作为救济性制度的利益补偿制度

大体来说，利益补偿制度是一个救济性制度，或者说是体现“矫正正义”的一种制度。我们认为，“补偿制度都是源于相对方的合法利益受损，相关方基于法律的相关规定来对相对方的受损利益进行适当的补偿，来使其受损害的利益恢复到原初状态，进

① 转引自马林：《旅游资源产权理论的探讨》，载《蒙自师范高等专科学校学报》2002 年第 6 期。

而在当事各方之间寻求可能的利益平衡。”①

随着文化产业的发展，少数民族传统文化作为重要的文化资源不断被卷入市场化的浪潮之中。不可否认的是，长期以来对少数民族传统文化的开发的主要模式是政府主导或政府引资、开发商主导两种，这两种模式都在一定程度上缺乏对作为传统文化传承主体的少数民族的应有重视，因此不可避免存在着对少数民族文化受益权益保护的忽视。甚至在不少情况中，还存在着对少数民族传统文化的媚俗化引导和粗暴“改造”的情形②。通过我们的研究发现，政府主导或政府引资、开发商主导这两种模式存在的问题主要有以下几点。

第一，最直接同时也是最根本的问题是作为传统文化传承主题的少数民族参与开发的主动性较低，在许多地方甚至出现了当地部分少数民族群众排斥外来的开发商的情形，极端的情况下有发生人身冲突的例子。主动性低最大的原因是政府和开发者并没有将少数民族群众当作开发的主体，而是仅仅当作劳务（如歌舞表演等）的提供者。可以说，这是这两种模式产生的所有问题的根源。

第二，由于没有成为开发的主体，少数民族群众在民族特色文化开发中获得的利益远远少于政府和开发商，甚至在有的地方少数民族群众的经济收入和生活水平比开发前有所降低，这值得

① 田艳：《民族村寨旅游开发中的利益补偿制度研究》，载《广西民族研究》2010 年第 3 期。

② 有的旅游开发者为满足部分游客的媚俗心理，开发了一些庸俗的文化项目，出现了“假文化”、“伪文化”和“媚俗文化”等造假现象，使少数民族文化鱼龙混杂，游客真假难辨。比如有的地方“编造所谓的历史典故，图腾信仰，随意篡改民族传统文化的意义”。再如对“摩梭人走婚的误读，将一种民族的习俗解读为浅薄的野蛮”。参见谢红勇：《基于保护视野下的西南少数民族旅游》，载《黑龙江民族丛刊》2010 年第 2 期。

我们关注和深思。通过调查研究我们发现，利益分配问题已经成为民族特色文化开发中的核心问题。

第三，如前所述，民族特色文化在开发中出现了“假文化”、“伪文化”和“媚俗文化”等现象，这不仅让少数民族群众对文化开发降低了积极性，而且给文化消费者中造成了种种误解，更严重地伤害了少数民族群众的民族感情和民族尊严。我们应该看到，民族特色文化是特色文化开发的基础与源头，这些特色文化一旦在源头上受到破坏，不仅影响当地文化开发的经济效益，而且对少数民族文化带来不可逆的负面影响。

当然，之所以采取政府主导或者政府引资、开发商主导的这两种模式是有着现实原因的。首先，少数民族地区往往缺乏良好的基础设施和资金支持，而极富民族特色的少数民族传统文化的载体——如傣族竹楼——往往在民族地区偏远的山区，基础设施十分缺乏，而当地少数民族社区缺乏文化资源开发的基本资金。其次，少数民族传统社区缺乏现代企业的管理制度和理念，在传统文化开发中往往处于比较被动的地位。而外来的开发商往往具有较多的企业管理和市场竞争经验，在开发中居于中心位置。再次，长期以来各地方政府应有的政府服务理念缺失，政府职能定位偏移。地方政府往往将民族特色文化看作同自然资源一样的待开发资源，政府一方面意在从开发中谋求税源、增加政府收入，另一方面拉动当地 GDP 增长。地方官员则希望在开发中获得寻租空间，攫取利益。当然客观上讲，这也促进了地方政府招商引资。

但是，分析这两种模式存在的原因并不因此认为这两种模式是完全合理的，更不意味着它们不需要改进或者没有其他替代性方案。相反，我们强调民族特色文化开发中少数民族应居于主体地位，因此现有的模式应加以改进。而现实又紧迫的问题在于，我们必须对利益分配问题给予重点关注，对特色文化开发中的少数民族群众给予合理的利益补偿。现有的利益补偿理论主要有行政法的行政补偿制度和自然资源开发中的生态补偿，这两者都强调国家对个人或特定主体的补偿责任。

总的来讲，行政补偿理论的侧重点在于作为补偿人的行政主体和受偿人之间的关系，补偿的原因、补偿的原则和补偿的范围都是围绕着行政主体和受偿人之间的关系展开。但这一理论对行政主体合法行为所造成的损失本身研究不够，尤其是没有将损失放置在具体的自然环境和社会背景下加以考虑。当然这是由行政法学自身的特点所决定的。法学自建立以来的理论追求之一就是抽象化或去具体化，即试图将法律关系从它所在的自然、社会环境中抽离出来，“客观地”加以研究。因此，行政补偿理论的长处在于其形式化的制度建构，它力求构建起一个带有普遍性适用意义的利益补偿制度。

行政补偿理论的不足在于其缺乏对损失本身的具体情境化、系统化研究，而它的这种缺失恰恰是生态补偿理论所强调和擅长的地方。生态补偿理论结合经济学和生态学的学科背景，系统化地阐述生态体系中的损失问题以及对于损失的系统化补偿问题，这些都是行政法学研究所不及的。

在接下来的两节我们将重点讨论这两种利益补偿问题各自的理论和实践，展示来自不同学科背景的学者对利益补偿问题的研究现状，以期对少数民族文化开发中的利益补偿制度提供有益的借鉴。

第二节　行政补偿制度

行政补偿对于保障公民、组织的合法权益不受非法剥夺与侵害，对于保障在全社会实现公平和正义，具有非常重要的意义。

但是，由于我国行政法学界在观念上对行政补偿制度缺乏基本共识，系统的行政补偿理论尚未形成，国家法对行政补偿也尚未有基本的统一规定。[①] 因此，我们将主要结合行政法学界对行政补偿制度的学理讨论展开这一节的论述。[②]

行政补偿制度的核心问题是补偿合理性的证成问题，即为什么要补偿。这一问题和与之相关的一系列问题一起建构起了行政补偿制度的框架。什么是行政补偿？为什么补偿？如果补偿，需要符合什么要件？补偿依据什么标准，其可补偿范围如何？如果补偿，补偿什么，又采取何种方式？我们接下来的阐述将围绕这些问题展开。

一、行政补偿的概念

首先考查比较法上对行政补偿的界定。在英国，“补偿责任是指行政机关在没有侵权行为和破坏契约的情况下，因合法的行为对公民造成了损失，为此对公民所负的财产上的补救责任。”[③] 在日本法学界，有学者认为：“损失补偿是因国家的合法活动对国民造成损失所给予的补偿。更确切地说，是因国家行使公权力

---

① 张步红：《行政补偿制度简论——行政补偿与公共利益、行政赔偿的关系》，中国法学会行政法学研究会2004年年会论文，2004年8月。

② 关于行政补偿的著作与研究生学位论文主要有窦衍瑞著：《行政补偿制度的理念与机制》，山东大学出版社2007年版；夏军著：《论行政补偿制度》，中国地质大学出版社2007年版；王太高：《行政补偿制度研究》，苏州大学2003年博士学位论文；司坡森：《论国家补偿》，中国政法大学博士论文2004年；张蔚昕：《行政补偿标准研究》，中国政法大学2009年硕士学位论文；王丹丹：《完善我国行政补偿法律制度研究》，中国政法大学2009年硕士学位论文；祝魏明：《论行政补偿的范围》，暨南大学2010年硕士学位论文；陈磊：《论我国行政补偿制度的完善》，华中科技大学硕士论文2010年；于海：《行政补偿制度研究》，吉林大学2011年硕士学位论文。可见与行政赔偿制度相比，对行政补偿制度的专门研究较少。

③ 王名扬：《英国行政法》，中国政法大学出版社1987年版，第229页。

而有意对国民造成财产上损失所给予的补救。”① 我国台湾地区一些学者认为：“国家在行使公权力的过程中，对人民造成非法定的损害结果，而应由国家的行政机关负起填补损害结果的制度，称之为‘行政损失补偿制度’”。② 我国台湾地区主要承袭德国法学理论，故对损失补偿的界定与德国的基本一致。③

可以看出，比较法上行政补偿的特征主要有三点：其一，行政补偿起因于合法的公权力行为。其二，行政补偿以为公共利益遭受特别牺牲为前提，只有为社会公益的牺牲，才属于行政补偿的范畴。其三，在公民的损失与公权力行为之间存在着一定的因果联系。

我国大陆行政法学者对于行政补偿概念比较有代表性的观点主要有三种：

有学者认为，“行政补偿是指行政机关因实施合法行政行为造成相对人的权益损失，或者因相对人为社会公益而受到损失时，行政机关依法补偿相对人损失的一种救济行为。”④ 另有学者认为，“行政补偿又称为行政损失补偿，是指因行政主体的合法行为造成行政相对人合法权益的损失，依法由前者对相对人所受的损失予以弥补的责任。”⑤ 还有学者认为，“行政补偿是指行政主体（主要是国家行政机关）管理国家和社会公共事务过程中的合法行为，使本不承担法律责任的公民、法人或者其他组织的合法权益遭受特别损失，国家基于当事人事前的协商一致，以公平

---

① ［日］井室力：《日本现代行政法》，中国政法大学出版社 1995 年版，第 72 页。

② 李惠宗：《行政法要义》，五南图书出版公司 2001 年版，第 63 页。

③ 翁岳生：《行政法》，翰芦图书出版有限公司 1998 年版，第 1202 页。

④ 惠武生：《行政法与行政诉讼法教程》，中国政法大学出版社 2007 年版，第 22 页。

⑤ 马怀德：《行政法与行政诉讼法》，中国法制出版社 2000 年版，第 330 页。

合理为原则，根据法律、法规的规定，从经济上、生活上或者工作安置上等诸方面对其所受损失予以适当补偿的过程或者制度。”①

综合以上学说，我们赞同学者季怀才的见解，即“行政补偿为行政主体基于公共利益的需求，在行政管理活动中合法行使职权的行为及其附随效果，给公民、法人或者其他组织的合法权益造成特别损失，由国家予以补偿的行为、制度或义务”②。

二、行政补偿的合理性证成

行政补偿的合理性证成就是解决国家为什么对特定的公民、组织给予补偿的问题。对这一问题的回应主要有以下几种学说：

（一）特别牺牲说

该学说的倡导者是德国学者奥托·麦耶（Otto Mayer）。他认为，任何财产权的行使都要受到一定内在的、社会的限制，只有当财产的征用或限制超出这些内在限制时，才产生补偿问题。也就是说，对行使所有权的内在社会限制是所有公民都平等地承受的一定负担，不需要补偿。然而，当这种负担落到某个公民头上，它就变成了一种特殊的牺牲，必须进行补偿。③

（二）公平负担平等说

公平负担平等说由法国学者首先提出，并正被越来越多的国家所接受。该理论认为，国家在任何情况下都应以平等为基础为公民设定义务。当个别人因公共利益而受到损失，如果完全由其承担由此带来的损失，就会使个别人因公共利益而承担的义务重

---

① 胡锦光、杨建顺、李元起等著：《行政法专题研究》，中国人民大学出版社1998年版，第385页。

② 季怀才：《行政补偿构成要件研究》，法律出版社2006年版，第16页。

③ 参见姜明安主编：《行政法与行政诉讼法》，北京大学出版社1999年版，第476页。

于相同情况下的其他人。由于行政机关的行为是为公共利益而实施，受益者是社会全体成员，因此其成本或费用亦应该由社会主体成员平均分担，而不能由受害人个人承担。分担方式是通过税收形式由国家对遭受损失的人给予补偿。[①]

（三）结果责任说

该学说为日本学界采用。日本的国家赔偿基本上以过错违法为基础，即过错违法损害适用赔偿，合法损害适用补偿。因此，理论上讲，无错的违法损害既不能根据损失补偿制度得到救济，又不能根据损害赔偿制度得到救济。为弥补上述不足，有日本学者提出了“结果责任说”。该学说认为，无论行政行为合法或违法，以及行为人有无故意过失，只要行政行为导致的损害为一般社会观念所不允许，国家就必须承担补偿责任，这便是基于结果责任的国家补偿。[②]

（四）人权保障说

人权是人之为人而应享有的权利，它意指每个人都应该受到合乎人权的对待。在当今的国际社会，维护和保障人权是一项各个国家和各种组织基本的道义原则。人权保障说认为，国家有义务保障公民、法人和其他组织的合法权益，当国家的行为造成损害时更应如此。总的来说，人权保障给出的是一个比较宽泛的原则性规定。

可以看出，上述四个学说之间有着密切的联系。有学者认为，公共负担平等说与特别牺牲说是紧密相关的，前者是结果，后者是原因。因为个别人为社会公共利益也即为社会全体成员做出了特别牺牲，所以受益的社会全体成员应公平负担这种损失，

---

① 参见张正钊主编：《国家赔偿制度研究》，中国人民大学出版社 1996 年版，第 72 页。

② 参见姜明安主编：《外国行政法教程》，法律出版社 1993 年版，第 375－376 页。

通过国库支付形式给予特别受害人补偿，从而恢复社会公众之间负担平等的机制。[①] 我们认为不仅如此，结果责任说与公平负担平等说十分相似，两者都是从结果出发，意在合理分配损失；而特别牺牲说是从损失发生的角度对补偿的原因做了说明；至于人权保障说的优势在于其总能提供一个几乎无所不包的体系来解决问题[②]。

因此，也有人认为行政补偿理论的基础不可能只是其中一个理论，“任何一个国家的国家补偿责任的理论基础都不可能是单一的，或说单元的，而应当是复数的和多元的，可以说，上述任何一种单独的国家补偿理论，都不能完全说明一个国家所存在的各种各样国家补偿行为。因此，国家补偿的基本理论，应以某一种理论或几种理论为主干，亦即国家补偿责任，原则上应建立在某一种或某几种理论基础上，并辅之以其他理论，即国家补偿可以建立在多个理论基础上。”[③] 也就是说，对于行政补偿的合理性理由虽然不同，但是这些理论大体上是殊途同归的，而且它们可以也应该被整合来共同支持行政补偿理论。

三、行政补偿的构成要件

行政补偿的构成要件是指满足行政补偿所必需的规定性条件。构成要件的作用至少包括两个方面。从行政主体的角度来讲，这是指行政主体在什么样的情况之下应给予受到损害的公

---

① 参见张正钊主编：《国家赔偿制度研究》，中国人民大学出版社 1996 年版，第 72 页。

② 人权法的确实提供了一个非常庞大的理论体系对人的各种权益做了全面的整合，但是我们认为，优势在某种意义上也意味着劣势，或许正是这种无所不包的整合力降低了人权法在现实中实施的难度，和其作为一种理论在分析讨论问题上的吸引力。

③ 司坡森：《论国家补偿》，中国政法大学 2004 年博士学位论文，第 29 页。

民、法人或者其他组织予以补偿；从求偿人的角度来看，是指这些人或组织需要满足什么条件才可以得到行政补偿。一般来说，行政补偿的构成要件包括以下三个方面。

（一）特定损失的存在

损失是指权利或利益受侵害时所产生的不利益。换言之，损失就是损失发生前的状态与损失发生后的情形相比较，受害人所遭受的不利益。行政补偿责任的首要条件就是存在着特定的损失。因为，确立行政补偿责任的主要目的在于弥补行政相对人的损失。但是，并不是所有的损失都能得到补偿，只有满足法律规定的某种特定损失才能得到补偿。一般认为，满足行政补偿规定的损失需要具备以下特征。①

首先，损失必须是特定人的损失，即为一个人或一部分人所特有，而非一般人所共有的损失。如是一般人所共有的损失，没有人由于公共利益比其他人受到更多的损失，不发生损失补偿的问题。

其次，损失必须是特别的损失。一切享受公共生活利益的人必须承受某种合理的负担，此种正常的损失不是必须补偿的损失。只有当损失超过人们所应承受的合理负担，构成特别损失时，才有补偿的必要。

再次，损失须是已经发生的、确实存在的现实损失。将来的损失如其发生已不可避免，也视为已经发生的损失。将来可能发生的不确定的损失，不是现实的损失，不引起补偿责任。

最后，损失必须是受法律保护的利益的损失。不受法律保护的利益的损失当然不发生损失补偿责任。

---

① 参见王名扬著：《法国行政法》，中国政法大学出版社 1988 年版，第 717 页。

（二）造成损失的原因是合法的行政行为

造成损失的原因是否为合法的行政行为是区分行政补偿和行政赔偿的关键性因素。行政主体合法行使职权的行为造成行政相对人合法权益损害的，适用行政补偿制度，而违法行政行为不产生行政补偿问题，适用行政赔偿制度。

有学者认为，作为行政补偿构成要件，原因行为合法包含两个方面的含义："一是行政主体为剥夺或限制相对人财产权益的行为时，必须要有法律上的依据，至少不能与制定法相冲突；二是行政主体为限制或剥夺行为时的动机和目的必须是基于公共利益的需要。"①

（三）存在因果联系

这里的因果关系是指，对相对人合法权益造成损害的行政行为与相对人所遭受的特定损失之间的某种客观联系。

行政补偿责任须根据公共利益和损失之间存在某种客观联系才能产生，"只在损失的产生是为了公共利益而实施的合法行为所引起时，才能让国家对该损失负补偿责任。为了公共利益而实施的合法行为引起损失的事实是原因，行政相对人所遭受的损失是结果，二者之间存在的因果关系是行政补偿责任成立的必要条件。"② 但值得指出的是，因果联系的判断是非常复杂的，在理论和实践中一直困扰着学者和法律工作者。

综上所述，行政补偿需要满足存在特定的损失、造成损失的原因是合法的行政行为、两者之前存在着因果联系三个要件。

---

① 王太高：《行政补偿制度研究》，苏州大学 2003 年博士学位论文，第 75 页。

② 崔文俊：《行政补偿制度研究》，中国政法大学 2001 年硕士学位论文，第 13 页。

四、行政补偿中可补偿损失的范围

行政补偿中可补偿损失的范围是行政补偿制度中相当重要环节之一，体现了行政主体承担行政补偿责任领域的大小以及对行政相对人利益救济的程度。对行政补偿中可补偿损失的范围的确定直接决定了公民的损失在多大程度上得以弥补。因此可以说，确定行政补偿的范围往往是行政主体和行政相对人争议的焦点。但是这个问题同样困扰着我们，下面我们先从比较法的视野分析法国和德国在这方面的有关规定，再分析我国的相关实践。

（一）法国行政补偿中可补偿损失的范围

根据法国法的规定，“公正的补偿要求被征收不动产的所有者及其他权利人的全部损失都能得到补偿”，公用征收法典规定“补偿金额必须包括由于公用征收产生的全部直接的、物质的和确定的损失在内”。因此，凡具备这种“直接的、物质的和确定的”性质的损失，都必须全部补偿，不具备这些性质的损失则不能得到补偿。[①] 下面我们分别讨论这三个细化标准。

其一，直接的损失。这是指和公用征收之间有直接的因果关系的损失，如出租房被征收后房东丧失的租金收入、房客失去栖身之所。那些和征收没有直接联系的间接损失，如土地一部分被征收建成高速公路，不动产所有者受到的噪声干扰，不由公用征收法官管辖，不计算在征收补偿金内。

其二，物质的损失。这指丧失财产的利益，即因征收而丧失的不动产所有权和其他权利本身的价值，但不包括精神上和感情

① 参见王名扬：《法国行政法》，中国政法大学出版社 1988 年版，第 392 – 393 页。值得注意的是，在 1989 年的“高速列车建造决定”中，法国宪政院对行政补偿的标准似乎有所扩展。根据这一决定，补偿具体包括全部直接、相关和确定的损害。参见张千帆：《西方宪政体制（下）》，中国政法大学出版社 2001 年版，第 117 页。

上的损失。

其三，确定的损失。这指已发生或将来一定发生的损失，如寻找新场所费用、介绍人费用、公证人费用、登记费用等，不包括将来可能发生的不确定的损失，如工厂厂址一部分被征收后，丧失将来可能垄断某地市场的机会。[①]

（二）德国行政补偿中可补偿损失的范围

按照《德国基本法》第 14 条第 3 款的规定，行政补偿范围应当“经公众利益和关系人权益的适当斟酌予以确定”。显而易见，基本法的原则性规定非常抽象，不易于具体操作。

为便于操作，德国法上的具体做法是：首先审查“完全的”补偿，也就是说，在没有扣除的情况下，应当给付多少。具体地说，补偿范围主要限于与交易价值相应的财产损失数额，该数额根据自由交换时的通常支付价格确定；此外还需补偿所谓的结果损失或者结果费用，即作为征收直接后果的财产不利益。[②] 例如，1960 年和 1986 年《联邦建设法》都规定，征收补偿的范围包括“权利损失及其他财产上之不利益”。所谓权利损失是指被征收土地或其他征收标的物的价值损失（即实质损失）。所谓其他财产上之不利益（即结果损失），根据相关法律及实务见解，包括营业损失，如原财产权人于职业、营业或履行其应负的任务所遭受的暂时的或持续的损失；因分割造成不动产价值的降低，例如因部分土地被征收致使剩余部分土地价值减少，或位置上或经济上与其他土地相连的部分土地被征收致使其他部分价值减少，或该土地上权利被征收致使其他土地上权利价值减少，而该价值减少没有被计算在交易价格中；迁移费，如因征收必须迁移的必要费

---

① 参见王名扬：《法国行政法》，中国政法大学出版社 1988 年版，第 392－393 页。

② ［德］毛雷尔：《行政法学总论》，高家伟译，法律出版社 2000 年版，第 695－697页。

用；必要的法律咨询费，如律师或专家的代理费用；权利维护费用，如鉴定费、支付各级机关的规费等。与不动产联系在一起的财产性或者强制性权益，如抵押、公务负担、租赁关系等，原则上因征收而终止，但必须同样补偿。补偿的范围不包括间接后果损失，例如重新取得补偿客体的支出（经纪人费用、重新建设的支出等）。[①]

（三）我国行政补偿中可补偿损失的范围

我国现行法上没有对行政补偿中可补偿损失的范围做出系统、明确的规定，实践中确定可补偿损失的范围更面临着不少现实问题，但是学界对这一问题缺乏关注，研究成果不多。就目前现有的研究来看，我们认为，祝魏明的研究[②]对这一问题做了有益的探索。根据他的研究，目前立法对权益范围的规定主要体现在以下两个方面。

其一是对补偿原则的规定。

我国立法并没有确定统一的行政补偿原则，各种原则性规定散见于单行法、行政法规之中。主要有以下四类：

首先是完全补偿原则。如《大中型水利水电工程建设征地补偿和移民安置条例》规定，水利水电工程建设征地补偿和移民安置应当与库区建设、资源开发、水地保持、经济发展相结合，逐步使移民生活达到或者超过原有水平。这实际上确立了完全补偿原则。

其次是适当补偿原则。如《土地管理法》第65条规定："收回农民集体所有的土地的，对土地使用权人应当给予适当补偿。"

① ［德］毛雷尔：《行政法学总论》，高家伟译，法律出版社2000年版，第697－698页。

② 这一部分的讨论参考了祝魏明《论行政补偿的范围》，暨南大学2010年硕士学位论文，第16－18页。

《国防法》第 48 条规定："国家根据动员需要，可以依法征收、征用组织和个人的设备设施、交通工具和其他物资。县级以上人民政府对被征收、征用者因征用所造成的直接经济损失，按照国家有关规定给予适当补偿。"

再次是合理补偿原则。如《矿产资源法》第 36 条规定："国务院和国务院有关主管部门批准开办的矿山企业矿区范围内已有的集体矿山企业，应当关闭或者到指定的其他地点开采，由矿山建设单位给予合理的补偿。"

最后是相应补偿原则。如《戒严法》第 17 条规定："……在使用完毕或者戒严解除后应当及时归还；因征用造成损坏的，由县级以上人民政府按照国家有关规定给予相应补偿。"

其二是对权益损失的规定。

对于损失的分类，根据性质一般分为物质损失和精神损失。物质损失又称财产损失，是指因侵权行为所导致的具有财产形态的价值或利益的丧失。① 按损失程度，物质损失又可分为直接损失和间接损失。直接损失是指侵权行为所造成的现存财产上权力和利益的数量减少和质量降低。而间接损失是指侵权行为阻却了财产上在正常情况下应当得到的利益，即可得利益，如利息、租金、利润、劳动报酬等。②

我国目前的行政补偿立法只承认了对直接损失予以补偿，典型规定有《土地管理法》第 48 条："……征收耕地的补偿费用包括土地补偿费、安置补助费以及地上附着物和青苗的补偿费。"《国防法》第 48 条规定："……县级以上人民政府对被征用者因征用所造成的直接损失，按照国家有关规定给予适当补偿。"第 55 条规定："公民和组织因国防建设和军事活动在经济上受到直

① 马怀德：《国家赔偿法的理论与实务》，中国法制出版社 1994 年版，第 153 页。
② 张俊浩主编：《民法学原理》，中国政法大学出版社 1998 年版，第 826 页。

接损失的，可以依照国家有关规定取得补偿。”可以说，目前立法对于损失范围采取的是一种狭义的观点，仅认可部分经济损失，而未提及对国外普遍承认的租金损失、营业损失等直接损失的补偿，至于精神损失就更是不予补偿，这对行政补偿的救济力度来说是极其不够的。

五、行政补偿的方式

行政补偿方式，即行政主体承担补偿责任的方式。“补偿是对损害的补救，根据损害的性质、情节及程度的不同，补偿的方式也有所不同。”① 因此，如何适用行政补偿的方式直接关系到能否对受害人合法权益提供适当的补救。最常见的行政补偿方式是金钱补偿和恢复原状，除此之外还有其他补偿方式。

（一）金钱补偿

金钱补偿，又称支付补偿金，是指补偿义务主体以货币弥补受害人所受损失的方式。补偿金一般为本国货币，对外国人所受的损失应以可自由兑换的外币支付。

一般认为，金钱补偿具有以下优点：

其一，金钱补偿简单、快捷和直接，有利于公权高效行使和受害人及时得到救助。

其二，金钱补偿可操作性强，易于执行。

其三，金钱补偿适用性强，因此，无论是人身伤亡还是财产损失，都可以采用支付补偿金的方式，这是其他任何补偿方式所无法代替的。

金钱补偿适用性强，主要是与恢复原状比较而言。恢复原状在不少情况下不适用，比如发生的损害如果是非财产上的损害，

① 司坡森：《论国家补偿》，中国政法大学2004年博士学位论文，第130页。

不可能采用恢复原状的，通常采取金钱补偿。[①]

当然金钱补偿的弊端，也在于与恢复原状相比。损害补偿的最理想状态是使受偿人处于如同损害事故未曾发生时的状态，金钱补偿显然并不能实现这一功能。

（二）恢复原状

一般认为，恢复原状是指："行政补偿义务机关对行政相对人受损的财产进行修复，使之恢复到受损前的形状和性能的补偿方式。"[②]

应该指出，恢复原状在行政补偿的适用中限制较为严格，因为："恢复原状可能会牵扯国家工作人员过多的时间、精力，影响公权力行使效率，一般而言，只有在比金钱补偿更便捷的情况下，才适用此种方式。"[③] 因此可见，恢复原状是作为行政补偿的辅助方式而存在的。考虑到其适用的特殊性，须满足一定的条件。

其一，须受损害的财产能够恢复。若客观上确已无法恢复，自然不能采用恢复原状的补偿方式。

其二，恢复原状比支付补偿金更为经济。在部分情况下，恢复原状并非不能，而因为恢复原状须花费过大代价，此时直接支付补偿金更为合理。

其三，恢复原状不妨碍公务执行或损害其他更高价值的合法利益。

（三）其他方式

在我国，行政补偿的形式比较灵活，这些方式都散见于各种单行法规中。比较有代表性的有：

---

① 司坡森：《论国家补偿》，中国政法大学 2004 年博士学位论文，第 131 页。
② 崔文俊：《行政补偿制度研究》，中国政法大学 2001 年硕士学位论文，第 36 页。
③ 司坡森：《论国家补偿》，中国政法大学 2004 年博士学位论文，第 132 页。

土地置换或实物置换。这主要是指以同等条件或者性能的实物来弥补行政相对人损失的方式。如在我国房屋拆迁、土地征收中普遍适用的房屋置换、土地置换等产权置换。

提供医疗、抚恤支持。我国对于公民非因履行职务而为保护国家利益、公共利益和公民人身、财产安全、不顾个人安危，积极同违法犯罪行为做斗争或者在灾害事故中勇于救助，因此受伤、致残或死亡的，国家按照有关规定给予医疗或抚恤。

其他还有一些特殊的优惠政策行政补偿方式，如安置相关人员、解决户口（办理农转非）、减免法定义务、享受社会保险等。这些补偿方式一般适用于安置移民、大规模开发等特殊政策中。如根据《长江三峡工程建设移民条例》相关规定，对移民安置区发展种植业、林业、畜牧业、渔业和乡镇企业以及旅游业的，国家在专项贷款、技术改造、科技开发等方面给予照顾和扶持；对为安置农村移民而开发的土地和新办的企业，在征收农业税、农林特产税、企业所得税等方面，国家给予免税或者减税优惠。

第三节　生态补偿

行政补偿理论的核心在于建立行政主体因合法行为造成损害而对受偿人进行补偿的制度，它所关于的重心在于确定政府责任。与此相比，生态补偿理论的研究视野显然更为宏大。生态补偿理论意在建立起这样一种制度，即“国家或生态环境受益人对为生态环境建设和保护付出代价者支付相应费用的固定做法”①。

---

① 王玉玲：《论少数民族地区生态环境利益补偿机制———以云南省迪庆藏族自治州为例》，载《中央民族大学学报》（哲学社会科学版）2006 年第 3 期，第 35 页。

而“建立生态环境利益补偿机制，就是要根据不同地区内不同的资源、人口、经济、环境总量来制定不同的发展目标与考核标准，让生态脆弱的地区更多地承担保护生态而非经济发展的责任，建立中央对地方、下游地区对上游地区、开发地区对保护地区、受益地区对受损地区、城市对乡村的补偿机制，以平衡生态环境建设和保护中的各方利益”。①

在这一节中，我们将先界定生态补偿的概念，分析其内涵；然后讨论生态补偿合理性的理论基础，即为什么要补偿的问题（在行政补偿理论部分我们称之为“行政补偿的合理化证成”）；再转向对国外生态补偿实践的考查，对西方发达国家的相关做法作简要评述；最后我们的视野将回到国内，对我国的生态补偿制度加以阐述，并做简单的总体性评价。

一、生态补偿的概念

行政补偿是行政法学界的特定概念，而生态补偿概念则不同，它是生态学、环境学与经济学等学科交叉研究所形成的一个概念。根据学者研究，生态补偿概念最初是国外学者在研究生态服务功能和价值的过程中提出来的。②

国外关于生态补偿的研究起源于 20 世纪 60 年代。根据刘丽的研究，国外生态补偿的研究主要经过了以下阶段③。

1965 年，Marsh 记述了地中海地区人类活动对生态系统服务功能的破坏。20 世纪 60 年代，John Krutila 提出自然资源价值的概念，为自然资源服务功能的价值评价奠定了基础。SCEP 在

---

① 王玉玲：《论少数民族地区生态环境利益补偿机制———以云南省迪庆藏族自治州为例》，载《中央民族大学学报》（哲学社会科学版）2006 年第 3 期，第 35 页。

② 刘丽：《我国国家生态补偿机制研究》，青岛大学 2010 年博士学位论文，第 5 页。

③ 参见刘丽：《我国国家生态补偿机制研究》，青岛大学 2010 年博士学位论文，第 5 –6 页。

1970 年首次提出生态系统服务功能的概念，同时列举了生态系统对人类的环境服务功能。这些学者对生态补偿的早期研究为实施生态补偿提供了理论基础。但他们还没有对生态补偿概念做出明确的界定。

20 世纪 90 年代，国外学者对生态补偿的界定逐渐清晰。Cuperas 认为生态补偿是对遭受破坏的生态系统进行修复或者进行异地重建以弥补生态损失的做法。Drechsler、Johst 等则利用生态学与经济学的交叉方法，对生物多样性保护的生态补偿机制进行了研究，提出了一套生态经济模拟程序来设计生物多样性保护的生态补偿方案。Lofo Resources Focus 认为生态补偿是为了维护生态系统服务功能的长期安全，通过可持续的土地利用方式，由生态系统服务功能的受益者对提供这些服务的生态保护者进行补偿的行为。而国外比较流行的“生态服务付费”（payment for ecosystem services）或者“生态效益付费”（payment for ecological benefits）概念，指的是根据生态服务功能的价值量向自然资源管理者支付费用，以激发他们保护自然资源，它实质上相当于“生态补偿”。这在美国和墨西哥等国家已经得到应用。

国内关于生态补偿的界定受国外研究影响很大，主要是从经济学和生态学的角度进行的。代表性观点主要有以下四种：

第一种观点以经济学的外部性理论为基点，认为生态补偿机制是一种“为改善、维护和恢复生态系统服务功能，调整相关利益者保护或破坏生态环境活动产生的环境利益及其经济利益分配关系，以内化相关活动产生的外部成本为原则的，具有经济激励特征的制度。”① 这种观点以经济学的外部性理论为核心，强调生态补偿机制的建立以内化外部成本为原则。

---

① 中国生态补偿机制与政策研究课题组编著：《中国生态补偿机制与政策研究》，科学出版社 2007 年版，第 33 页。

第二种观点来自经济学的视角，运用经济学基本的成本—收益分析，强调生态补偿制度是一种“为了减少生态破坏，调动生态建设积极性，促进生态保护的利益驱动机制和协调机制”①。一方面，通过对损害生态的行为进行收费，提高该行为的成本；另一方面，对保护生态的行为加以补偿，增加该行为的收益。从而激励损害行为的减少和保护行为的增加，达到生态与经济的可持续发展。

第三种观点是从可持续发展理论的角度进行阐述的。这种观点认为，生态补偿机制是“以保护生态环境、促进人与自然和谐发展为目的，根据生态系统服务价值、生态保护成本、发展机会成本，运用政府和市场手段，调节生态保护利益相关者之间利益关系的公共制度”②。这种观点认为，生态补偿有广义和狭义两种理解：“广义的生态补偿既包括对保护生态系统和自然资源所获得效益的奖励或破坏生态系统和自然资源所造成损失的赔偿，也包括对造成环境污染者的收费。狭义的生态补偿则主要是指前者。”③

第四种观点是从法学角度来定义的。这种观点强调生态效益补偿是指“国家或社会主体之间约定对损害资源环境的行为向资源环境开发利用主体进行收费或向保护资源环境的主体提供利益补偿性措施，并将所征收的费用或补偿性措施的惠益通过约定的

---

① 曾广权等编著：《建立云南省生态补偿机制的研究》，云南科技出版社 2006 年版，第 9 页。

② 中国环境与发展国际合作委员会生态补偿机制课题组：《中国生态补偿机制与政策研究》，中国网 http：//www. china. com. cn/tech/zhuanti/wyh/2008 －01/11/content_ 9518546. htm，2012 年 7 月 1 日最后访问。

③ 中国环境与发展国际合作委员会生态补偿机制课题组：《中国生态补偿机制与政策研究》，中国网 http：//www. china. com. cn/tech/zhuanti/wyh/2008 －01/11/content_ 9518546. htm，2012 年 7 月 1 日最后访问。

某种形式转达到因资源环境开发利用或保护资源环境而自身利益受到损害的主体，以达到保护资源的目的的过程”①。可以看出，这一定义与行政补偿概念在逻辑结构上有着相似之处。

我们认为，如果从研究生态补偿制度的功能和生态补偿的原因来看，经济学和生态学的观点无疑具有更强的分析力；而如果要研究生态补偿的制度构建和制度运行的话，法学角度的定义更具有规范性和可操作性。来自不同学科背景的定义反映了不同的研究旨趣和取向，我们应当全面地、包容性地加以使用而不应固守其一。

但是，我们也应该注意的是，无论采取何种视角，生态补偿都应包括以下几方面内容：“一是对生态系统本身保护（恢复）或破坏的成本进行补偿；二是通过经济手段将经济效益的外部性内部化；三是对个人或区域保护生态系统和环境的投入或放弃发展机会的损失的经济补偿；四是对具有重大生态价值的区域或对象进行保护性投入。”② 这些是生态补偿理论的核心所在。

二、生态补偿合理性的价值基础

生态补偿的合理性问题就是要解决这一问题：为什么要生态补偿？这一问题是生态补偿理论的核心。下面将重点讨论关于这一问题的三个基本理论，前两个是从经济学的观点出发论证生态补偿的合理性，后一个则是以生态学或可持续发展的角度来展开阐述的。

---

① 杜群：《生态补偿的法律关系及其发展现状和问题》，载《现代法学》2005年第3期，第186页。

② 中国环境与发展国际合作委员会生态补偿机制课题组：《中国生态补偿机制与政策研究》，中国网 http：//www. china. com. cn/tech/zhuanti/wyh/2008 - 01/11/content_ 9518546. htm，2012年7月1日最后访问。

（一）公共物品理论

公共物品（Public Goods）是经济学中一个重要概念。根据经济学的经典理论，公共物品问题是导致市场失灵的根源之一。对公共物品最著名的定义来自美国著名经济学家萨缪尔森、布坎南和奥斯特罗姆。通俗地说，公共物品就是“每个人消费这种物品不会导致别人对该物品消费的减少，是指一定程度上共同享用的事物”[①]。生态资源具有公共物品属性是确定无疑的，属于典型的每个人消费不会明显导致他人对该项物品消费的减少。

根据经济学理论，公共物品面临着一些的典型问题，如搭便车问题、排他成本问题、公地悲剧问题、融资与分配问题等[②]。生态资源也同样面临着这些问题，因此，生态补偿就是要通过构建一系列制度来“确定不同类型公共物品的补偿主体是谁，其责任、权利和义务是什么，以调整相关生产关系来激励生态服务的供给、限制公共物品的过度使用和解决拥挤问题”[③]。落实到具体实践中，问题的关键是确定“不同类型公共物品的哪部分利益或损失需要得到补偿，这是生态补偿政策边界所要解决的问题”[④]。

（二）外部性理论

与公共物品理论一样，外部性理论被认为是论证政府干预市场的有力论据之一。简单来说，外部性可界定为如下事态：“人们在自由消费稀缺资源时，迫使其他人承担其消费的成本。”[⑤]或

---

① 沈满洪，谢慧明：《公共物品问题及其解决思路——公共物品理论文献综述》，载《浙江大学学报》（人文社会科学版）2009年10月，第47页。

② 同上。

③ 刘丽：《我国国家生态补偿机制研究》，青岛大学2010年博士学位论文，第39页。

④ 刘丽：《我国国家生态补偿机制研究》，青岛大学2010年博士学位论文，第39页。

⑤ ［美］乌戈·马太著，沈宗灵译：《比较法律经济学》，北京大学出版社2005年版，第44页。

者说，“外部性是一人或多人的自愿行为在未经第三方同意的情况下强加于或给予他们的成本或收益”①。

生态资源对人类生活生产影响巨大，而对生态资源的开发和使用无疑具有较大的外部性。例如，环境污染就是典型的具有负外部性的行为。生产者追求自身利益最大化而忽视环境污染，因为环境污染的不利后果由所有人共同承担，而生产所带来的利益却为生产者自己获得。因此，生产者会竞相追求自身利益最大化，而无视生产带来的巨大的负外部性。

为了解决外部性问题，经济学试图设计一定的机制实现外部效应的内部化。有两种互相对立的方案：一是“庇古税”的方法；二是科斯界定产权的方法。一般认为，前者代表的是“政府干预”取向而后者则指向“市场调节”取向。

“庇古税”方案的基本思路是：在私人边际收益（成本）与社会边际收益（成本）相背离的情况下，不可能依靠市场的办法予以解决（即所谓的市场失灵）。这时必须依靠政府的干预，而政府进行干预的原则应当是对私人边际成本小于社会边际成本的部门进行征税，对私人边际收益小于社会边际收益的部门进行补贴，从而把私人收益（成本）与社会收益（成本）背离所引起的外部性影响进行内部化，实现社会福利最大化。简单来说：“纠正外部性的方案便是政府通过征税或者补贴来矫正经济活动当事人的私人成本。”②

---

① ［美］R. 考特、托马斯·尤伦著，张军等译：《法与经济学》，上海三联书店1994年版，第232页。

② 刘学敏：《从“庇古税”到“科思定理”：经济学进步了多少》，载《中国人口·资源与环境》2004年第3期，第131页。

科斯的思路可以用他的一句话来概括："从效率的角度看，只要交换的交易成本为零，那么，法定权利的初始配置便无关紧要。"① 科斯的认为市场机制在公共产品供给方面的不足并不是由"市场失灵"所致，而是由公共产品的产权界定不够清晰和市场机制本身的不完善造成的，只要产权界定清楚，市场机制完善，那么，市场本身完全可以实现外部性的内部化。因此，科斯强调用市场手段来解决外部性问题。

可以看出，两种思路都有合理之处但又各有局限，因此我们在构建生态补偿制度时，不能简单地做出非此即彼的选择，而应该结合政府取向和市场取向两种思路。

（三）环境资源价值理论

毫无疑问的是生态资源具有巨大的价值，问题是如何衡量生态资源的价值。一般认为，对生态资源价值的解释可以从经济资源稀缺性、效用价值论、劳动价值论、级差地租理论和自然资本论等不同的角度进行阐释。②

从稀缺性理论的观点看，包括作为生产资料的自然资源、自然环境条件和环境容量等在内的自然环境资源是一种生产要素，随着经济的发展其稀缺程度在不断提高。这种稀缺性是自然资源环境的价值基础和市场形成的基本条件。

从效用价值论的观点看，自然资源环境的价值是一种主观心理评价，表示人对自然资源环境满足人的欲望能力的感觉和评价，衡量尺度是其边际效用。

---

① ［美］R. 科斯：《社会成本问题》，载《财产权利与制度变迁》，上海三联书店 1991 年版，第 312 页。

② 沈满洪、杨天：《生态补偿机制的三大理论基石》，《中国环境报》，2004 年 3 月 2 日。

从马克思的劳动价值论来看，传统观点认为自然资源环境不是劳动的产物，没有价值；马克思的劳动价值论则认为自然资源环境是具有价值的，其价值是凝结在自然资源环境中的人类抽象劳动，具体表现为人们对自然资源环境的发现、保护、开发以及促进生态潜力增长等过程中投入的大量的物化劳动和活劳动。

从地租理论的观点看，绝对地租是土地所有者凭借土地所有权获得的收入，这里的“土地”实际上可以泛指一切自然资源，地租就是一种资源租金，自然资源环境的不同价值就体现在这种资源租金中。[①]

由此可见，无论哪种理论都认为，生态资源的价值是巨大的，而且对自然生态资源价值的衡量取决于生态资源所产生的服务功能。生态系统服务功能是指：“人类从生态系统获得的效益，生态系统除了为人类提供直接的产品以外，所提供的其他各种效益，包括供给功能、调节功能、文化功能以及支持功能等可能更为巨大。”“生态补偿是促进生态环境保护的一种经济手段，而对于生态环境特征与价值的科学界定，则是实施生态补偿的理论依据。”[②] 但问题是，生态资源所产生的服务功能本身又是很难衡量的。因此，将这种理论运用到生态资源价值评估中尚有一定的难度。

虽然在不同理论对生态补偿合理性的论证中所强调的各有不同，但是对生态补偿的合理性都持肯定态度。

---

① 刘丽：《我国国家生态补偿机制研究》，青岛大学 2010 年博士学位论文，第 39 页。

② 中国环境与发展国际合作委员会生态补偿机制课题组：《中国生态补偿机制与政策研究》，中国网 http://www.china.com.cn/tech/zhuanti/wyh/2008-01/11/content_9518546.htm，2012 年 7 月 1 日最后访问。

三、国外生态补偿的政策与实践

在讨论了生态补偿的概念和合理化理论之后，我们将探讨生态补偿的实践问题。西方国家不但在生态补偿的理论方面居于领先地位，而且在实践上也有许多值得中国学习与借鉴的经验。

在论述分析西方国家生态补偿的实践方面，我们认为钟绍峰的研究①是有益的。根据他的研究，生态补偿政策可以分为普遍性的生态补偿政策和分类的生态补偿政策两个层面。在这一部分中我们将主要援引他对这一问题的分析②展开。

（一）普遍性的生态补偿政策

前已述及，西方国家在生态补偿问题中一般使用“生态服务付费”（payment for ecosystem services）或者“生态效益付费”（payment for ecological benefits）的概念，西方国家生态服务付费的模式主要有四种类型③。

首先是直接公共补偿。所谓公共补偿，即政府直接向提供生态系统服务所有权人或使用权人进行补偿，这也是最常见的生态补偿方式。这一类补偿还包括地役权保护，即对出于保护目的而划出自己全部或部分土地的所有者进行补偿。这种模式的理论基础是外部性理论和公共物品理论。在实践层面上，直接公共补偿所涉及的内容往往包括天然林保护工程、退耕还林还草工程以及生态公益林保护工程等。一个典型的例子是1992年瑞士修订的《联邦农业法》规定了很多产业的生态标准，包括农业、工业以

---

① 钟绍峰：《生态补偿机制的比较研究》，吉林大学2010年博士学位论文。

② 参见钟绍峰：《生态补偿机制的比较研究》，吉林大学2010年博士学位论文，第16－24页。

③ 中国环境与发展国际合作委员会生态补偿机制课题组：《中国生态补偿机制与政策研究》，中国网 http：//www. china. com. cn/tech/zhuanti/wyh/2008－01/11/content_ 9518546. htm，2012年7月1日最后访问。

及特定物种的保护和维护，特别强调发展有机农业，并为指定的几种农业发展类型提供必要的财政补偿。[①]

其次是限额交易机制。所谓限额交易机制，就是由政府或相关管理部门设定一个允许破坏或者污染的界限（“限额”或“基数”），个人和企业可以选择在这个界限内活动，也可以选择突破这些限制，但是对因突破限制所造成的损失，应通过资助其他土地所有者进行保护活动来补偿。这种机制就是经济学中经常讨论的碳排放量交易机制，一个典型的例子是欧盟的排放权交易计划。

再次是私人直接补偿。这与上面所说的直接公共补偿十分相似，不同之处在于补偿方不是公共机构而是私人个体，包括个人、企业乃至各种营利性组织和非营利性组织等。补偿者和被补偿者都不拥有政府强制力，因此这种补偿通常被称为一种“自愿补偿”。各私人个体都可以出于“慈善、风险管理和/或准备参加管理市场的目的”[②] 来自由参与这个市场。

最后是生态产品认证机制。这一机制是对产品进行分类和认证的机制，通过这种机制消费者能够分辨那些满足生态环保要求的产品。此种机制的特点在于“在满足消费者需求的同时，从需求的角度实现生态补偿的目的”[③]。

---

① 高彤、杨姝影：《国际生态补偿政策对中国的借鉴意义》，载《环境保护》2006 年第 19 期，第 71 页。

② 中国环境与发展国际合作委员会生态补偿机制课题组：《中国生态补偿机制与政策研究》，中国网 http：//www. china. com. cn/tech/zhuanti/wyh/2008 - 01/11/content_ 9518546. htm，2012 年 7 月 1 日最后访问。

③ 钟绍峰：《生态补偿机制的比较研究》，吉林大学博士学位论文 2010 年，第 18 页。

(二) 分类的生态补偿政策

分类的生态补偿政策是根据生态补偿的具体的不同领域进行划分的，下面主要介绍五种，即森林生态补偿、农业生态补偿、流域生态补偿、矿产资源生态补偿、生物多样性补偿。

1. 森林生态补偿

森林生态补偿是受到关注较多的一个领域，有关案例也比较多。这些案例不仅有西方发达国家的，而且有许多是来自亚非拉等地发展中国家的。

森林生态补偿的一个典型案例来自美国。1985 年，美国设立了一项旨在实现退耕和生态补偿的保护性储备计划（Conservation Reserve Program，CRP）。该计划由政府提供资助，允许农场主自愿参加。从某种角度来看这与我国的退耕还草工程非常相似。CRP 的实施引起了美国学界的高度关注，学者对此进行了大量的研究。应该说，CRP 是相当成功的。在 1985 年至 2002 年间，约 37 万农户身份发生了转换，全部耕地中退出农业生产活动的土地多达 1360 万公顷。当然，政府为该项计划付出了巨大的代价。美国农业部每年都要支付大量的财政补贴用于支付转换生产方式所需的成本和涉及土地的租金，平均来看，每公顷土地该项费用高达 116 美元。[①]

另一个有代表性的案例来自爱尔兰。1989 年，爱尔兰开始实施森林奖励方案，鼓励森林种植。根据奖励方案，自愿种植树木者可以每年领取一次补助。该方案有力地促进了该国森林覆盖率和造林水平的不断提高。也有学者对这一问题进行了深入研究。[②]

---

① 李宏伟：《美国生态保护补贴计划》，载《全球科技经济瞭望》2004 年第 8 期。

② Mcharty S，Matthews A，Riordan B. Economic determinants of private afforestation in the Republic of Ireland［J］. Land Use Policy，2003，（20）：51 – 59. 转引自钟绍峰：《生态补偿机制的比较研究》，吉林大学 2010 年博士学位论文，第 20 – 21 页。

2. 农业生态补偿

在这方面，具有代表性的是瑞士、美国和欧盟。瑞士、美国和欧盟通过立法手段，以补偿退耕休耕等措施来保护农业生态环境。美国政府在20世纪50年代实施了保护性退耕计划，80年代实施了相当于荒漠化防治计划的“保护性储备计划”；纽约州曾颁布了《休依特法案》，恢复森林植被。在这些计划和法案的实施过程中，政府为对当地居民造成的损失提供补偿。

3. 流域生态补偿

通常而言，流域生态补偿包括水质保持、水量保持和洪水控制三个方面。尽管这三种服务相互关联，但通常具有不同的受益人。在具体实践中，对这三种流域服务的公共补偿以及对水质与水量的私人补偿，都趋向于保护上游，特别是当地的一些穷人。

这方面澳大利亚和南非的实践比较成功。澳大利亚政府通过发放经济补贴，推动各省的流域综合治理工作。南非的做法是将流域生态补偿与扶贫工作结合起来，其每年投入约1.7亿美元雇用弱势群体来进行流域生态保护，改善水质，增加水资源供给。这种“以工代赈”的方式一方面改善了水质、增加了水资源供给，另一方面也给弱势群体带来了就业机会。

4. 矿产资源生态补偿

矿产资源开发所引发的生态补偿问题很多，而且通常都带有很强的综合性。在这一方面美国和德国的做法具有典型性。两国都主要通过立法的方式进行生态补偿。对于立法前历史遗留的生态破坏问题，由政府负责治理。例如在美国，这种问题都是由美国政府设立相应的补偿基金来实现资金筹集；而在德国，中央政府和地方政府共同筹集资金，筹资比例为中央政府75%，地方政府25%，所筹资金则用于成立专门的矿山复垦公司进行生态补偿工作。至于立法之后发生的生态破坏问题，则按照开发者负责治理和恢复的原则进行生态补偿。①

5. 生物多样性补偿

对生物多样性的主要补偿类型主要有五种：

其一，购买具有生态价值较高的栖息地，如购买私人、政府和企业组织拥有的土地；其二，采取多种手段，如审查生物考察权、办法调查以及对野生物种进行狩猎、垂钓或集中的许可，开发生态旅游等，对物种或栖息地进行补偿；其三，通过保护地役权和土地契约，管理保护区特许租地的经营权和公共保护区的社团特许权，以及管理保护私人农场、森林、牧场和栖息地管理合同等方式进行生物多样性保护管理补偿；其四，通过限制可交易的开发权、可交易的湿地平衡资金信用额度、通过限额交易规定限制可交易的权利以及控制可交易的生物多样性信用额度；其五，支持生物多样性保护交易。虽然方式多样，但是总体上看西方国家生物多样性的生态补偿大多数都是通过政府和基金会的渠道进行，必要的时候会与其他的生态补偿，例如农业、流域或森林的生态补偿相结合。②

从上述来看，西方发达国家在生态补偿实践方面已经形成了一些比较好的模式与制度。总的来说，虽然在西方发达国家中政府补偿模式仍然是生态补偿的主要方式，但是市场手段也是不可忽视的。值得中国学习的是，“政府提供补偿并不是提高生态效益的唯一途径，政府完全可以利用市场手段和经济激励政策来提高生态效益”③，因此，“很有必要形成政府主导，注重市场手段

---

① 钟绍峰：《生态补偿机制的比较研究》，吉林大学2010年博士学位论文，第21－22页。

② 同上书，吉林大学2010年博士学位论文，第23页。

③ 卢艳丽、丁四保：《国外生态补偿的实践及对我国的借鉴与启示》，载《世界地理研究》2009年第3期，第166页。

和社会参与的生态补偿机制”①。

四、我国生态补偿的政策与实践

虽然与西方发达国家相比我国生态补偿的政策与实践还不太成熟，但是我国也逐渐积累了一些经验。下面我们阐述我国的相关政策和实践。

（一）我国生态补偿的政策与相关实践②

我国在生态补偿的实践方面所开展的工作可以概括为三个方面：一是由中央相关部委推动，以国家政策形式实施的生态补偿；二是地方自主性的探索实践；三是近几年来初步开始的国际生态补偿市场交易的参与。

总的来说，目前的实践工作主要集中在以下领域。

1. 森林与自然保护区的生态补偿

森林与自然保护区的生态补偿工作起步较早，国家投入较多，取得了较明显的成效，除了森林生态效益补偿基金制度之外，天然林保护、退耕还林等六大生态工程也是对长期破坏造成生态系统退化的补偿。

值得注意的是，在我国生态补偿的诸领域中，森林与自然保护区的法制化程度是最高的，我国先后专门出台一些法律法规：1992 年国务院批转国家体改委《关于一九九二年经济体制改革要

---

① 卢艳丽、丁四保：《国外生态补偿的实践及对我国的借鉴与启示》，载《世界地理研究》2009 年第 3 期，第 166 页。

② 这部分的讨论我们主要参考了中国环境与发展国际合作委员会生态补偿机制课题组在 2006 年完成的报告《中国生态补偿机制与政策研究》。中国环境与发展国际合作委员会秘书处设在国家环保部，具有良好的官方背景。该报告具备官方性、权威性和学术性，对我国生态补偿机制的研究做了十分有益的探讨。报告见中国网 http：//www. china. com. cn/tech/zhuanti/wyh/2008 - 01/11/content_ 9518546. htm，2012 年 7 月 1 日最后访问。

点的通知》（国发［1992］12 号），明确提出建立林价制度和森林生态效益补偿制度，实行森林资源有偿使用；1993 年国务院《关于进一步加强造林绿化工作的通知》（国发［1993］号），指出要改革造林绿化资金投入机制，逐步实行征收生态效益补偿费制度；1998 年修订的《森林法》第 6 条明确标明“国家设立森林生态效益补偿基金，用以提供生态效益的防护林和特种用途的森林资源、林木的营造、抚育、保护和管理”。为了保障生态补偿的资金运作，2004 年建立了中央森林生态效益补偿基金，同时《中央森林生态效益补偿基金管理办法》也颁布实施。这项由财政部和国家林业局共同出台的《办法》标志着中国正式建立了森林生态效益补偿基金制度。

2. 流域的生态补偿

在流域的生态补偿方面主要关系到各地方之间的协作问题。涉及的问题主要集中在城市饮用水源地保护和行政辖区内中小流域上下游间的生态补偿问题，如北京市与河北省境内水源地之间的水资源保护协作。目前的主要政策手段是由上级政府对被补偿地方政府的财政转移支付，或整合相关资金渠道集中用于被补偿地区，或同级政府间的横向转移支付。

值得注意的是，有的地方也进行了一些基于市场机制进行协作的新探索，目前主要有水资源交易模式和“异地开发”模式。浙江省东阳市与义乌市成功地开展了水资源使用权交易，经过协商，东阳市将一部分水资源的永久使用权通过交易转让给下游义乌市。在宁夏回族自治区、内蒙古自治区也有类似的水资源交易的案例，上游灌溉区通过节水改造，将多余的水卖给下游的水电站使用。另外，在浙江、广东等地的实践中，还探索出了“异地开发”的生态补偿模式。为了避免流域上游地区发展工业造成严重的污染问题，并弥补上游经济发展的损失，浙江省金华市建立了“金磐扶贫经济开发区”，作为该市水源涵养区磐安县的生产用地，并在政策与基础设施方面给予支持。2003 年，该区工业产值 5 亿元，实现利税 5000 万元，占磐安县财政收入的 40%。浙江还有另外 5 个市、县也开展了或将要开展类似的做法。

3. 矿产资源开发的生态补偿

这主要是通过征资源税的方式进行生态补偿的。我国从 20 世纪 80 年代中期开始对矿产资源开发征收矿产资源税，用以调节资源开发中的级差收入，促进资源合理开发利用。1984 年 10 月 1 日《资源税条例（草案）》开始试行，中国第一次征收资源税。征收资源税的目的主要在于促进自然资源的合理开采、节约利用和有效配置，调节自然资源的级差收入，平衡矿山企业的利润水平，创造公平竞争的外部环境。该条例第 1 条规定："在中华人民共和国境内从事原油、天然气、煤炭、金属矿产品和其他非金属矿产品资源开发的单位和个人，为资源税的纳税义务人，都应依照本条例的规定缴纳资源税。"第 2 条规定："纳税人根据应税产品的销售收入利润率，按照超率累进税率计算缴纳资源税，销售利润率为 12% 和 12% 以下的，不缴纳资源税。"课税原则是"级差调节"，"级差调节"是指不同矿种有不同的税额幅度，同一矿种但不同资源等级的矿山企业或矿区有不同的税额幅度。这一征收原则反映了国家只征收了级差地租，而没有征收绝对地租，没有使矿产资源得到应有的补偿。

从 1994 年又开征了矿产资源补偿费，目的是保障和促进矿产资源的勘察、保护与合理开发，维护国家对矿产资源的财产权益。1994 年 1 月 1 日起施行的《资源税暂行条例》，采用从量定额征收的办法。不再按照超额利润征收，而是按照销售量征收。确定税额的基本原则是"普遍征收"，"普遍征收"是指凡是经营应税矿产品的企业和个人都要依法缴纳资源税；"普遍征收"体现的是绝对地租或资源补偿原则；"级差调节"的对象是级差地租，不包括绝对地租。我国在 1984 年实施资源税制度的目的在于调节使用不同级差资源的级差收益。1994年资源税制度从计税依据上作了重大修改，规定以销售数量为征税对象，只要有销售量就要纳税，因此可以看作基于资源有偿使用而征收的。从国外矿业国家的实践看，资源税是采矿人因开采自然禀赋特别好、能产生级差地租的矿产资源而向所有权人支付的。

我国与矿产资源相关的税费主要有矿产资源税、矿产资源补偿费、矿业权使用费和矿业权价款等，其中属于中央税种即国税的有二氧化硫排污费、石油特别收益金、进口关税和进口环节增值税、出口关税和增值税；属于地方税种的有资源税、营业税、城市维护建设费、教育附加费、土地增值税、房产税、车船税、城镇土地使用税、耕地占用税；属于中央与地方按比例分成的有资源补偿费、矿产资源价款、增值税、企业所得税。

尽管国家和地方有将补偿费用于治理和恢复矿产资源开发过程中的生态环境破坏的情况，但在政策设计上却没有考虑矿产资源开发的生态补偿问题。1997年实施的《中华人民共和国矿产资源法实施细则》对矿山开发中的水土保持、土地复垦和环境保护做出了具体规定，要求不能履行水土保持、土地复垦和环境保护责任的采矿人，应向有关部门交纳履行上述责任所需的费用，即矿山开发的押金制度。这一政策理念，符合矿产资源开发生态补偿机制的内涵。

4. 区域生态补偿

自20世纪80年代以来，我国开始了大规模的生态建设工程，包括防护林体系建设、水土流失治理、荒漠化防治、退耕还林还草、天然林保护、退牧还草、“三江源”建设等。从区域补偿的角度看，尽管这些财政转移支付和发展援助政策没有考虑生态补偿的因素，也极少用于生态建设和保护方面，但其对西部地区因保护生态环境而牺牲的发展机会成本，或承受历史遗留的生态环境问题的成本变相给予了一定的补偿。天然林保护、退耕还林等六大生态工程也是对长期破坏造成生态系统退化的补偿。

5. 生态补偿机制的地方探索

浙江省是第一个以较系统的方式全面推进生态补偿实践的省份。2005 年浙江省政府颁布了《关于进一步完善生态补偿机制的若干意见》，确立了建立生态补偿机制的基本原则，即“受益补偿、损害赔偿”“统筹协调、共同发展”“循序渐进、先易后难”“多方并举、合理推进”原则。具体政策途径和措施包括：健全公共财政体制、调整优化财政支出结构，加大财政转移支付中生态补偿的力度；加强资源费征收的管理工作，增强其生态补偿功能；积极探索区域间生态补偿方式，支持欠发达地区加快发展；加强环境污染整治，逐步健全生态环境破坏责任者经济赔偿制度；积极探索市场化生态补偿模式，引导社会各方面参与环境保护与生态建设。

（二）对我国生态补偿的政策与实践的总体评价

尽管我国在生态补偿方面已开展了一些工作，但在政策与实践上还存在一些问题。总的来说，这些问题突出的表现在下面几个方面。

第一，生态补偿政策制度本身存在缺陷。这主要体现在两个方面，一方面，目前，我国由中央政府出台的涉及生态补偿内容的相关政策有十余项，但除了《关于开展生态补偿试点工作的指导意见》外，其他均不是以生态补偿为目的而设计的。这些相关政策“主要是从某一种生态要素或为实现某一种生态目标而设计的政策，如退耕还林、天然林保护、退牧还草、矿产资源补偿费等。”[①] 另一方面，现有的这些生态补偿政策普遍带有较强烈的部门色彩。我国的生态补偿涉及多个行政管理部门，因此，在实际

① 孙新章、周海林：《我国生态补偿制度建设的突出问题与重大战略对策》，载《中国人口·资源与环境》2008 年第 5 期，第 140 页。

工作中存在着“以部门的生态保护责任为目的进行相应的政策设计，并以国家有关法律法规的形式将这些部门性的政策固化。”①这两方面都给政策制度本身带来缺陷。

第二，补偿主体单一。目前我国生态补偿的财政转移支付是以纵向补偿为主，缺乏横向转移补偿机制。中央对地方给予巨额财政转移支付资金，为生态补偿提供了良好的基础。但同时我们应看到，我国生态服务的提供者大多集中在西部，而生态服务的受益者大多集中在东中部，“生态服务提供者和受益者在地理范围上的不对应，导致西部生态服务提供者无法得到合理补偿，形成‘少数人负担，多数人受益’、‘上游地区负担，下游地区受益’、‘贫困地区负担，富裕地区受益’的不合理局面。”②而区域之间、不同社会群体之间的横向转移支付却相对缺失，这是极不合理的。

第三，“项目工作”式补偿政策缺乏稳定性。我国目前的生态补偿政策大多以“项目工程”方式进行。这一方面便于操作，但另一方面容易导致生态政策缺乏长期性和稳定性。例如，我国最有影响的生态补偿政策“退耕还林”“退牧还草”的补助有5~8年的期限，期限内受偿人全靠补助生存，而在补助的期限之外，受偿人缺乏明确的预期。因此，“从目前中国实施的生态补偿相关政策来看，很多政策都是短期性的，缺乏一种持续和有效的生态补偿政策。”③

第四，政策制定过程中缺乏利益相关者的充分参与。生态补

---

① 冯东方、任勇、俞海、高彤、杨姝影：《我国生态补偿相关政策评述》，载《环境保护》2006年第19期，第42页。

② 王健：《我国生态补偿机制的现状及管理体制创新》，载《中国行政管理》2007年第11期，第87页。

③ 冯东方、任勇、俞海、高彤、杨姝影：《我国生态补偿相关政策评述》，载《环境保护》2006年第19期。

偿政策涉及众多利益相关者。但是，我国政府在有关政策的制定过程中，却非常缺乏利益相关者广泛参与的机制和实现途径，现有的生态补偿相关政策也是如此。缺乏利益相关者的充分参与主要表现在两个方面：一是由于各地自然条件和人文资源的不同，在补偿对象的认定上不能因地制宜，没有充分考虑地区之间的差异；二是在补偿标准的制定上，更多地体现出中央政府的意愿，而没能充分考虑农民、牧民、企业团体和各级地方政府的意愿和希望，不能代表广大生态保护利益相关方的利益。①

第五，生态保护补偿标准"一刀切"，补偿标准过低。首先，补偿标准制度缺乏灵活性，导致在适用中脱离实际。如在退耕还林补偿中，全国仅分南方和北方两个补偿标准，这样的补偿方式明显没有考虑到东、中、西部的差异，也没有考虑到不同地区耕地的实际产出值。其次，补偿标准偏低。"目前生态公益林补贴标准是5元/亩，远低于林地所产生的经济效益（有关专家估测经济林每年平均产出为36元/亩）。在西部许多地方，山林是农民全部的生活来源，过低的补助受益显然难以满足他们的生活需要。"②

总之，我国的生态补偿制度尚有许多亟待改进的地方。《生态补偿条例》起草领导小组组长、国家发展改革委副主任杜鹰指出，近期要加强对重大问题的研究，包括生态补偿的内涵和外延、补偿标准、补偿资金来源、相关利益主体间的权利义务关系、法律责任等，形成总体思路和立法框架。③

① 刘丽：《我国国家生态补偿机制研究》，青岛大学2010年博士学位论文，第39页。

② 王健：《我国生态补偿机制的现状及管理体制创新》，载《中国行政管理》2007年第11期。

③ 李韶辉：《生态补偿条例起草工作启动》，载《中国改革报》，2010年5月4日第1版。

现在需要解决的主要问题有以下几个：《生态补偿条例》的总体框架涉及，主要解决的问题，补偿对象的确定，合适的补偿标准，确定补偿标准的方资金来源，确定生态补偿的公平性，实现生态补偿资金效益最大化的方式，开征生态补偿税的必要性和可行性。

第四节 民族自治地方获得利益补偿的权利

一、对民族自治地方进行利益补偿的必要性分析

（一）资源开发给民族自治地方造成的影响——以水电开发为例

我国已经进入了一个快速开发水电资源的时代，因为我国经济快速发展和人民生活水平提高，能源需求的缺口越来越大，能源安全成为国家安全的大问题。我国是水电资源丰富的国家，但是开发程度较低。水能是可再生能源，优先发展水电是我国能源发展战略，但是水电开发涉及对民族自治地方的利益补偿问题。因为在民族自治地方进行的水电开发给当地群众的生产和生活带来严重影响，主要包括如下一些方面。

一是土地没有按等价交换的原则赔偿给民族自治地方的移民造成的物质上的困难。根据广西社会科学院李甫春教授的调查，按淹没前三年平均每亩年产值，水田补偿 9 倍、旱地补偿 8 倍，广西、贵州两省区耕地平均每亩水田补偿 8406 元，常耕旱地每亩补偿 4756 元。然而，这种赔偿标准的计算方法还具有浓厚的

计划经济色彩，即用行政手段定价而不是由市场决定价格。[①] 毫无疑问，在水电开发的移民过程中，民族自治地方土地的价值被严重低估了，相应地，民族自治地方应得的利益在无形中被忽视了。

二是有可能影响当地少数民族的文化权利，使民族自治地方特有的民族文化面临消失的危险。文化权利在国际人权体系中构成特定的类别，规定在《世界人权宣言》第27条、《公民权利和政治权利国际公约》第27条和《经济、社会、文化权利国际公约》第15条中。其中主要提到每个人有权参加文化生活，享受科学进步及其应用所产生的利益，享受科学、文学或艺术作品等保护所产生的利益的权利。同时，《经济、社会、文化权利国际公约》第2条中规定了国家保障文化权利的义务。文化权利的一个重要方面就是少数人群体（包括少数民族）保持其文化特性的权利（《公民权利和政治权利国际公约》第27条），这一权利可以定义为提供适当方法，包括差别性待遇，以使少数人有别于大多数人的特征和传统得以保留，确保少数人的权利得以实现，并在尽可能的程度上与大多数人享受同等的条件。

然而，我们目前所进行的水电开发则使少数民族的文化权利受到影响。以即将建设的怒江水电站为例，少数民族人口的比重达92.2%，有傈僳族、怒族、独龙族、普米族四个特有民族，至今还保留着刀耕火种、人背马驮等原始生产方式和文面部落等原始社会痕迹。[②] 傈僳族的艰辛迁徙，怒族、独龙族可歌可泣的创造精神，使怒江大峡谷成为一个世界瞩目、色彩斑斓的人类文化

---

① 李甫春：《西部地区自然资源开发模式探讨》，载《民族研究》2005年第5期。

② 《怒江13级水坝开发成定局 两派专家激烈交锋》，网址：http://www.southcn.com/news/china/todaycn/200311250572.htm，最后登录时间2010年8月10日。

公园。生活在江边，是怒江人最基本的生活状态。怒江最主要的交通要道是沿江公路，江边也集中了怒江州主要市区县城的建筑，甚至怒江最好的水稻种植基地也在江边。怒江是一个多民族聚集的地方，也是民族习俗、民族风情保留得比较完整的地区。一个民族的存在依赖于一定的地域与环境特征，移民很可能导致一个民族文化的消失。①

三是水电站的建设很可能会给生态环境造成严重破坏。水库蓄水淹没原始森林、涵洞引水使河床干涸、大规模工程建设对地表植被的破坏以及水电建设配套的新建城镇和道路系统对野生动物栖息地的分割与侵占，都将改变和影响西部地区已日益缩小的原始生态区和原始生态系统，威胁生物多样性的存在和野生生物物种的生存，加剧生物物种的灭绝。主干河流上密集的梯级水坝，将完全阻断大量珍稀鱼类的和水生生物的生活走廊，破坏其生活环境；贡嘎山南坡水坝的修建，将使牛羚、马鹿等珍稀动物的高山湖滨栖息活动地丧失以及大面积珍稀树种原始林的淹毁等。以正在修建的瀑布沟电站为例，库区淹没涉及四川雅安汉源、石棉和凉山州甘洛这三个县，共21个乡（镇），包括汉源附近大渡河河谷地带最富庶的农业区，动态移民约10～15万，如果这些移民就地安置，将给库区的生态环境带来沉重的压力和严重后果。

（二）国家的矿产资源所有权与民族自治地方对土地的权利之间存在冲突

我国《宪法》第9条规定，矿藏、水流、森林、山岭、草原、荒地、滩涂等自然资源，都属于国家所有，即全民所有；由

---

① 《怒江，中国最后的处女江命悬一线》，载“新华网”，网址：http：//www. yn. xinhuanet. com/topic/2004/njkf/wen/g10. htm，最后登录时间2010年8月19日。

法律规定属于集体所有的森林和山岭、草原、荒地、滩涂除外。第10条规定，城市的土地属于国家所有。农村和城市郊区的土地，除由法律规定属于国家所有的以外，属于集体所有；宅基地和自留地、自留山，也属于集体所有。国家为了公共利益的需要，可以依照法律规定对土地实行征收或者征用并给予补偿。

根据《宪法》的以上规定，国家对矿藏等自然资源拥有所有权，可以授权或委托相关的公司或企业对这些资源进行开发，这是有宪法根据的。但是，对国家在民族自治地方所进行的自然资源开发来说，民族自治地方的群众享有对自然资源所在地的土地的所有权或使用权，这同样是有法律规定或被习惯法所认可的。这种因为不同权利主体对空间层次不同的自然资源同时享有权利而产生的利益冲突不可避免，因此，国家授权的公司或企业在开发民族自治地方的自然资源时，应当对民族自治地方做出及时、充分、有效的补偿并对当地群众未来的生产和生活给予必要的安置。

（三）在开发中优先录用当地工作人员有利于开发项目的顺利进行

在自然资源开发过程中经济地录用民族自治地方的人员参与开发活动，使他们进入这种新的经济活动必将逐步实现人的现代化，也是“以人为本”思想的具体实践。有些建设项目的经营者往往觉得从沿海发达地区雇用汉族劳动力在工作效率和业绩方面效果好、成本低、容易管理，但是这种想法只计算了账面上的经济成本，忽略了“当地人参与”这个重要问题，没有计算社会成本和政治成本。① 其实这种做法是缺乏远见的。

例如，二滩电站亏损数亿元，其根本原因便在于利益主体间未能形成良好的协调关系。多元利益主体间利益的合理协调才可

① 马戎：《民族社会学导论》，北京大学出版社2005年版，第237页。

能促成水电工程进展顺利，发挥效益，从而最终保障国家利益的实现。就投资方而言，在市场竞争条件下，其核心在于降低工程成本，使电站具有较强的竞争力；对于地方政府而言，发挥水电工程对当地经济的推进作用、带动地区经济与社会发展是其根本利益所在；对于移民来说，水电工程开发迫使他们迁居他处，影响他们的生产、生活，甚至影响民族群体的发展，也直接涉及他们未来生产、生活的安置问题。对安置工作要有合理的投入，才能保障移民的正常发展和企业的良性运转。①

《世界水坝委员会公民指南》（于晓刚翻译）已经指出，“由于结构性不公平，文化差异和歧视，及经济、政治上的边缘化，水坝常常忽视土著和部落居民的要求，他们也无足够能力争取公平对待，因而承受水坝更多的负面影响，却享受不到水坝的利益。”这项指南建议，水坝的建设者应向受影响者充分披露信息，并且获得其明确同意后方动工建设，而受影响者有权参与共同协商（谈判），以确认可执行的补偿、补救和分享利益条款。② 虽然这个指南对我国从事自然资源开发的企业还没有法律上的约束力，但这毕竟是世界水坝委员会在水坝建设方面的指导性意见，是世界各国的共识。

同时，我国《民族区域自治法》第 23 条规定，民族自治地方的企业、事业单位依照国家规定招收人员时，优先招收少数民族人员，并且可以从农村和牧区少数民族人口中招收。第 22 条规定，民族自治地方的自治机关根据社会主义建设的需要，采取各种措施从当地民族中大量培养各级干部、各种科学技术、经营

① 周竞红：《大型水电工程与西部民族地区经济与社会协调发展研究》，载《水利经济》2004 年第 4 期。

② 唐建光：《谁应该在怒江开发中获益？谁又有权参与决定怒江的命运?》，载《中国新闻周刊》2004 年 5 月 20 日。

管理等专业人才和技术工人，充分发挥他们的作用，并且注意在少数民族妇女中培养各级干部和各种专业技术人才。这些规定是针对民族自治地方的企业、事业单位和自治机关的，但是，为了保证整个开发项目的顺利进行，在越来越提倡企业的社会责任的今天，对在民族自治地方从事开发活动的其他企业同样具有借鉴意义。

（四）民族自治地方为国家的生态平衡和环境保护付出了巨大的成本

民族自治地方的少数民族在长期的生产和生活中，逐渐形成了一种与当地环境休戚与共、和谐共处的关系。在许多民族的习惯法中，都有与环境保护相关的内容。以鄂伦春族为例。事实上，鄂伦春族的狩猎是有意识地维持生态平衡的。鄂伦春族的冬季围猎一般不超过三个月，然后迁移他处，打猎时禁止打动物的幼崽等都已经成为鄂伦春族关于狩猎的习惯法。同时，鄂伦春族的成年男子组织成了“护林队”来保护当地的森林，对大兴安岭的环境保护做出了重要贡献。类似的例子还有很多。但是，自1958年开始，大兴安岭林区全面开发，10万林业、铁路大军开进林区，建起了大批林场、铁路车站和工人住宅，带去了采掘、农耕、工业经济文化，一些干部和工人及其家属对当地动植物掠夺式的猎取和采集，使野生动植物及其赖以生存的生态环境遭到严重破坏，民族结构和产业结构发生了根本性的变化，对鄂伦春族的狩猎生计也产生了直接影响。

中央实施西部大开发战略以来，针对生态建设工程“投入高，周期长，范围广、见效慢”的特点，许多专家学者、政府官员基本上对建立生态补偿机制的重要性和紧迫性已达成共识，建立生态补偿机制成为影响我国西部生态环境建设成败的重要因素之一。我国的生态补偿工作才刚刚起步，而且仅体现在退耕还林领域，其实退耕还林政策只是我国建立生态补偿机制的一次成功实践，还有许多方面都需要生态补偿机制，特别是西部地区的生态环境保护继续拓宽生态补偿机制的适用范围。如解决西部地区因资源输出所付出的环境代价（西气东送，西部地区生产天然气会污染环境，输送天然气需埋设管道，这也会破坏地表植被，影响生态环境）、江河上游水资源利用与中下游用水的矛盾，生态屏障的建设与投入的矛盾，过度开垦导致的水土流失和沙漠化问题，草原过度放牧或过度耕种带来的风沙问题，以及自然保护区的保护问题等。

二、民族自治地方获得利益补偿权利的法律依据

（1）原则性规定：我国《宪法》第 10 条规定，国家为了公共利益的需要，可以依照法律规定对土地实行征收或者征用并给予补偿。新修订的《民族区域自治法》第 65 条和第 66 条的规定可以说是对前述宪法规定的落实，其中包括，国家采取措施，对输出自然资源的民族自治地方给予一定的利益补偿；民族自治地方为国家的生态平衡、环境保护做出贡献的，国家给予一定的利益补偿。《民族区域自治法》的相关规定，确认了国家对少数民族的利益补偿义务，同时也规定了民族自治地方获得利益补偿的权利。同时，《国务院实施〈民族区域自治法〉若干规定》第 8 条中明确规定国家使用征收的矿产资源补偿经费时要优先考虑原产地的民族自治地方。这些规定都是民族自治地方获得利益补偿权利的原则性规定。

（2）具体规定：为了国家和社会公共利益的需要，国家经常要征用公民、法人或其他组织所有或使用的财产，此时需要给利益受损者以充分的补偿。例如，

《森林法》第 8 条第 2 款规定，国家设立森林生态效益补偿基金，用于提供生态效益的防护林和特种用途林的森林资源、林木的营造、抚育、保护和管理。森林生态效益补偿基金必须专款

专用，不得挪作他用。具体办法由国务院规定。第 9 条规定，国家和省、自治区人民政府，对民族自治地方的林业生产建设，依照国家对民族自治地方自治权的规定，在森林开发、木材分配和林业基金使用方面，给予比一般地区更多的自主权和经济利益。再如，《草原法》第 38 条规定，进行矿藏开采和工程建设，应当不占或者少占草原；确需征用或者使用草原的，必须经省级以上人民政府草原行政主管部门审核同意后，依照有关土地管理的法律、行政法规办理建设用地审批手续。第 39 条规定，因建设征用集体所有的草原的，应当依照《土地管理法》的规定给予补偿；因建设使用国家所有的草原的，应当依照国务院有关规定对草原承包经营者给予补偿。因建设征用或者使用草原的，应当交纳草原植被恢复费。

此外，在公众环境意识日益提高的当代，对公众因环境保护活动的参与而受到的损害应当给予补偿，以保护和鼓励公众维护环境平衡与可持续发展的积极性。如《野生动物保护法》第 14 条规定，因保护国家和地方重点保护野生动物，造成农作物或者其他损失的，由当地政府给予补偿。补偿办法由省、自治区、直辖市政府制定。《国务院关于进一步完善退耕还林政策措施的若干意见》也适用于民族自治地方，明确规定了粮食和现金补助的标准和期限。以上这些法律法规以及相关的政策措施都是民族自治地方获得利益补偿权利的具体规定，与上述的原则性规定一起构成民族自治地方获得利益补偿权利的法律依据。

三、全球视野中水利工程利益补偿与收益分享的若干模式

以下关于世界银行、埃及和美国对于水利工程利益补偿与收益分享制度的介绍摘自：王元京的“水利工程的利益补偿与收益分享问题探讨”一文，原文刊载在《中国水利》2003 年第 6 期，在此向王老师表示感谢。

1. 世界银行模式

世界银行在制定有关非自愿移民政策时，对跨区域水利工程受损区的利益补偿与分享问题也作了相应的规定。世界银行文件规定跨地区利益补偿与利益分享的责任在于接受贷款方，必须在工程筹备过程中建立利益补偿与分享的协调机构，并向利益受损方提供充分的资源保证。

（1）制定“投资补偿（或开发）计划”。针对跨地区水利工程利益补偿与利益分享的客观要求，世界银行强调制定一整套“跨地区投资补偿即开发计划”，把受损地区的投资补偿纳入投资预算范畴之内，使之成为整个水利工程工作的重要前期工作。对受损地区的投资补偿规划是一项综合性很强的工作，涉及受损地区从工程受益的多项政策目标。主要是为受损地区重建国家公路、桥梁及因项目建设需要的国家和地区基础设施的投资，为受损地区重建移民生产与生活基地的投资等。

（2）跨地区移民补偿方式的多样化。世界银行对跨地区的非自愿移民补偿有比较详尽的规定。强调只给受损地区以现金补偿是远远不够的，移民补偿应包括移民因迁移而蒙受的一切损失，主要是土地、房屋及其他征用财产的费用和丧失收入的赔偿，使移民补偿公平合理，真正反映市场价格和补偿物的价值，足以重建社会生活，保证移民在农业或其他部门谋求生计。

（3）跨地区收益分享方式的设计。世界银行对受损地区的政府利益、企业利益与移民利益的保护不仅体现在补偿机制上面，而且体现在一系列利益分享的制度安排方面。利益分享主要包括两个方面，一是对个人利益实施“以土地换土地”的分享政策，就是允许受损区的土地主在得到了淹没区的土地赔偿金之后，再在移民安置区建设中得到足够数量的土地配置，同时还包括支持移民恢复收入和改善居住条件的活动费用，附加的当地新的服务、发展项目、农业推广、培训、创造就业机会及贷款等项支持。二是对公共利益实施基础设施重建或奉送政策。由国家和受益方为受损方提供国家公路、桥梁及因项目建设需要重建的国家和地区基础设施的费用。

2. 埃及方式

（1）水利开发投资补偿的责任主体。为了搞好水利开发工程中的利益补偿与分享工作，埃及建立了一整套以中央政府为核心的大型水利项目投资机制，把受损地区的政府、企业、居民的多方面的利益补偿与利益分享要求纳入工程的投资开发预算范围，使淹没地区的各个利益群体从迁移到重建的配套工作均责任到位。

（2）中央政府统一管理的移民补偿机制。阿斯旺高坝工程等淹没区水库淹没影响涉及埃及和苏丹两国的数万居民，使得不同地区之间移民利益补偿的困难很大，为了防止地区之间移民利益补偿的不均衡，埃及和苏丹对移民均采用集中远迁的办法。苏丹境内居民移到东部卡斯姆吉勃拉灌区，埃及境内居民移到柯孟巴省。移民经费由政府社会福利部和基本建设部统一掌握，由埃及财政部统一支付，移民区的农田开垦及排灌工程、住房、水电、道路、学校等基础设施的建设，分别由灌溉部、电力部、住房及新垦地部、公共事业部及教育部承担。移民搬迁后，生产生活条件比搬迁以前好得多，移民都较为满意。

（3）跨地区利益分享的主要方式。一是土地利益分享。土地分配根据移民以前是否从事农业生产而定。如原来是从事农业的，每户分配5费丹；如原来不搞农业生产，则分配2费丹。二是现金分享。移民第一年每人每月补助5埃镑，第二年为2埃镑，第三年及以后政府不再补贴。三是生产生活设施分享。四是基础设施分享。每一移民村集中设一活动中心，建一所清真寺，并设有小学、俱乐部、邮电所、医务所等，中学则几个村合办一个。

3. 美国方式

水资源工程由联邦、州、地方三级政府投资，美国各级水利工程中，主要分成两类：一类属于经营性或半经营性项目，要求偿还大部分建设费用；一类属于公益性项目。防洪、鱼类和野生动物保护等建设投资可不偿还。三级政府是跨区水利开发投资补偿的责任主体。

美国跨地区的水资源开发涉及联邦政府机构、州政府机构和地方机构的诸多受益方与受损方的利益，因此，1986年美国通过的水资源开发法要求跨地区的大型水利工程项目实施联邦政府、地方机构、州、市投资费用分摊，以体现谁投资、谁受益，谁收费、谁补偿的经济原则。根据水利工程性质的不同，三级政府的投资分摊体现为4种情况：一是联邦防洪公益项目的投资分摊。以联邦政府投资为主，但要求地方分摊投资25%～50%。二是联邦水资源经营性工程的投资分摊。以联邦投资并负责移民补偿为主，地方工程则由地方负责投资补偿，同时企业集团也参与投资补偿。三是联邦水土保持公益项目。移民以联邦政府投资补偿为主，余下的要求地方投资补偿25%～50%。四是地方水利工程半经营项目。中央政府与地方政府共同承担投资，向受益者收水电费偿还投资补偿费。[①]

从以上关于世界银行、埃及和美国对于水利工程利益补偿与收益分享制度的介绍可以看出，该三种模式都充分考虑到工程建设地的实际情况，切实照顾到当地居民的利益，特别重视当地生态和经济的可持续发展。

无独有偶，澳大利亚皮尔巴拉地区经验的借鉴与此类似。自20世纪60年代以来，哈默斯利钢铁控股有限公司一直从事自然资源丰富的皮尔巴拉地区铁矿石的出口。虽然土著人口仍然聚居于依靠福利的地区，但公司对熟练劳动力的需求导致非土著人大量涌入土著地区。土著群体开始反对开新矿，要求就公司在传统土地上展开的活动举行讨论。1992年，哈默斯利钢铁控股有限公司设立了土著人培训和联络机构，目的是提供就业培训，扩大该地区的企业发展并改善基础设施和生活条件，同时保存土著遗产和文化。截至1997年，古玛拉土著公司与哈默斯利钢铁控股有限公司签署了开发新矿的合资企业协议。土著男子将接受培训，学习操作机器，而且服务可以承包给当地社区。为达到这些目的，哈默斯利钢铁控股有限公司出资金额超过6000万澳元。[②]

美国雷道矿场的经验也说明了这个道理。20世纪70年代，阿拉斯加西北部的因纽特人成功地阻止了柯明柯股份有限公司在雷道矿场开采锌铅矿的意向。经过几年的谈判后，阿拉斯加西北土著协会同柯明柯股份有限公司于1982年签署了一份准许继续开采的协议。柯明柯股份有限公司同意：采用矿区使用费形式为因纽特人支付补偿金；让阿拉斯加西北土著协会的代表加入咨询

① 王元京：《水利工程的利益补偿与收益分享问题探讨》，载《发中国水利》2003年第6期。

② 联合国开发计划署：《2004年人类发展报告——当今多样化世界中的文化自由》，中国财政经济出版社2004年版，第27页。

委员会；雇用土著人以保护环境。在税收方面，雷道将在 24 年内向西北极地地区支付 7000 万美元。截至 1998 年，柯明柯股份有限公司已在技术培训方面投资 880 万美元，几乎全部用于受雇于本项目的阿拉斯加西北土著协会股东。阿拉斯加西北土著协会也对生计活动的影响和减少排放物流入溪流的强制性措施进行监测。柯明柯股份有限公司维持灵活的工作时间表，这使因纽特人能够继续保持他们的传统生活方式。①

以上几个例子说明，发达国家政府采取有力措施保障《宪法》规定的土著人拥有的权利得到实施、开发项目必须吸收土著人参与决策等方面的权利得以实现。其核心，是规定当地土著人的传统生活方式必须以恰当的方式加以保留，并在自然资源开发中应该获得相应的利益份额。

四、对民族自治地方进行利益补偿的具体措施

（一）目前学者提出的方案

1. 引入股份制

这是广西社会科学院的李甫春教授提出的方案：

> 马克思在《资本论》第三卷中提出的计算地价的公式是：地价 = 地租额 ÷ 利息率。地租是由绝对地租、级差地租和垄断地租构成的。绝对地租是租用土地必须做出的支付，包括已开垦的土地和作为自然资源的土地。级差地租包括由于土地肥沃或水能丰富或矿藏富饶或风景奇特，租用后形成的级差地租Ⅰ，和土地、水能、矿山、旅游景观等经追加投资开发形成的级差地租Ⅱ。垄断地租是由于开采稀有昂贵金属获得高额利润形成的地

① 联合国开发计划署：《2004 年人类发展报告——当今多样化世界中的文化自由》，中国财政经济出版社 2004 年版，第 94 页。

租，龙滩水电开发（资源开发）也应属此类。举例来说，比如有一片稻田，包括绝对地租、级差地租Ⅰ和级差地租Ⅱ在内的每年每亩地租额是200元。现在把收取地租改变为出卖这片稻田，让渡土地所有权，那么，每亩所获得的地价数额如果存入银行，每年所获得的利息必须同每年出租稻田得到的每亩租额相当，即200元。假设银行存款利率为5‰，每年要取得200元的利息，就需要把200元÷5‰=40000元这样一笔款存入银行。那么，这片稻田每亩的地价就应是40000元。这样来计算地价，才使土地价格体现土地价值，符合市场经济等价交换的原则，符合价值规律，因而才是科学的计算方法。现行按淹没前三年平均每亩年产值水田9倍、旱地8倍给予补偿的政策，比计划经济年代的补偿数额已有很大提高，但仍然是一种带有随意性的行政手段。给3倍的补偿遗留问题太多，移民意见太大，就提高到5倍；5倍还是解决不了移民的生计，库区普遍贫困，只好又提高到8倍、9倍，随意性很大，不是科学的补偿标准。

然后改革土地征用办法，不再由业主赔偿地价，而是引入股份制的做法，把地价作为土地所有者和使用者的股份，属于集体土地的，作为当地农民集体经济组织的股份（即库区农民股）；属于国有土地的，则作为当地政府的股份（即地方国有股），参股开发水电资源，同国家电力公司、地方电力公司和其他地方国有开发公司等业主合股建设水电站，并向社会发行股票集资，创建一种以国有股和集体股为主的股份制企业。为了有别于一般的股份制，可以把这种水电资源开发模式称之为联合股份制。库区淹没造成的移民安置费用从水电开发总投资中支付。由于大中型电站建设周期长，需要由开发银行发放政策性低息贷款，扶持那些耕地已用于建设电站的农民开拓新的就业门路。①

2. 征收生态环境补偿费

各种经济主体对自然资源的开发行为，虽然是一种合法行为，但其行为本身即对生态环境造成了一定的破坏，因而需要对其征收生态环境补偿费。由于事实上我国的多数可开发的自然资源都在西部民族自治地方，所以通过对资源开发企业征收生态环境补偿费来促进民族自治地方对环境的保护是符合法理的。

一个收费体系要想有效达到目标，费率必须以适当的经济状况为基础，在制约生态环境破坏者和合理考虑企业的生产成本之间达到一个平衡。在国外，征收生态环境补偿费考虑的一个重要因素是控制生态环境破坏所需的费用，因为我们对民族自治地方进行补偿的目的使生态环境可持续发展。

根据国内外的经验，建议生态环境补偿费征收标准范围如下（具体标准应由国家环保总局制定，各民族自治地方根据当地的实际情况具体选用，但不得超出范围）。在开发自然资源的情况下，对产品进行征费的费率建议如下：（1）原油、天然气、煤炭（销售额的1%～2%）；（2）其他非金属矿原矿（销售额的2%～3%）；（3）黑色金属矿原矿（销售额的2%～3%）；（4）有色金属矿原矿（销售额的2%～3%）；（5）其他有色金属矿原矿（销售额的2%～3%）；（6）盐，指海盐原盐、湖盐原盐和井矿盐（销售额的1%～2%）；（7）木材等资源的开发（销售额的2%～

① 李甫春：《西部地区自然资源开发模式探讨》，载《民族研究》2005年第5期，第29页。

3%)；(8) 中药材（销售额的2% ~3%）。[①]

从实践来看，目前我国已采用的补偿形式有政策倾斜和差别待遇；财政转移支付；现金或实物的直接补偿；补贴；减免税收；有偿转让；人力培训和技术援助等。

（二）对上述两种方案的评价

上述两种方案都具有积极意义，具有一定的优势。李甫春教授在经过详细的实地调查之后结合广西、贵州等地的实际情况提出了股份制让移民入股的现代补偿方式，并对补偿的标准进行了深入的研究，根据马克思主义政治经济学的原理提出了科学的补偿方案，实属该领域研究的前沿学说。王学军等人结合成本——收益方法提出生态环境补偿费应重点考虑控制生态环境破坏所需的费用，并针对不同的自然资源提出了相应的补偿费率。两种方案都非常具有可操作性。

我们认为，在民族自治地方进行利益补偿时应根据个案的具体情况，综合考虑以上两种方案的优势，在与当地受影响群体进行充分协商的基础上，进行恰当的制度设计。原因有以下几个方面：(1) 我们必须尊重民族自治地方对本地区发展方式的选择权和参与权。少数人有权有效地参与文化、宗教、社会、经济事务及公共生活。在不与国家法律相违背的情况下，少数人有权有效参与全国及地区内有关其本身及居住地的决策。[②] 该宣言是国际社会的共识，也代表了少数人权利保护的发展趋势，我国政府非常重视该宣言。毫无疑问，我国的少数民族也不例外，也应享有对自身事务，尤其是本地区发展方式的选择权和参与权。因而，我们只能建议一些可供选择的补偿方案，具体措施应由民族自治

① 王学军等：《生态环境补偿费征收的若干问题及实施效果预测研究》，载《自然资源学报》1996 年第 1 期。

② 《在种族或民族、宗教和语言上属于少数群体的人的权利宣言》第 2 条。

地方自己做出决定。(2) 考虑到我国的实际情况，民族自治地方的多数群众文化水平比较低，如果全面地采用股份制，使各种生产要素融为一体，共担风险，共享利益，可能他们很难真正地行使他们的股东权。现代社会的股份公司的运作是有相当的风险的，由于自身文化素质的限制，股份制的补偿方式不一定适合民族自治地方的情况。(3) 为了提高民族自治地方居民参与资源开发项目的能力，可以实施项目专业技术知识教育，特别是一些大型的、周期较长的建设项目，在立项之初便可以考虑招收民族自治地方的有一定知识和技能的人员进行专业技术教育与培训，然后应用于项目建设及以后的管理过程，使民族自治地方居民能够广泛深入地参与到项目建设中。这也是获得利益补偿权的一种可行的实现方式。

此外，我们还应该设立补偿基金。设立生态环境利益补偿基金项目，按照前述的生态利益补偿范围分为不同的项目：野生动物保护，草地、湿地保护，土地保护（包括防沙治沙），有机农业资助，发展权补偿，等等。补偿资金的来源主要包括，生态环境利益补偿资金首先来源于环境税，国家应对一切与生态环境有关的开发与利用行为征收环境税，如与野生动物有关的经济贸易、矿产资源的开发和利用，森林的开发和利用等。该项税收应为中央地方共享税收，地方可以按比例留存，作为地方补偿资金和流域补偿资金的重要来源，中央所得的部分应全部投入到民族自治地方，以补偿其在生态环境保护方面的投入。其次是依生态环境法实施的罚款、没收所得。再次是财政拨款，中央和地方各级政府每年从财政预算中拨付出部分资金用于生态补偿。复次是国际组织、社会各界为生态环保的捐助资金，该资金可以作为特定地区或特定项目的补偿，也可依捐助者的意志用在特定的用途或项目上，也可以纳入中央、地方政府补偿项目中统一运作。最后是设立环保彩票，建立环保基金，由统一的基金组织管理。

五、民族自治地方获得利益补偿的权利的完善

基于以上对民族自治地方获得利益补偿的权利的分析，本人认为，该项权利的具体完善途径应包含如下几个方面。

（一）扩大利益补偿制度的适用范围

前述几项法律中规定的对民族自治地方进行利益补偿的范围过于狭窄了，不利于调动民族自治地方的生态环境保护的积极性。因为民族自治地方的各种经济主体生活在我国重要的大江、大河的源头，与其息息相伴，他们与当地的生态之间存在着事实上的“习惯法权”[①]。因而对西部地区的生态环境进行保护，应依靠民族自治地方的力量，主要是各种经济主体。而在一国之内，各种经济主体在自然资源权属及开发中所形成的利益分享中的次序是不同的，在这种次序关系中民族自治地方的居民应优先受惠。优先受惠的依据和基础是民族自治地方居民与所在地资源的自然关系并衍生的习惯法权。国家在对民族自治地方开发资源，从国家生态环境整体利益出发提出的资源保护以及从民族自治地方输出资源，都将直接影响到民族自治地方居民对其所在地资源的利益实现的可能性。国家的利益补偿制度反映的是当地居民对自然资源存在的优先受惠权要求，是对优先受惠权实施不充分的补偿。

基于以上认识，建立完善合理的利益补偿制度乃当务之急。我们认为首要的是要完善利益补偿制度的适用范围，具体立法建议如下。

---

① 又称习惯权利，指的是那些经过长期的、广泛的社会实践所形成的、并得到社会公认与普遍遵守的习惯规则所确认的社会自发性的权利。其显著特征在于它的历时性、民众广泛参与的普遍性、自发性与社会认同性。习惯权利的正当性即源于社会主体的普遍承认并长期信守。民族自治地方的居民与当地生态环境和部分资源之间事实上的占有与使用即属于习惯法权。

1. 增加规定民族自治地方对资源保护做出贡献的，国家也要给予一定的补偿。以野生动物为例，对野生动物的保护包括对野生动物自身的保护和野生动物栖息地的保护，民族自治地方对野生动物保护做出贡献的，比如，青海的民族自治地方为藏羚羊的保护付出了巨大的牺牲做出了突出贡献，国家对此也要给予一定的补偿。同时，这项以“开发者付费，受益者补偿，破坏者赔偿”为原则的制度也应适用于少数民族为野生植物保护、文物保护、历史遗迹保护等自然资源和文化资源保护方面做出贡献的情形。只有这样，才能调动少数民族进行环境及资源保护的自觉性，在生物科技时代到来的时候，使少数民族地区的资源优势转化为生物科技优势、产业优势，也只有这样，少数民族地区的跨越式发展才能变为现实，才能极大地推动少数民族的经济权利的实现，从而进一步推动少数民族发展权以及其他各项人权的实现。

2. 《民族区域自治法》关于利益补偿的相关规定的具体内涵应进一步明确，主要应包含如下几个方面。

（1）水资源保护。上游地区水资源保护的投入和损失与下游地区的无偿收益存在矛盾，因而上游地区有权要求为其对水资源保护的投入进行利益补偿。我国重要的大江、大河的上游都是民族自治地方，因而这些方面的立法应充分考虑到民族自治地方的实际需要。

（2）土地保护。保护土地，防止土壤流失，土地沙化，改变土地墒情是当前生态环境保护的突出问题，尤其在我国西部民族自治地方。为了达到这一目标，民族自治地方必然要放弃一些现实的既得利益，对他们的利益进行补偿是必需的。这也包括传统农业向有机农业的转变。以生态环境保护为目的，放弃使用有毒的残留剎虫剂或无机化学肥料，而改用有机农业生产，应对该主体提供技术支持，分担其成本投入和补偿其市场损失。

（3）草地、灌木林、河滩或重要湿地的保护行为。这项措施主要包括：①为保护环境脆弱的草场而禁牧或限牧措施；②防治牧草的病虫害的投入；③建立的重要湿地若属于集体土地应予以补偿；④因保护湿地而使周边政府、单位、居民承担的与湿地保护相应的特别义务（作为义务或不作为义务），从而承担的额外成本或发展权的丧失，或收入的减少；⑤因保护湿地不得利用湿地水源等，从而丧失灌溉水源或饮用水源等。[①]

3. 因生态环境保护而导致发展权的丧失。发展权是一项不可剥夺的人权，由于这种权利，每个人和所有各国人民均有权参与、促进并享受经济、社会、文化和政治发展，在这种发展中，所有人权和基本自由都能获得充分实现。[②] 如果民族自治地方因生态环境保护而使其发展权受到损害，那么民族自治地方有权要求获得利益补偿。与土地保护对民族自治地方的影响相反，这是对民族自治地方可得利益的损害。

在美国，政府每年花巨额资金补偿那些城乡结合部面临强大发展压力的土地因放弃商业化应用而丧失的利益，目的是使它们保持原有的环境状况。这是对不动产利益减损而进行的补偿。在我国土地同样存在着集体土地和个人土地使用权问题。因生态问题而使土地增值受到限制的应予以补偿。比如，为确保“西气东输”工程地下输气管道的安全，在这些输气管道经过的地方，限制农民所耕种的植物的种类，因而使农民的利益受损，因缺少相关规定农民的利益损失无法得到补偿，对于农民利益的损失，“西气东输”工程的运营公司应给予补偿。

4. 规定企业的社会责任条款，即民族自治地方的企业在经济

① 曹树青：《生态环境保护利益补偿机制法律研究》，载《河北法学》2004 年第 8 期。

② 《发展权宣言》第 1 条。

开发过程中，对生态环境的损失所给予的经济上的补偿。目前，西方发达国家越来越重视企业的社会责任，环境保护是其主要内涵之一。企业承诺通过环境保护等“额外义务”，致力于提高员工及其家庭、当地社区以及整个社会的生活质量来支持可持续发展。具体来讲，就是通过努力，在公众中确立一种积极的声誉，在有益于企业的长远发展的同时创造出一种竞争优势。这种价值理念也应体现在我国的民族自治地方的企业立法上。这种补偿应当带有普遍性，只要其开发行为对生态环境造成负面影响，即予补偿，这种补偿一般以税、费的形式体现，不同于一般意义上的环境污染损害赔偿。

（二）利益补偿制度的实施机制

民族自治地方获得利益补偿权利的实现方式就具体体现在生态补偿机制上。

我国目前的补偿措施主要集中在资源开发和生态保护方面，主要在《森林法实施条例》和国办发［1986］56号文件等相关法规和文件中有一些规定，[①] 还需进一步完善，主要体现在如下几个方面。

1. 设立补偿基金

（1）设立生态环境利益补偿基金项目，按照前述的生态利益补偿范围分为不同的项目：野生动植物保护，草地、湿地保护，土地保护（包括防沙治沙），有机农业资助，发展权补偿，等等。

（2）补偿资金的来源：生态环境利益补偿资金首先来源于环境税，国家应对一切与生态环境有关的开发与利用行为征收环境税，如与野生动物有关的经济贸易、矿产资源的开发和利用，森林的开发和利用等；其次是依《环境保护法》实施的罚款、没收所得；再次是财政拨款，中央和地方各级政府每年从财政预算中

---

① 2004年中国环境状况公报。

拨付出部分资金用于生态补偿；最后是社会资金，即非政府组织、社会各界为生态环保的捐助资金，其中可以包括设立环保彩票的收益，该资金的使用可以视具体情况的不同予以区别对待。

2. 开征环境税

西部民族自治地方的环境问题日益突出，主要表现在：一是经济结构粗放。二是过度采伐、放牧，破坏了植被资源，造成生态恶化，自然灾害频繁发生。三是水土流失问题严重。[①] 四是荒漠化严重。中国已经成为荒漠化危害最为严重的国家之一。我国荒漠化土地面积已达 262 万平方公里，占国土面积的 27%，并且每年还以 2460 平方公里的速度扩展。[②] 五是水资源紧缺。

环境税，也称生态税、绿色税，通常的做法是将在特定环境问题中使用的税收定义为环境税。各国环境税收制度的基本内容通常都由两部分构成：一是以保护环境为目的，针对污染、破坏环境行为而课征专门税种；二是在其他一般性税种中为保护环境而采取的各种税收调节措施，包括为激励纳税人治理污染、保护环境所采取的各种税收优惠措施和对污染、破坏环境的行为所采取的某些加重其税收负担的措施。[③]

我国环境税也应包含前述内容，具体要素主要有：环境税的纳税人；征收对象（是开发利用自然资源的行为还是有污染的产品）；在全国范围内制定统一的环境税标准，并且要高于治理污染的费用；减、免税的条件；环境税的用途主要应用于全国范围内尤其是西部民族自治地方自然资源开发的补偿与环境污染的治理；等等。

---

① 全国生态环境建设规划（1999 年 1 月国务院常务会议讨论通过）。

② 葛忠兴：《中国少数民族地区发展报告 2004》，民族出版社 2005 年版，第 64－66 页。

③ 杨杨、杜剑：《对环境税的经济学分析》，载《兰州商学院学报》2004 年第 5 期。

（三）利益补偿制度的配套机制

我国《民族区域自治法》第 23 条规定，民族自治地方的企业、事业单位依照国家规定招收人员时，优先招收少数民族人员，并且可以从农村和牧区少数民族人口中招收。第 22 条规定，民族自治地方的自治机关根据社会主义建设的需要，采取各种措施从当地民族中大量培养各级干部、各种科学技术、经营管理等专业人才和技术工人，充分发挥他们的作用，并且注意在少数民族妇女中培养各级干部和各种专业技术人才。这些规定是针对民族自治地方的企业、事业单位和自治机关的，但是，为了保证整个开发项目的顺利进行，在越来越提倡企业的社会责任的今天，对在民族自治地方从事开发活动的企业同样具有借鉴意义，应该承担起相关的责任。

第五节　补偿制度的理论基础

一、财产权劳动说的视角

财产权劳动说来源于洛克，是财产权理论最基本的也是影响最大的学说。该学说认为："土地和一切低等动物为人类所共有，但是每个人对他自己的人身享有一种所有权，除他之外任何人都没有这种权利。他的身体所从事的劳动和他的双手所进行的工作，我们可以说是正当地属于他的。所以只要他使任何东西脱离自然所提供的和那个东西所处的状态，他就已经渗透进他的劳动，在这上面参与他自己的某些东西，因而使它成为他的财产。既然是由他来脱离自然所安排给他的一般状态，那么在这上面就他的劳动加上一些东西，从而排斥了其他人的共同权利。因为既然劳动是劳动者无可争辩的所有物，那么对这一有所增益的东西，除了他之外就没有人能够享有权利，至少在还留有足够的、同样好的东西给其他人所共有的情况下，事情就是如此。”[①] 洛克认为，人的劳动，非自然存在，是一切价值的源泉。洛克的财产权劳动说是解释知识产权制度的法律基础。学者将劳动财产权理论运用到无形财产理论，就使得知识产权制度的合理性得到了合理的证实。从 1769 年英国发生的“米勒诉泰勒”[②] 案开始，法官就开始运用财产权劳动说理论来论证版权法所确定权利期限的限制。有学者指出、关于知识产权法的起源，财产与知识产权的哲学基础是建立在劳动基础上的，或者更准确说，是建立在对物的创造的基础上，某人创造了一个新的物，他对于该物就享有权利。[③]

洛克的财产权理论在一定程度上能够解释土著与当地社区对遗传资源享有的财产权。首先，每个人对自己的人身拥有所有权，人身就包括人的思想和智慧，土著人对遗传资源的保护，对种质资源的改良，对各种动植物的特殊医药知识都是其思想和智慧的结晶。其次，“劳动赋予了拥有财产的最初资格”，并且是“几乎所有价值的源泉”，土著人的传统技术知识作为一种劳动形态，理应成为其对于遗传资源的惠益分享，享有财产权的依据。再次，劳动取得财产权应当满足给他人留下“足够而良好”的先决条件，而遗传资源惠益分享制度的涉及就满足了这样一先决条件。世界生物多样性的发展离不开物种保有和物种交流，这在粮农植物资源领域体现的更为突出，正是由于这种交流的存在，才

① （英）洛克：《政府论》（下篇），叶启芳、翟菊农译，商务印书馆 1964 年版，第 53 页

② 该案的情况是被告泰勒复制原告米勒的诗歌以超出《安娜法》的保护期，原告希望法官能够依据普通法确定其享有的版权不受成文法的期限的限制而继续存在。

③ 张耕：《 民间文学艺术知识产权保护的正当性》，法律出版社 2007 年版，第 55 页。

对全球饥饿问题起到了缓解的作用。例如世界各地的马铃薯的健康遗传基因应归因于克丘亚印第安人，正是他们在南美洲安第斯山高原地区培育出了50多种不同的品系。如果这些土著人都改种现代作物，那么，全世界马铃薯种植业就会失去抵抗病虫害威胁的关键性防线。[①] 只不过这种无偿的交换遇到了知识产权制度构筑的壁垒，造成遗传资源输出国的人民不得不花数倍的价钱去购买他们提供的用遗传资源或是传统知识而研发的受知识产权制度保护的种子，药品等产品。遗传资源的获取与惠益分享制度就是要在纠正这一不合理现象的基础上继续鼓励便利获取。最后，取得财产权不以浪费为限，而在土著社区里天然存在着朴素的财产观念。在他们那里，私有的观念较为淡薄，正如戴斯教授(E. A. Daes)所言："土著居民根本不将他们的遗产视为财产，而视为社区和个人的责任。对于土著居民而言，遗产是一大堆关系，而不是一大堆经济上的权利。"[②]

依据洛克的财产权劳动说，在遗传资源这一物上可以存在两种财产权利，一种是土著与传统社区对于遗传资源的保护、培育、选育等劳动而产生的财产权；另一种是利用遗传资源这个创新之源而创造出新的物的知识产权。这两个权利的法律基础都可以用洛克的财产权劳动说解释，并且两者的权利客体，遗传资源及其传统知识以及专利、商标、版权等都主要是无形财产，这就使得两者之间有着可以互相借鉴的地方。随着知识产权制度的扩张，许多以前不为知识产权法所调整的客体也纳入知识产权保护的范围。从20世纪60年代开始，发达国家的知识产权制度（主

---

① （美）尤金·林登：《土著部落文化价值及其面临的危机》，陈景源、雅令文译，载何群：《土著民族与小民族生存发展问题研究》，中央民族大学出版社2006年版，第243－244页。

② 朱贞艳：《少数民族传统知识的法律保护》，中央民族大学2009年硕士学位论文，第31页。

要是专利制度）逐步为一系列生命科学产业研发的成果提供知识产权的保护，动植物、微生物都被纳入了知识产权的保护范围。1969 年，德国联邦最高法院接受了动物育种方法具有可专利的原则。1980 年，美国通过“查克拉巴蒂”案，对微生物授予专利。1987 年，美国专利商标局确认了植物、种子以及植物组织培养的可专利性。1998 年欧盟通过了《生物技术发明法律保护指令》，指出可用专利进行保护的生物技术发明包括，从自然环境分离或借助技术方法生产的生物资料（即使它先前在自然中存在）、植物和动物（如果该发明的技术可行性没有限定于某一特定的植物或动物的品种）、微生物或其他技术性的方法（或者由该方法获得的且不是植物或动物品种的产品）。在生命科学产业的另一重大研究领域——植物新品种方面，采用特殊的知识产权保护的制度也得以确立，植物育种者权或者植物品种保护制度已经在发达国家获得确立。[①] 知识产权法中的地理标志保护制度设计与遗传资源及其传统知识存在许多可以借鉴的地方，我国学者严永和就认为用地理标志保护传统知识的做法是完全可行的。[②]

在看到这两种财产权的共通之处，也要注意到二者存在着极大的差别，毕竟一个是创新之源，一个是创新之流。简单地套用知识产权理论和制度是行不通的。所以在《生物多样性公约》、《波恩准则》等相关的国际法律文件中都只是将知识产权制度作为一种惠益分享的安排方式而非保护方式来规定的。《波恩准则》在第四部分“获取和惠益分享中的步骤”的“共通商定条件中”，列出了对知识产权的使用做出的规定，包括进行联合研究、有义

① 张小勇：《遗传资源的获取和惠益分享与知识产权》，知识产权出版社 2007 年版，第 234－238 页。

② 具体内容参见严永和：《论传统知识的地理标志保护》，载《科技与法律》2005 年第 2 期。

务实施对所获得的发明享有的任何权利，或提供共同同意的利用许可，根据贡献的程度共通拥有知识产权的可能性。并在其两个附件部分都对获取与惠益分享的知识产权制度进行了安排。可见，从国际层面来看，知识产权制度在遗传资源的获取与获益分享中发挥着重要的作用，可以是共同商定条件的组成部分，也可是材料转让协定和惠益类型的重要组成部分，但知识产权不能代替遗传资源的获取与惠益分享。

二、功利主义的视角

功利主义法学是由边沁完善而成的，他认为："根据任何一种行为本身是能够增加还是减少与其利益相关的当事人的幸福这样一种趋向，来决定赞成还是反对这种行为。"① 如果该当事人是一个特定的人，那么功利主义就是用来增进他的幸福的；如果该当事人是一个社会，那么功利主义就是关注该社会的幸福。"国家的法律和制度的好坏标准只有一个，那就是看能否能够增进大多数人最大量的快乐。"②

将功力主义运用到知识产权领域产生了"激励说"。作为"激励说"的发展代表，经济分析法学认为："知识产权具有公共产品的特征，极其容易被复制并能被多数人同时使用。这使得知识产品的创造者可能无法收回其成本，只有通过赋予创造者在一定时期内生产其创造物的排他权利，才能避免经济上无效率的结果。"③ 这种以成本和效益的衡量来决定社会利益最大化的标准受到了广泛的批评。罗尔斯认为"实用主义并非个人的东西……功

① 吕世伦：《西方法律思潮源流论》，中国人民公安大学出版社1993年版，第76页。

② 吕世伦：《西方法律思潮源流论》，中国人民公安大学出版社1993年版，第76页。

③ William lands and Richad posner，An Economic Analysis of Copyright Law，Journal of Legal studies，18（1989）.

利主义通过合并所有的愿望体系，将应用于社会的选择同样地运用于个人”。[①] 因此，如果一项政策是针对部分社会成员的，功力主义就会陷入窘境。美国知识产权学者黑汀格在评论知识产权的功力主义学说时指出其自相矛盾之处：产品和方法的传播或者人们对其接近被知识产权制度严格限制，为的是生产、供应及新的知识产品的使用能够确保将来的利益。这种预期的结果是阻碍了新产品和方法的应用进程，从而妨碍了技术进步。[②] 可见，功力主义无法解决知识产品私人财产权的垄断性占有与思想和创造性活动的自由传播之间的平衡。注意到知识产权制度自身的矛盾。知识产权设置了保护期标准，用以防止垄断价格的自负损失的激励利益因此导致的限制传播。知识产权制度的固有缺陷对于社会给予每一个发明适当的奖励的观点提出了质疑，对将创新等同于知识产权的观点构成了有力冲击。

发展中国家曾用功利主义解释保护遗传资源的必要性，一种观点从促进创新的角度出发，认为传统文化是特定社区、民族、国家群众集体创造的结晶。这种集体创造机制，对于全球人类文化进步有着至关重要的作用。为保证这种集体创造机制能够有效地延续下去，有必要对这些集体创造的文化成果设置知识产权控制权。另一种观点从保护多样性的角度出发，认为全球化进程使得传统文化和生物遗传资源迅速灭失，如果不采取措施加以保护，将导致不可逆转的文化和生态灾难。因此，应该改变知识产权的现有规则，对传统文化和生物资源提供特殊保护，以维持文化和生物多样性。[③]

---

① John Rawls, A Theory of Justices, at 23 - 24, 1971.

② See Edwin Hettinger, Justifying Intellectual Property, 18Phil. &Pub. Aff. 287, 1989.

③ 崔国斌：《文化与生物多样性保护与知识产权》，北京大学 2002 年博士学位论文，第 25 页。

笔者认为无论是出于促进创新还是出于保护多样性，都不能确定促进创新或是保护多样性就是能够“增进多数人最大量的快乐”。促进创新角度倾向于采用激励说的思想，但是这种激励思想从一开始就陷入了与事实的矛盾之中。因为赋予土著与地方社区获取与惠益分享的相关权利的初衷更大程度上是一种补偿而非激励，是一种对历史欠账进行的还债的行为，其感性成分多于理性成分。而保护多样性角度的经济理性成分就更弱了，保护多样性本身就不是功利性的，而是公益性的。将功利主义运用于土著与地方社区对遗传资源及其传统知识的获取与惠益分享，就要看这样的行为是否能够“增进多数人最大量的快乐”。但是用“增进多数人最大量的快乐”解释土著与地方社区对遗传资源及其传统知识的获取与惠益分享一开始就遇到了麻烦，因为一国的土著人往往是少数人，他们不仅在人数上处于少数，而且在经济发展水平上处于相对落后的地位。用功利主义的观点来看待问题，土著与地方社区完全处于被忽略的一方。而且什么是“最大量的快乐”并无法确定，是否给予土著与地方社区更多的金钱或者更大的发展机会使其加快发展就能带给他们更多的快乐？这个问题显然不是那么简单的，土著与地方社区的居民在传统的意识里都在抵制对其传统资源的商业化，他们认为这种方式使得他们加速丧失对于他们所有的传统资源的控制并在加速开发他们的知识，而商业化带给他们的恰恰是生存在传统生活和现代方式夹缝中的尴尬。

三、文化民族主义的视角

文化民族主义作为应对全球化带来的身份（Identity）丧失危机而产生。文化民族主义认为身份是共性和差异性结合的产物，只有通过共同的习惯、经验，才能识别出某一群体的身份，但是如果没有差异，也就无所谓身份。全球化使得绝大多数传统社区、民族、国家都感到了逐步丧失文化个性的危险。

在西方，近代意义上的文化民族主义最早兴起于德意志，为抗拒法国文化的冲击而产生，与政治独立密切相关。在东方，随着“二战”结束，殖民地国家民族独立，文化民族主义又一次兴起。由于文化民族主义在其一产生就与民族自决、政治独立等政治诉求相伴生，所以我国学者对待文化民族主义多持否定的态度。但还是有一些学者注意到了文化民族主义的积极意义，学者钱雪梅就认为：“文化民族主义的核心思想是：各民族文化相互尊重，多元民族文化和平共生，它是自由的、平等的、开放的及和平的。”[①] 笔者赞同这种从积极意义上理解文化民族主义的观点。可以看到，随着全球化的发展，文化民族主义的政治色彩逐渐淡化，而民族色彩变得显著起来。文化民族主义首先在国际法层面成为各国追讨流失文物的理论基础，并成功地促成了世界范围内众多相关文物返还公约的成功缔结。此后，文化民族主义向国内法渗透，成为一国内部的民族部落、宗教族群为保护本部落、族群文化遗产的诉求。比如美国的印第安人对有形的传统文化财产的返还要求使得联邦立法通过 NAGPRA（native American graves protection and repatriation act of 1990）。NAGPRA 的通过又唤起人们对印第安社区无形文化财产的关注，使得美国印第安人文化遗产返还法案通过。近年来，在非物质文化遗产的保护方面，文化民族主义的思想也得到了一些学者的认同。所以，笔者认为，文化民族主义的政治性淡化，而民族性、文化性增强是一种发展的趋势。

在积极意义上理解文化民族主义就可以为专门权模式提供合理的解释。首先，专门权是保护多样性的产物，既保护生物多样性，也保护文化多样性，这与文化民族主义坚持的文化多元共存

① 钱雪梅：《文化民族主义刍论》，载《世界民族》2000 年第 4 期。

的理念是相通的。少数民族的许多传统知识都是其环境适应性的产物，其特有文化的传承与其特有的环境，特有的生物多样性有着密切的联系。保护少数民族的文化，应坚持一种整体保护的理念，保护文化产生和存续的环境才能有助于文化的传承。其次，专门权保护的初衷是为了补偿土著与地方社区世世代代对遗传资源的保存，对与遗传资源相关的传统知识的传承和发展而做出的贡献，这与文化民族主义发展的趋势相同。文化民族主义在国际法律层面促成的文物返还，在国内法律层面促成的少数人文化遗产的返还也是一种补偿的形式，是对一种历史欠账的返还，在这个意义上，用文化民族主义解释专门权是可以行得通的。再次，文化民族主义已成为抵制全球化给传统文化带来冲击的重要力量。用社会学的观点来看，传统社会与现代社会是两种不同的社会形态，现代社会对传统社会的渗透和破坏无处不在。在这种现代社会影响无处不在的环境下，一个民族很容易丧失本民族的文化，这种文化一旦丧失，那么这个民族就不复存在。在现代化迅速发展的今天，我们首要做的是抢救这些面临着消失的文化，避免更多的民族文化因现代化的冲击而消失。而这种抢救不只是记录在册，展览在博物馆，而是要走得更远，要使这些文化在它的环境中鲜活生存。对于遗传资源及其传统知识来说，建立专门权保护制度，给予民族地区权利和惠益，不失为一条保护传统文化的可行之路。

在全球化背景下，世界各国不同文化类型之间的相互交流、冲突、渗透及融合，构成了生机勃勃的国际文化发展图景，为中国发展面向现代化、面向世界、面向未来的，民族的科学的大众的社会主义文化提供了良好的条件。但是，在不同文化的交互作用过程中，也有个别奉行霸权主义和强权政治的西方国家为了达到经济和政治上的目的，不断推行“文化殖民”政策，形成了日益严重的“文化帝国主义”倾向。它们在世界其他国家和地区传播本国的文化价值观念和生活方式，以损害本土文化为手段，图谋在新的历史条件下以新的方式延续和强化帝国主义和霸权主义对全世界的控制。在全球化条件下，文化与经济日益一体化，文化的独立性日益遭到削弱，文化与经济被硬性地捆绑在一起，经济上的优势衍生出文化上的优势，经济上的强权衍生出文化上的强权。作为发展中国家的中国，由于在文化、意识形态、社会制度、国家利益等诸多方面与西方发达国家存在着较为明显的分歧，自然而然地成为某些霸权主义国家进行文化渗透和文化颠覆的主要目标之一。

国家安全是随着国家的产生而出现的一种社会现象，是关系一个国家生存与发展的根本问题，任何一个国家历来都高度重视。随着国际交往关系的愈益扩展，对一国安全的影响越来越大，国家安全问题由原来主要表现为国内事务而日趋国际化，变得更加紧要和复杂。国家安全的内涵也早已经突破了传统的国土安全的内涵，扩展到政治安全、经济安全、生物安全、金融安全等领域，文化安全也已成为国家安全的重要内涵之一。文化安全是整个国家安全体系的一个重要组成部分，对于确保国家政治安全、经济安全、军事安全有着重要意义。在当前全球化浪潮的背景下，发展中国家面对的文化安全问题必然更加突出，国家文化安全是指一个国家的文化价值体系，特别是主流文化价值体系，免遭来自外部或内部文化因素的侵蚀、破坏或颠覆，从而能够很好地保持自己的价值观、行为方式和社会制度，维护民族的自尊心和凝聚力，并利用必要的手段扩大本国文化影响。

众所周知，传统文化是中华文化不可分割的组成部分。从中华文化发展的历史来看，少数民族在推动中华文化发展的过程中做出了巨大的贡献。正如费孝通先生所言，中华民族在长期的历史发展过程中形成了多元一体格局①，可见，传统社区或少数民族的传统文化的保障是弘扬中华民族文化的题中应有之义。目前中国正处于从传统的农业社会向现代工业社会的转型时期，工程建设、旅游开发、环境污染等因素都使得中国传统社区或少数民族的文化权益面临严重挑战，传统文化正面临着大量流失的危险。因而，在中国的现代化进程中，在维护世界文化的多样性已经成为国际普遍关注的问题的背景下，加强对传统文化的保障就成为更加迫切的时代课题之一，也具有更加特别的重要意义。

在文化财产保护的历史进程中，存在着两种思路，即文化国际主义与文化民族主义。考虑文化财产——包括艺术的、考古的、人类的或历史利益的东西——的方式之一是文化国际主义，该思路把文化财产作为人类文化的共同部分，而不考虑它们的发源地在哪里，它们出现在什么地方，财产权利的独立性和国家的司法权。考虑文化财产的另一种方式是文化民族主义，该思路把文化财产作为一个民族文化遗产的一部分。这样就给民族一种特别利益，暗示出独立于其所在地及所有权的文化产品是本民族特征的一部分，国家通过法律控制其出口，要求已在国外的予以返还。② 随着人类对文化遗产保护实践的深入，国际社会逐渐认识到后一种思路是符合事实并得到绝大部分国家和组织认可的。

由于我国尚未将传统文化产权的立法事宜纳入全国人大的新的五年立法规划之中，近期在我国进行传统文化产权方面的立法的可能性不大。因而，在对文化资源进行开发时，当前可以通过补偿制度来保护传统文化所有者的利益，尊重传统社区或少数民

---

① 费孝通：《中华民族多元一体格局》，中央民族学院出版社 1989 年版，第 1－39 页。

② John Henry Merryman：Thinking about the Elgin Marbles：Critical Essays on Cultural Property Art and Law，Kluwer Law International Ltd 2000，pp. 66－67，转引自黄玉烨：《民间文学艺术的法律保护》，知识产权出版社 2008 年版，第 79 页。

族习惯上对于相关文化资源的占有与使用。这样，就可以有效地解决类似前述的传统文化开发过程中的文化风险。

四、文化公平理论

罗尔斯（J. Rawls）在1971年发表的、其被西方学者推崇为20世纪哲学、政治哲学、道德哲学和社会哲学的“最伟大的成就”的《正义论》（又译为《公正论》，*A Theory of Justice*）[①]中强调，他主张公平的正义（justice as fairness），不但从内容上讲是公平的，而且从形式上讲也是公平的，完美的程序正义是公平的划分标准和实现公平分配的程序。

一般认为，公平是指给予同样的人同等对待的平等状态。从平等的角度出发，根据平等的主体与平等的内容标准，它可以分为人类平等与人类的发展平等，前者又可以分为人格平等与能力平等，后者则可分为机会平等、条件平等和结果平等。法律公平本质上只能是一种形式公平，无论是人格平等还是法律程序的公正，都仅仅意味着无差别对待，它只是为各个社会关系主体的发展提供了公平条件以及进行社会财富的相对平衡。法律公平是人们的公平观念在法律上的具体反映，它受制于一定的社会经济基础和人们的伦理道德观念，取决于一定的社会物质生产条件，主要包括利益分配公平和法律地位平等。虽然法律公平能够减少和缓解自然不平等，但它不可能解决和消除人们的自然不平等。

人类平等的原则，并不是对于人与人之间任何事实性的平等的描述；相反，它是一项有关我们应该如何对待人类的规范。任何一个个体的价值，从宇宙的观点来看，都不高于另外一个个体的价值。法与正义具有不可分割的联系，正义是法学中的基本原则，也是法律永远追求的目标和秩序，有些学者把正义称之为法

① 罗尔斯：《正义论》，哈佛大学出版社1971年版，第3页。

的标志、本质或灵魂。“正义是人类灵魂中最纯朴之物，社会中最根本之物，观念中最神圣之物，民众中最热烈要求之物。它是宗教的实质，同时又是理性的形式，是信仰的神秘客体，又是知识的始端、中间和末端。人类不可能想象得到比正义更普遍、更强大和更完善的东西。”①

法律正义要求权利义务对等，从这一角度来看，实施生态保护措施，生态功能区所属的地区或部门履行了其所承担的保护生态环境、维持生态平衡的义务，但同时也被剥夺了其发展自身经济的权利。而生态保护的受益主体在享受高质量的生存环境的同时却没有承担其所应该承担的义务，违背了权利义务对等性的法学原理，不利于主体利益的协调与保护和生态环境的改善。因此，应建立生态环境补偿法律机制，赋予生态保护主体补偿权，从而平衡生态保护主体和生态受益主体的权利义务关系。②

按照微观经济学理论，社会产品可以分为公共产品和私人产品两大类。一般认为，公共产品的严格定义是保罗·萨缪尔森等给出的。按他的定义，纯粹的公共产品是指这样一种产品，即每个人消费这种产品不会导致别人对该产品消费的减少。与私人产品相比较，纯粹的公共产品具有两个基本特征：非竞争性和非排他性。如果一种资源的所有权没有排他功能，那么就会导致公共资源的过度使用，最终使全体成员的利益受损，即出现了“搭便车”现象。作为公共产品的生态产品，由于消费中的非竞争性往往导致“公地的悲剧”——过度使用，由于消费中的非排他性往往导致“搭便车”心理——供给不足。政府管制和政府买单是有

① ［比］佩雷尔曼：《正义、法律和辩论》，D. Reidel 出版公司 1980 年版，第 1 页，转引自翁文刚主编：《法理学论点要览》，法律出版社 2001 年版，第 175 页。

② 牟莹：《我国生态补偿制度的法制化思考》，载《中国石油大学胜利学院学报》2008 年第 2 期。

效解决公共产品的机制之一，但不是唯一的机制。如果通过制度创新让受益者付费，让公共产品的供给者得到合理经济回报，那么，生态保护者同样能够像生产私人物品一样得到有效激励。

在《世界银行2006年年度报告——发展与公平》中则把社会公平定义为两项原则：第一项是“机会公平”，即：一个人一生中的成就应主要取决于其本人的才能和努力，而且这种才能与努力是可控的，不是被种族、性别、社会及家庭背景，或出生国等他不可控的因素所限制；第二项原则是“避免剥夺享受成果的权利”，尤其是享受健康、教育、消费水平的权利。报告中提供了充足的证据表明公平性与追求长期繁荣是相辅相成的，提高公平性对于减少贫困具有双重的好处：既可以提高公平性有利于持续的全面发展，又同时为社会里的最贫困群体带来更多的机会。公平性不仅本身是目的，而且由于公平性往往刺激更多和更具成效的投资，从而导致更快的经济增长①。党的十八大报告中指出：公平正义是中国特色社会主义的内在要求。“文化是民族的血脉，是人民的精神家园。”要全面建成小康社会，必须提高国家文化软实力，实现从文化大国向文化强国的根本转变，而其中的关键在于能否实现文化公平。文化公平就是要逐步建立起以文化权利公平、文化机会公平、文化规则公平为主要内容的文化服务体系，真正实现人民群众平等参与文化建设，平等享受文化成果。文化规则公平是文化公平的必要保障。文化公平说到底是利益问题，它必须通过一定的规则或制度来实现，没有规则或制度作保证，文化公平必然停留于口头而无法全面实现。在中国的广大西部民族地区，同样存在着文化领域的公平问题，尤其是少数民族

① The Word Bank, 2005. 2006 world development report: Equity and Development. Washington: A copublication of The Word Bank and Oxford University Press. ISBN－10: 0－8213－6249－6; ISBN－13: 978－0－8213－6249－5。

传统文化开发时，商业企业利用了少数民族的传统文化，但是本地的传统社区及少数民族群众却没有从中获得应得的利益，这就涉及前述的“文化规则公平”，当前的绝大多数少数民族传统文化开发中的利益分配制度明显违反一般的公平原则，对当地社区和少数民族群众不利。

第三章　全球视野中的利益补偿制度对少数人文化权益的保护

少数人与土著人文化的保护一直是世界普遍关注的问题，少数人与土著人文化的核心同样是展现少数人与土著人生活的传统文化，特别是他们的非物质文化遗产，一直以来特别是最近20多年来，以联合国为核心的各种国际组织为保存和发展土著文化进行了积极的努力，其中的各种制度和措施对世界各国少数民族非物质文化遗产的保护都具有积极的借鉴意义，值得深入探究。

第一节　国际法律文件中的利益补偿制度

一、关于利益分享的相关域外立法

1709年，英国颁布的世界上第一部版权法（《安娜女王法》）是以“利益补偿论”作为其哲学基础的，该理论的含义是：创作作品的发起人、作品的创作者需要为作品的创作进行投资，要承担相应的经济风险，因此，应授予他们对其创作和经营的作品在一定期限内的独占权，使他们有机会收回其投资，并获得相应的利益回报。[①] 利益分享是利益补偿的一种形式，传统文化产权也同样如此，由于各种经济主体的商业性使用而使传统社区的传统

---

① 曹新明、梅术文：《民族民间传统文化保护的法哲学考察》，载《法制与社会发展》2005年第2期。

文化产权受到影响，因此，基于公平原则，应与传统社区进行利益分享。

如前所述，如果某个主体想对某一传统文化进行商业性使用，就必须在事先让传统社区知情并获得他们的同意的基础上，并与传统社区共同分享对传统文化的商业性开发所获得的利益。对传统文化产权的利益分享，由于《保护和促进文化表现形式多样性公约》中没有做出具体规定，这是有其时代背景的，联合国教科文组织为了促使该公约能够尽快通过，以发挥其在保护文化多样性方面的积极作用，就在发达国家与发展中国家之间进行了妥协，没有将利益分享制度规定在公约之中，待以后制定该公约的《议定书》时再做出明确的规定，因而我们可以参照《生物多样性公约》中关于利益分享的相关规定。

生物多样性包含遗传多样性、物种多样性和生态系统多样性三个层次，新的物种不断形成，旧的物种逐渐灭绝，这是自然生物界进化发展的规律。人类的生存与发展，以及过去、现在和将来都依赖于自然界中各种各样的生物资源。这些生物资源是生物多样性的物质体现，是人类赖以生存的物质基础，对传统文化的传承、繁荣、发展和创新意义重大。前述的《生物多样性公约》（即 CBD）第 15 条第 7 款要求各缔约方采取适当的立法、行政及政治措施，建立起合理、公正的机制，使那些提供基因资源的缔约方能够分享基因资源的研究与开发的成果以及基因资源的商业及其他利用所产生的利益。其中对生物资源提供国设置了很多保护性规定，例如，要求国外的研究机构在获取遗传资源的时候应当事先告知生物资源所属国，并取得其同意；同时生物资源提供国参与技术研究和开发以及利益分配等规定。这些规定对各国的专利法产生了重大影响，尤其是得到发展中国家大力支持。2002 年，CBD 又通过了《关于遗传资源的获取及公平和公正分享因利用该资源而产生的利益之波恩准则》，更进一步将事先知情同意及利益分享原则和与遗传资源相关之传统知识联结起来，赋予传统知识之使用者应获得该知识持有者之事先知情同意并应分享因使用该知识所产生利益的义务。① 获取和惠益分享制度，应以国家或地区范围内的全面获取和惠益分享战略为基础。该战略应以保护和可持续利用生物多样性为目的，可作为国家生物多样性战略和行动计划的一部分，而且促进公平地分享惠益。获取遗传资源过程所涉及的步骤可包括：在获取之前进行的活动、使用遗传资源进行的研制活动以及对遗传资源的商业化和其他使用，其中包括惠益的分享。同样地，在对传统文化进行商业开发时，也应得到中国的预先知情同意并进行利益分享。

生物多样性公约（即 CBD）对生物资源提供国设置了很多保护性规定，以及生物资源提供国参与技术研究和开发以及利益分配等规定。利益分享是 CBD 的核心思想之一，即生物资源的提供者有权从生物资源的获取者处得到适当的经济补偿，分享使用这一生物资源带来的利益。由于生物资源丰富的国家多为南半球的发展中国家，而技术先进、有条件利用生物资源产生巨大收益的国家多为北半球的发达国家，这一思想实质上是南北共同分享利益。TRIPS 和 UPOV 既没有提及任何关于利益分享的问题，也没有任何调整权益所有者与资源提供者间关系的条款。长期以来，对少数民族传统文化的采集和利用，譬如收集、整理、改编等，常常被误认为原始创作，而真正的民族民间文化的参与者、传承者却很难从中受益。随着市场经济的发展和国际文化贸易的增长，在对少数民族传统文化的使用中，少数民族传统文化的拥有群体和使用者之间的利益矛盾会越来越突出，迫切需要建立包括知识产权在内的法律保护制度，以鼓励少数民族传统文化的传承

① 周欣宜：《传统知识特殊保护制度之探讨》，载郑成思：《知识产权文丛》（第13 卷），中国方正出版社 2006 年版，第 303 页。

和创作，合理开发和利用中国的民族文化资源。[1] 如果将“利益平衡”问题进一步上升到权益人与作为资源提供者的社会公众或群体之间的利益关系，所要解决的就是作为资源提供者的社会公众或群体在利用这些资源完成的知识产权中分享利益的问题，尤其是那些历经代代相传的努力，原生境保护了相关资源的社会群体（少数民族）的利益分享问题。[2]前述的《波恩准则》也指出，惠益分享机制可能因惠益的类型、各国的具体条件以及所涉利益相关者而有不同。惠益分享机制应是灵活的，应由参与惠益分享的合作伙伴来决定，并因每一具体情况而异。惠益分享机制应包括在科学研究和技术开发方面进行充分合作，并包括那些从商业产品中产生的惠益，还包括信托基金、合资企业以及条件优惠的使用许可。这些具体的制度措施同样可以借鉴到传统文化产权的具体实施过程中来。

二、《保护和促进文化表现形式多样性公约》的缺憾

联合国教科文组织 2001 年 11 月 2 日第二十次全体会议通过了《世界文化多样性宣言》。该宣言第 1 条“文化多样性”中强调，人类的共同文化遗产在不同的时代和不同的地方具有各种不同的表现形式。这种多样性的具体表现是构成人类的各群体和各社会的特性所具有的独特性和多样化。文化多样性是交流、革新和创作的源泉，对人类来讲就像生物多样性对维持生物平衡那样必不可少。从这个意义上讲，文化多样性是人类的共同遗产，应当从当代人和子孙后代的利益考虑予以承认和肯定。第 4 条“人

① 吴烈俊：《中国民族民间文学艺术的法律保护》，载《西南民族学院学报》2003 年第 3 期。

② 唐广良：《遗传资源、传统知识及民间文学艺术表达国际保护概述》，载郑成思编：《知识产权文丛》（第 8 卷），中国方正出版社 2002 年版，第 52－72 页。

权——文化多样性的保障”中指出，捍卫文化多样性是伦理方面的迫切需要，与尊重人的尊严是密不可分的。它要求人们必须尊重人权和自由，特别是尊重少数人群体和土著人民的各种权利。任何人不得以文化多样性为由，损害受国际法保护的人权或限制其范围。第 5 条“文化权利——文化多样性的有利条件”中指出，文化权利是人权的一个组成部分，它们是一致的、不可分割的和相互依存的。富有创造力的多样性的发展，要求充分地实现《世界人权宣言》第 27 条和《经济、社会、文化权利国际公约》第 13 条和第 15 条所规定的文化权利。因此……每个人都应当能够参加其选择的文化重大计划生活和从事自己所特有的文化活动，但必须在尊重人权和自由的范围内。

2005 年第 33 届大会通过了《保护和促进文化表现形式多样性公约》(2007 年 3 月 18 日生效)。一般情况下，批准公约的过程往往需要 2 ~ 3 年的时间，但是，《保护和促进文化表现形式多样性公约》从批准到生效只用了 17 个月，这表明国际社会充分认识到了保护文化多样性的迫切性。文化传统保护与文化发展选择是国家文化主权的基本内容；保护文化多样性的权利和自由属于基本人权的范畴；知识产权对文化创造参与者的支持和激励具有重要意义。《文化多样性公约》以主权和人权作为文化多样性保护的基本举措，并以对艺术家的知识产权保护作为补充措施，由此构建了一个保护文化多样性的多元权利形态。认识到知识产权对支持文化创造的参与者具有重要意义，确信传递着文化特征、价值观和意义的文化活动、产品与服务具有经济和文化双重性质，故不应视为仅具商业价值，注意到信息和传播技术飞速发展所推动的全球化进程为加强各种文化互动创造了前所未有的条件，但同时也对文化多样性构成挑战，尤其是可能在富国与穷国之间造成种种失衡。由此可见，《文化多样性公约》在序言中强调“知识产权对文化创造参与者的支持和激励具有重要意义”

“保护文化多样性的多元权利形态”等，这就明确了从产权或私权的角度对文化多样性进行保护的态度，同时，对于现代文化，我们有以知识产权制度为主的一系列制度来进行保护，目前缺少的是对传统文化进行私法保护的传统文化产权制度。

此外，《文化多样性公约》第2条“指导原则”中规定，只有确保人权，以及表达、信息和交流等基本自由，并确保个人可以选择文化表现形式，才能保护和促进文化多样性。任何人都不得援引本公约的规定侵犯《世界人权宣言》规定的或受到国际法保障的人权和基本自由或限制其适用范围。根据《联合国宪章》和国际法原则，各国拥有在其境内采取保护和促进文化表现形式多样性措施和政策的主权。保护与促进文化表现形式多样性的前提是承认所有文化，包括少数民族和原住民的文化在内，具有同等尊严，并应受到同等尊重……文化是发展的主要推动力之一，所以文化的发展与经济的发展同样重要，且所有个人和民族都有权参与两者的发展并从中获益。文化多样性是个人和社会的一种财富。保护、促进和维护文化多样性是当代人及其后代的可持续发展的一项基本要求。从中我们也可以看出，除强调体现文化平等权的尊重人权和基本自由原则、主权原则、所有文化同等尊严和尊重原则、平等享有原则、国际团结与合作原则、开放和平衡原则外，还特别强调了促使文化的经济利益能够得到实现的经济和文化发展互补原则和可持续发展原则。

由于传统文化保护是文化多样性保护的重中之重，从一定意义上讲，对传统文化的保护就是对文化多样性的保护。文化多样性与生物多样性具有很多的相似之处，在《保护和促进文化表现形式多样性公约》的制定过程中大量地参考了《生物多样性公约》的价值理念、基本原则与具体制度。虽然联合国教科文组织为了《保护和促进文化表现形式多样性公约》尽快通过，以促进文化多样性的保护，没有在该公约中明确规定利益分享制度，但这些具体的制度措施同样可以借鉴到传统文化开发与保护的具体实施过程中来。利益分享是利益补偿的一种主要形式，并不因此排除其他的补偿形式。传统文化开发也同样如此，由于经济发展、工程建设等原因造成传统文化的原生环境被破坏或者直接导致少数民族迁离原居住地，以及对传统文化进行商业性使用或其他不正当使用，基于公平原则，应对少数民族进行利益补偿。生物多样性公约正式确认了各国对其生物多样性资源拥有各自的主权，要求缔约国采取措施保证资源提供国参与技术利益分享。

第二节　其他国家关于文化利益补偿的制度

一、加拿大对克里印第安人文化利益的补偿制度

1974 年，一个跨国石油财团向加拿大能源部申请在北部的麦肯齐河谷修建天然气管道，以把北方的天然气输送到南方和美国。管道从北海岸修起，途中经由麦肯齐河谷。麦肯齐河谷居住着两个土著民族，即德内人和因纽特人。这一计划的最终裁决权在联邦政府，在当时情况下，人们往往忽略开发计划对特定环境和居民的影响，这次在土著民族的强烈要求下，联邦政府不得不成立一个专门调查委员会来调查管道的修建是否会给当地带来社会生态和经济的影响。在整个调查研究中，调查委员会运用了民族学的文化变迁理论，尤其是土著狩猎采集民族与白人接触之后的涵化概念来分析问题。整个变迁过程是出于自愿的，也就是说在外部现代化世界的巨大吸引下才使得他们放弃传统的生活方式。虽然调查委员会以此模式来说明输气管的修建给当地土著民族带来的好处。但是，德内人则坚决反对这一结论。他们担忧管道的修建将给他们传统的狩猎经济造成威胁。

后来，民族学家斯科特·拉什福斯对该区的食物生产和消费情况的详尽研究表明，德内人的狩猎经济至今仍是他们不容忽视的生活的来源。M. I. 阿希的研究则认为，德内人利用本地区动物志的情况比调查委员会标明的数据高得多，从而证明了调查委员会曲解了该地区生存经济的有关资料。二位民族学家的观点后来得到了进一步的证实。最后的调查报告形成两个结论：首先，向土著民族提供新就业机会的需要远非石油公司说的那么紧迫；其次，调查委员会建议暂缓修建输气管，以保护土著民族至今不可缺少的传统狩猎经济。鉴于这份报告，联邦政府决定暂时中止这项开发计划。①

不仅如此，经过了这一事件，20 世纪 70 年代以后，加拿大重视解决印第安人的土地要求，政府与印第安人达成了第一个解决土地要求的协议《詹姆斯湾和魁北克北部协议》。该协议允许政府在保留地设立大型水电工程等开发项目，但政府要对这一地区的土著民族提供巨额补偿。协议确保了土著居民的生存经济部门和狩猎的权利，当地土著居民主要是印第安人的克里族，强调了要把地方服务部门的行政管理向克里人移交以及财政补助要用于设立生产性的现代部门。这样，不仅克里人的传统经济生活得到保护，他们一年内至少可以从事 4 个月的传统经济生产，还能从“收入保险专款项目”中得到现金补贴。结果使得大约 1000 个生产单位（4000 多人）享受这一补贴，占詹姆斯湾克里人的 60%。

据 1981—1982 年的统计，每户人家从这一补贴中得到的现金高达 10000 加元，十分可观。这得益于麦吉尔大学人类学系的一批民族学家所拟订的 PAD 计划，即对詹姆斯湾土著民族进行研究

---

① 阮西湖、王丽芝：《加拿大与加拿大人》，中国社会科学出版社 1990 年版，第 216－218 页。

的发展人类学计划，其所提出的能为克里人谋长久利益的开发计划被魁北克政府所采纳，因而才有以上协议的诞生。此后，魁北克省政府同当地土著人又通过协商谈判达成并签署了 2 个重要协议，即 1998 年的《苏洛瓦协议》和 2004 年的《共同开发全面协议》。根据这些协议，克里族人同意魁北克政府修建 1200 百万瓦特的水力开发工程；克里族人撤销相关的衍生法律诉讼；魁北克政府同意将于未来 50 年内回馈给克里族人合计约 35 亿加元，作为促进当地克里族之经济及小区发展的费用；魁北克政府将提供 10500 与水力发电工程相关的工作机会给克里族人。此外，还有许多小的项目协议和补充协议。这些协议的主要内容，规范了魁北克省政府、开发业主和土著人在自然资源开发项目中的权利和利益关系。2007 年 2 月 23 日，克里族与新的政府代表确立了《克里族与加拿大政府新关系协议》。2008 年 2 月 21 日，加拿大印第安事务部部长与克里族酋长正式签订了该协议，其主要内容包括：第一，克里族有 8 个社，并没有一个统一的区域政府，每个社都有“自治权”；第二，设立一个程序，以讨论协议的修正事宜以及未来的自治协议；第三，克里族将草拟克里族宪法；第四，为协助克里族自治，加拿大联邦政府将分期给付克里族共 14 亿加元。[①]

从前述的两个事例中可以看出，加拿大政府一直很重视土著人对资源使用的习惯权利，在这些土著民族的狩猎经济中，需要大片的土地和附着于土地之上的其他资源，因而，事实上，土著人所使用的土地除保留地之外，还有大片的国有土地在内，虽然联邦政府有权在这些国有土地上进行各种开发和建设，但出于对土著人习惯权利的尊重，他们或者放弃了最初的开发计划，或者在征得土著人同意的情况下实施开发计划并进行充分的补偿。

① 郑川如：《加拿大克里族土地自治协议之简介与探讨》，未刊稿。

二、菲律宾《原住民权利保护法》中的文化利益补偿制度

菲律宾的当地人口大约是6000万，是总人口的10%，在群岛中由110个部落构成该共和国。1997年7月28日，菲律宾共和国颁布了《土著人权利法案》。根据该法案，国家将承认、尊重并保护土著人民保持和发展其文化、传统和机构的权利。所谓的权利包括取得祖先领地的权利，这不仅包括实体环境，还包括与此相关的精神和文化联系。其特点：一是保护范围广泛，包括了遗传资源、民间文学艺术、科学技术等广义上的传统知识；二是确认了社区的主体地位，明确地承认社区对民间文学艺术、遗传资源与民间科学知识的所有权关系。同时社区对其祖先领土、自治与授权、社会公正、人权和文化完整方面享有权利；三是赋予土著社区或土著人广泛的文化整合的权利；四是明确规定社区的利益分享权，有权在10年的期限内按正当的比例对因他们知识的商业利用所得的收益进行提成。所有收益须交给能有效代理社区利益的组织，如果没有这样的组织，收益将由国家保管，并且这些收益将只有通过制定有利于社区的法律才会被发放；五是设立土著人国家委员会，建立基金会。①

该法案第四部分声明，社区对起源于下列财产的知识产权享有永久的所有权：当地社区所发现或者选择并且保存的亲本品种和遗传材料，而这些亲本品种和遗传材料已经用于新植物品种的培育，并且可能被利用于其他潜在的用途；由当地社区在原处选择、培育、驯化和发展的种子和可再生材料；从当地材料、习惯和知识发展而来的农作技术和设备；由当地社区和土著人们从草

---

① Mrs. P. V. Valsala G. Kutty：A Study on the Protection of Expressions of Folklore, Written for WIPO, http：//www. wipo. int. 转引自黄玉烨：《民间文学艺术的法律保护》，知识产权出版社2008年版，第112－118页。

本植物的鉴别、选择、培育、配制、储藏和使用中发展而来的药物产品及其工序；从当地社区而来的文化产品，比如编织花样、陶瓷、绘画、诗歌、民间风俗、音乐以及类似的东西；不是由个人或者单个法律人格主体制作的任何其他产品或者工序，而在社区进程中被发现；或者一个人作了创新但是没有声明该知识是属于自己的，在这些情况下，任何个人或者单个法律人格主体主张权利，则必须提交其创新的证据，或者其对该发现具有历史性主导地位的证据，来证明其主张的正确性。

当地文化社区是指以自我归属和归属区别于其他人的一群人们或者同质社会。这些人作为一个有组织的社区持续地居住在公共的确定的领土上，并且这些人，自古老时代以来，在所有权意识下，占用、持有并利用这些领土，有共同的语言、习惯、传统和其他显著的文化特征；或者是指通过抵抗殖民主义的政治、社会、文化的入侵，没有自己的宗教和文化，而历史性地与大多数菲律宾人区别开来的那些人。当地文化社区/土著人同样包括这些人们，这些人在征服或者殖民化过程中，或者在非本地宗教和文化的入侵中，或者在现在国界确定之时，居住在这个国家，并因其人口血统而被认为是当地人，同时这些人保持一些或者全部他们自己的社会、经济、文化和政治组织，但是他们可能离开了他们传统的领土，或者他们可能已经在他们祖先土地之外的地方重新定居。

无独有偶。我国台湾地区《原住民族传统智慧创作保护条例》中也以智慧创作专用权的形式规定了对传统文化的特别权利保护模式。智慧创作专用权的权利主体是原住民族集体；权利的取得方式是经主管机关认定；权利的内容包括智慧创作财产权及智慧创作人格权；权利存续期间是永久；智慧创作专用权非经主管机关同意，不得抛弃。

第三节　域外利益分享制度的实现机制

一、国际社会对利益分享实现机制的争论

国际社会对利益分享制度之实现机制主要有两种对立观点，即“立法机制”和“契约机制”，前者指基于通过协商谈判将相关各方的权利和义务明确化，并纳入有关国际法中的一种利益分享解决方案。在此机制下，有关各方仍得以通过契约或协议的形式设定相应的权利义务，但不能违反立法中所确立的准则。而后者指以契约的形式确定利益分享之方案，在契约中规定当事人的权利和义务，旨在通过相关主体的意思自治来实现利益分享的目的。[①] 发展中国家倾向于选择前者，发达国家倾向于选择后者，在利益分享的实施机制上始终无法达成一致，原因在于，如果在单个的个案中通过契约机制来确定双方的利益分享方式，那么拥有先进技术和雄厚资金的发达国家开发方必然占有谈判的优势，很可能不利于对占有资源一方的发展中国家的权益的保护。

我们认为，无论采取哪种实现机制，在对传统文化产权进行利益补偿时应根据个案的具体情况，综合考虑不同方案的优势，在与当地受影响群体进行充分协商的基础上，进行恰当的制度设计。原因有以下几个方面：

（1）我们必须尊重传统社区对本地区发展方式的选择权和参与权。《在种族或民族、宗教和语言上属于少数群体的人的权利宣言》（以下简称《少数人权利宣言》）中规定，少数人有权有

① 周欣宜：《传统知识特殊保护制度之探讨》，载郑成思：《知识产权文丛》（第13卷），中国方正出版社2006年版，第307页。

效地参与文化、宗教、社会、经济事务及公共生活。在不与国家法律相违背的情况下，少数人有权有效参与全国及地区内有关其本身及居住地的决策。[①] 这是国际社会的共识，也代表了少数人权利保护的发展趋势，中国政府非常重视该宣言。毫无疑问，中国的少数民族也不例外，也应享有对自身事务，尤其是本地区发展方式的选择权和参与权。因而，我们只能建议一些可供选择的补偿方案，具体措施应由传统社区自己做出决定。

（2）目前的利益补偿主要有股份公司和金钱补偿两种形式。考虑到中国的实际情况，传统社区的多数群众文化水平比较低，如果全面地采用股份制，他们很难真正地行使他们的股东权。现代社会的股份公司的运作是有相当的风险的，由于自身文化素质的限制，股份制的补偿方式不一定适合中国传统社区的情况。本人认为，采用金钱补偿的方式可能更合适，在这方面，我们可以参照生物多样性公约的具体制度设计。

虽然保护生物多样性领域的《生物多样性公约》及其调整获取与惠益分享制度的《波恩准则》和规范粮农植物遗传资源的《粮食和农业植物遗传资源协定》对遗传资源获取与惠益分享采用的是立法+合同的调整形式，但是大多数国家采用了立法调整为主的管制形式，在立法中确定获取与惠益分享的主管部门，获取的程序和惠益分享的原则规定，对具体的获取与惠益分享合同也在法律中给出了示范文本。所以遗传资源获取与惠益分享的合同形式其实是在立法指导下的合同形式。我国目前对自然资源进行管理的法律法规和对遗传资源进行管理的法规对这些资源的管理根据不同的资源制定了不同的获取形式，但是并未对惠益分享问题做出规定，这不能不说是现有法律的缺憾。

---

① 《在种族或民族、宗教和语言上属于少数群体的人的权利宣言》第2条。

二、公法管制模式

对土著与地方社区的权利没有采用专门权保护模式而在获取与惠益分享制度设计中确保土著和地方社区作为一种利益相关者进行参与和分享惠益的公法管制模式。大多数采用公法管制模式的国家有关土著人与地方社区在保护遗传资源获取与惠益分享的利益时，都采用这种保护模式。这里，以安第斯共同体 1996 年《关于遗传资源获取共同制度的第 391 号决议》和菲律宾的有关立法分别为区域组织立法和国别立法的代表。

（一）安第斯共同体 1996 年《关于遗传资源获取共同制度的第 391 号决议》

该决议是目前唯一生效的遗传资源获取与惠益分享管制区域立法模式。安第斯共同体的成员分别为玻利维亚、哥伦比亚、厄瓜多尔、秘鲁、委内瑞拉，都是世界上生物多样性最为丰富的国家，而且由于地理和气候的原因，许多遗传资源都跨界分布，所以这些国家在对待遗传资源的层面有着进行区域一体保护的可行性和必要性。

该决议为各成员国规定了共同适用的单一程序。在遗传资源的获取层面，第一步，要获得遗传资源提供国土著社区、保护区主任等实际提供者的知情同意。并与这些实际提供者签订附属合同。第二步，要获得国家事先知情同意。各国需指定一个有权监督、谈判和批准获取申请的国家主管部门作为与获取合同申请一方谈判的部门，签订获取合同。获取合同必须考虑到实际供应者根据附属合同所享有的权利义务。获取合同决定附属合同的效力。可见，在遗传资源获取的事先知情同意方面，土著与地方社区的权利是附属性的。决议在获取与遗传资源相关的传统知识层面，也规定了事先知情同意的程序，并就获取此类传统知识签订协定，作为获取合同的附录。

（二）菲律宾《第247号行政令》和《第96—20号部门行政令》

菲律宾的遗传资源获取与获益分享立法主要是《为科学、商业和其他目的的开发生物与遗传资源、其副产品和衍生物确立指南、建立管理框架的第247号行政令》及环境与自然资源部《关于生物多样性与遗传资源开发实施规则与条例的第96—20号部门行政令》，这两个法令与1997年的《土著人权利法》密切相关。

菲律宾1997年《土著人权利法》被视为最严格的土著权利保护法。在遗传资源的获取方面，土著人享有的权利是决定性的。土著社区的事先知情同意在菲律宾的获取与惠益分享协定的申请过程中起着关键的作用。获取活动的选址如果在土著人的“祖传土地”或“祖传领地”上进行，必须要获得土著社区的事先知情同意。通常由对祖传领地负责的土著社区的长老委员会或代表机构签字表示同意。在获取与遗传资源相关的传统知识方面，该法第34条规定“土著文化社区/土著人有权获得对其文化和知识权利的充分所有权、控制权和保护权的承认。他们有权采取特别措施以控制、开发和保护其科学、技术和文化表现形式，包括人类和其他遗传资源、种子、包括这些资源的衍生物、传统医药与医疗实践、关键药用植物、动物和矿物、土著知识体系和实践、关于动植物的知识、口头文学、文学、设计和视觉与表演艺术。”但在实际操作过程中却缺乏可操作性的法律规定。

需要注意的是，一些活动作为例外并不受管制的约束，这些活动有：第一，土著和当地社区为自身消费目的收集或交换、或根据其习惯规则在相互之间交换遗传资源、其衍生物、它们所源自的生物资源和相关传统知识的活动，如为食用、医药或者祭祀等目的采集动植物。菲律宾、安第斯共同体中的各国、哥斯达黎加、巴西等国家的管制立法都做了这样的规定。第二，获取者为了科学研究目的而获取遗传资源及其相关传统知识。在此方面，各国的规定存在着差异。一类是明确排除此类活动受到管制。例如，哥斯达黎加明确规定，其获取管制不适用于大学为教学和科研目的而进行的获取活动；印度对本国国民为学术目的获取资源也不加以管制。另一类国家是对为教学和科研等学术目的获取活动规定了特殊待遇。例如，安第斯共同体规定国家主管部门可以与大学、研究中心签订框架性获取协定，根据该协定，学术机构不必就每项获取活动提出申请。菲律宾对学术研究和商业研究协定规定了不同的条款和条件，前者比后者要宽松。第三，还有一些获取活动也应排除在管制活动之外，这些活动包括个人在偶然情况下对植物和动物的少量采集和利用，如采集野生环境中的植物；个人为了休闲娱乐对动植物资源的利用，如钓鱼或狩猎；伐木、捕鱼、农耕和畜牧等现行生物资源的获取活动；动物园、博物馆、标本馆、植物园和花卉展为展示目的而收集；等等。但这些活动还应受到获取目的的限制，一为不得对所获取资源中的信息进行开发，二为要适用这些活动的现行法律的调整。①

三、专门权保护模式

非洲共同体是在区域性法律中采用专门权保护模式的典范，其在2000年的《非洲示范法》中确立了“社区权”（community right）和“社区知识权（community intellectual right)”。社区权是当地社区对其生物资源和传统知识所享有的一系列权利的总称。社区知识权是土著与地方社区对与遗传资源相关的传统知识所享有的权利的总称。

采用专门权保护模式的国别立法以哥斯达黎加为代表，其

① 参见秦天宝：《遗传资源获取与惠益分享的法律问题研究》，武汉大学出版社2006年版，第349－350页。

1998年《生物多样性法》赋予土著与地方社区与遗传资源相关传统知识的“专门的社区知识权（suigeneris community intellectual right）”。可见两部法律赋予土著与地方社区专门权的范围是不同的，《非洲示范法》的专门权包括当地社区的生物资源和传统知识，而哥斯达黎加《生物多样性法》的社区权针对的是对土著和地方社区与遗传资源有关的传统知识。这其实反映了对遗传资源和与遗传资源有关的传统知识进行分别保护的思路。这是由于各国产权制度的差异导致了遗传资源的所有权归属于不同的主体，有的国家规定了对遗传资源及有关的传统知识的“国家所有权”，如菲律宾；有的国家则规定主权控制下的国家、传统部族和私人土地主的“分别所有权”，如哥斯达黎加、巴西等。同时也体现出土著和地方社区在与遗传资源相关传统知识上的权利得到了较大范围的认同。

《非洲示范法》的特别权制度与哥斯达黎加《生物多样性法》的特别权制度存在许多相同的地方。首先，规定特别权是先验的。《非洲示范法》指出“社区权”（community rights）和“社区知识权（community intellectual right）”是先验的，登记与否不影响权利的成立。《生物多样性法》指出这种专门社区知识权是先验的，不需要任何形式的确认。土著和当地社区可自愿到国家主管部门登记其专门社区知识权；无论登记与否，国家主管部门都可以反对生物开发者就相同组成部分知识申请知识产权。其次，对知识产权制度的适用范围做出了限制。《非洲示范法》的做法最为激进，认为所有的生命形式都是人类生存的基础，因此无论是生命专利，还是对任何生命形式、其部分或衍生物的排他占有都违反了人类的基本生命权。反对对生命形式和生物资源的专利。但为了保护育种者的权利，《非洲示范法》在育种领域还是采用了TRIPS协议（与贸易有关的知识产权协议）中的专门制度（植物育种者权）加以保护。《生物多样性法》承认并保护知识产权，但拒绝就任何来源于传统知识的发明申请知识产权；申请人就所得成果申请专利之前必须提交国家主管部门签发原产地证明和事先知情同意证明。再次，规定专门权是不可剥夺的，而且是一系列权利的总称。《非洲示范法》认为“社区知识权（community intellectual right），任何时候都是不可剥夺的，对这种知识的利用应当由相关的社区自身根据其习惯规则和法律来确定，这种知识的出版并不能排除当地社区对生物资源的社区知识权。《生物多样性法》要求制定一项土著人社区和小农社区参与确定这些权利（即专门的社区知识权）的性质、范围和要求的程序。并通过参与过程，确定利用该专门社区知识权的方式和权利持有人以及分配利益主体。

为了确保专门权的落实，《非洲示范法》和《生物多样性法》在遗传资源的获取方面都设置确保土著与地方社区参与的双重事先知情同意制度。这种双重事先知情同意制度将土著与地方社区的事先知情同意优先于国家的事先知情同意，足以体现出对土著人权利的保护理念。《非洲示范法》指出，生物资源的获取者要与国家和受影响的社区两方进行磋商，而国家也要与社区磋商。若在批准之前没有获得事先知情同意或未进行磋商的，生物资源的获取将被视为是无效的。国家承认和保护社区权，并确保土著和当地社区在就获取来源于当地社区的生物资源的时候有事先知情同意的权利、拒绝同意与获取的权利、撤销或限制同意与获取的权利、传统获取利用和交换的权利和获利权。《生物多样性法》指出，生物开发者应当向生物多样性管理委员会技术办公室提出生物多样性成分获取许可证的申请，该申请应就获取活动的有关信息进行说明。关于“获取活动的有关信息”在哥斯达黎加2003年制定的《获取通则》中做出详细的规定，获取者在提出申请的同时应当提交“获取行为发生地代表们的事先知情同意”，只有在获取者获得了利益相关者的事先知情同意并满足了其他要求后，国家主管部门才会签发获得许可证。

第四节　域外文化权益补偿制度对中国的启示

一、原住民自治

自治的动力在于原住民希望通过自治在当代环境中保存他们的价值观和传统，保存他们的生活方式、语言和文化。[①] 自治所采取的方式一种在国内现有体制下建立自治政府。例如，中国的民族区域自治制度是在少数民族聚居地方设立自治机关，行使自治权。自治制度是建立在人权基础上的补充原则，即决策要尽可能接近那些最直接受它们影响的人，或尽可能由这些人做出决策。这是国家组织和社会部门应遵循的政治和社会原则，这样的权利转移会避免过度的中央集权。[②] 自治制度的有效运转及成功的关键是明确界定实行自治的领域（范围）。政府和少数人都应看到在某些领域需要集中统一的决策，而另一些领域多样化的决策则可能更为有益。国防、外交、移民、海关、宏观经济即金融政策传统上是中央政府负责管理的领域。其他一些领域的决策则可能由国家的其他组织负责管理，如自治地区或少数人群体。自治可以包括不同功能，让不同地区和不同群体更好地适应不同情况和不同需求。[③] 国际上对少数人的保护主要体现在让所有少数人享有他们的文化、语言和宗教的权利，与这些认同感最直接相

① 大卫·C. 霍克斯：《原住民：自治与政府间关系》，周子平译，见何群编著：《土著民族与小民族生存发展问题研究》，中央民族大学出版社 2006 年版，第 54 页。

② 海因策，汉斯·约阿斯姆：《自治的法律解释》，见马库·苏卡西主编《自治：应用与内涵》，多尔希特，荷兰，克鲁维尔，1998 年，第 12 页。

③ 《关于少数人有效参与公共生活伦德建议书》第 10 页，第 15 节。

关的事务应纳入自治的范围，如不同公共职能中的教育、语言的使用，人名及地理名称的使用等，不过，为了让少数人管理自己文化事业的发展，与财政经济有关领域的自治很关键，国家应该为自治制度的实践提供足够的援助。[①] 自治制度并不意味着对事务管理的排他性管辖权，从管理权、行政权到立法权、司法权等，可以有不同的界定，而且主管自治制度的政府一定要有做出决策的真正权力。[②]

例如，在加拿大，自治权被普遍认为是由《1982 年宪法法案》第 35 节所承认和确认的原住民权利，原住民可以根据与联邦或省政府的政府间协议行使这项权利。原住民还可以利用宪法规定的公共政府形式实现自治。加拿大北极东部地区的因纽特人就选择公共政府行使自治权。他们在北极东部地区原住民传统的领地建立了一个新的“努拿吾特”的地域政府。由于因纽特人在该地区人口中占有 80% 以上，人口的绝大多数使得他们可以通过建立公共政府的形式来行使自治权。[③] 通过原住民与联邦或省政府谈判达成协议，确定这类公共政府具有哪些管辖权，与联邦或省政府发生法律冲突时最终的裁判权在哪里。财政如何安排，项目的安排等内容。

中国政府不承认在国内有土著居民，因此相应不承认少数民族享有原住民的相关权利，但是在少数民族世代居住的地方，他们由于自然和环境相适应的生产生活方式，以及相应形成的文化传统，他们脆弱的经济系统更依赖当地的自然和生态环境系统，因此产生了一些权利，也是我们一直承认的，从生存权和发展权

---

① 《关于少数人有效参与公共生活伦德建议书》第 10 页，第 14 节。

② 《关于少数人有效参与公共生活伦德建议书》第 27 页，第 14 节，第 31 页第 20 节注释。

③ 大卫 · C. 霍克斯：《原住民：自治与政府间关系》，周子平译，见何群编著：《土著民族与小民族生存发展问题研究》，中央民族大学出版社 2006 年版，第 54 页。

中演化出来的，依赖本土而生的权利，一旦对该地的自然和生态环境系统有改变性的活动，主要指的大型工程项目，应当赋予他们权利参与项目的设立许可，利益分配，过程监督，其全体受影响群体利益的权益维护代表可以根据法律或者根据授权开展以上工作，并从中获得收益。这些权利的有效行使在很大程度上要求我们进一步完善民族区域自治制度，使民族区域自治真正落到实处。

二、建立咨询和协商机构

一般说来，在现代化的进程中，少数民族的要求主要有以下几种：要求在他们世代聚居区，未经他们许可政府和他族不得进行移民或开发活动，如果已经开发则要求对其聚居地区的土地和资源造成的剥夺予以恢复、归还和补偿；要求行政区划尽量和他们的聚居地区范围相一致，以维护民族机体的完整性；要求发掘、整理和保存他们的民族历史，尊重他们的过去；要求在他们同意的情况下先对他们聚居地区进行国土开发等，这些要求主要是为了抵御来自主体民族和其他较大民族的政治歧视、经济掠夺和文化同化。在民族国家的框架下，任何民族都有权像别的族体一样享有同等的生存权、发展权和公民权；都有权要求平等参与国家的政治、经济和文化生活，并要求国家公正地、公平地在所有族体之间分配公共权利、社会财富、国家资源以及生存和发展的机会；都有权要求以同等的资格参与缔造、建设和保卫共同民族国家。对于民族国家内的各个非主体民族来说，在谋求族体发展过程中，对于发展目标的确定应特别留意于它的合理性和可行性。① 中国的少数民族不仅在政治、法律上拥有平等权利，还拥

① 宁骚：《民族与国家——民族关系与民族政策的国际比较》，北京大学出版社1995年版，第244－247页。

有很多相关的优惠政策，当前面临的主要问题是加快民族地区经济社会全面发展，尽快达到事实上的平等。

例如，在瑞典、挪威和芬兰的3个萨米人议会，承认萨米人的一些原住民权利，包括其习惯法，承认萨米族并允许萨米驯鹿牧人自由迁徙。1987年挪威的《萨米人法》（*Sami Constitution*）通过后，1989年挪威萨米议会第一次选举，每届任期四年。所有18岁以上或在选举当年满18岁的萨米人都有进行萨米选举登记并投票的权利，从13个萨米选区各选出39名议员（从2005年开始是43名议员），议会（Samediggi）的权力只限于协商和咨询，不具有立法功能。[①]《萨米人法》是挪威萨米议会工作的基本法律框架，萨米议会有权依据需要，决定其内部组织机构设置，并依法授予该组织机构相应的权能。萨米议会大会是萨米议会最高权威机构，萨米议会大会主席团负责会议组织工作，议会理事会负责闭会期间所有日常行政活动，大会内设财经委员会，下设监督审查、经济发展和文化、青年和教育、计划和财政四个常务委员会，萨米议会的职责似乎维护群体认同、捍卫和发展萨米语言、文化和生活方式。对于一些具体事宜进行调查、监督、提出咨询意见，但是地方政府或中央政府是否采纳决定权不在萨米人手中。在瑞典萨米议会中负责日常行政事务的人员是国家正式公务员，瑞典萨米议会具有双重职能，它既是一个经过选举产生的萨米人民的政治组织，也是国家政府部门的一部分，行使行政管理权。这样国家较容易将一些国家行政权力授予萨米议会行使，这是与挪威的萨米议会不同之处。还有就是在立法机构给少数民族保留席位，如新西兰议会为毛利人保留4个席位，毛利人选民可以在自己的选区按照毛利族登记或作为一般选民登记，在事关本

① 大卫·C. 霍克斯：《原住民：自治与政府间关系》，周子平译，见何群编著：《土著民族与小民族生存发展问题研究》，中央民族大学出版社2006年版，第57页。

民族事务时有相应的发言权和决定权。

自治制度是保障少数人有效参与的途径之一，其他途径还有少数人在立法机构中的特别代表，在行政机构及各级法院中职位的配备，在咨询机构和其他高级机构中职位的配备，采取特殊措施，保障少数人使用自己的语言参与公共事务等。重要的是保障少数人在参与过程中有可能发挥实质性作用，就需要进一步考察：哪些人参与，哪些事务需要参与，是否对决策有真正的控制（是否享有否决权），他们的意见多大程度上被采纳，是否有相关的说明和解释，以及是否备案等制度和程序的涉及都会在很大程度上影响到对少数民族权益的保障。

第四章 民族文化开发中的利益补偿制度的构建

联合国发展规划署《1996年人类发展报告》中指出了5种有增长而无人类发展的情况，即“无未来的增长、无声的增长、无根的增长、无情的增长及无工作的增长”。“无工作的增长”，即与经济增长相伴随的是失业的增加；“无声的增长”，即民众不能参与和管理公共事务，不能自由地表达自己的意见和观点；“无情的增长”，即经济增长成果大部分落入富人的腰包，穷人的生活状况得不到改善；“无根的增长”，即经济增长了，传统文化却失去了；“无未来的增长”，即不能持续的增长等。其中特别谈到“无根的增长”，实践证明，一种具有包容性和参与性的增长模式能够培育和增强文化传统，使不同种族和民族享受着文化的多样性。但是，一种具有排外性和歧视性的增长模式却能够毁灭文化的多样性，从而降低了人们的生活质量。少数民族传统文化开发中的利益补偿制度的构建就是试图破解这一难题。

第一节 民族文化开发的利益补偿制度的必要性

一、有利于保护我国的文化多样性

少数民族的文化遗产可以分为物质文化遗产和非物质文化遗产。中国于2004年8月加入了《保护非物质文化遗产公约》，中国的非物质文化遗产的保护将融入国际社会对文化的尊重与保护的洪流中。根据《保护非物质文化遗产公约》最后文本里的定义，非物质文化遗产包括五个大的方面：一是口头的传统和表现方式，包括作为非物质文化遗产媒介的语言；二是表演技艺；三是社交习俗和仪式节庆事件；四是有关自然界和宇宙的知识和实践；五是传统手工艺。这是一种立足于整个世界范围的保护非物质文化遗产的需要，适用于各国、各地区、各民族的一般的、普遍的分类方法。傣族传统建筑就属于联合国的《保护非物质文化遗产公约》中所界定的第五类非物质文化遗产，即传统手工艺。现在，作为少数民族传统生活方式之一的传统建筑的法律保护日益受到人们的关注。

以我国著名的世界农业文化遗产侗族稻鱼鸭共作系统为例，该系统及糯禾种植传统知识的保护与传承是一个长期浩大的生态农业建设工程，传统上是不使用任何现代工业化工原料的。侗族祖祖辈辈积累的生产经验、侗族民间自然形成的农作物品种交流机制、侗族村民习惯保存糯禾品种并自愿种植产量低的品种的朴素的生态理念、侗族与糯禾紧密相关的传统物质生活方式和精神生活方式都是侗族糯禾品种多样性形成的原因。但是，20 世纪 90 年代末期以来，在国家全面推广种植杂交水稻的强大趋势和面临解决温饱问题的现实情况下，开始了杂交水稻的种植，打破了侗族自古以来只种糯禾的传统，侗族糯禾种植传统知识也随之悄然发生着变迁并面临着在不远的将来被取代的危险。随之而来的是水稻品种种植的改变又改变了侗族村民历史形成的每天只食或喜食糯食的生活习惯为每日的两餐主食为一糯一黏。黏谷正在逐步取代糯谷的日常主食地位，导致侗族饮食习惯和生活观念也在发生变迁，侗族糯禾种植传统知识的生存空间遭遇前所未有的挑战。现代农业技术的运用在一定的历史时期，在创造人类物质生活方面做出了应有的贡献，但放在保护生态资源能否永续利用的背景下来观察，却造成了自然生态环境的慢性破坏，给人类赖以生存的这片土地留下了严重的隐患。如果像目前一样，任由大量农药、化肥在农业生产领域长期施用最终导致土壤板结造成稻田生态环境质量下降，鱼鸭觅食困难，稻鱼鸭共作系统的发展受到威胁，给土地带来毁灭性的破坏，给人类生命健康带来直接的危害。从国家层面来讲，这既是一个维护自然生态环境平衡，维系中华民族生命健康的重大问题，也是保护和传承侗族传统农耕文化，向世界粮农组织履行保护世界农业遗产的义务的重大问题。如何保护与传承侗族传统农耕文化应该成为国家和各级政府以及全民族更高的重视并急需解决的重要问题。坚守、传承生态农业种植传统文化单靠侗族民间力量显然是不够的。没有补偿机制势必会给保护工作的开展带来较大的困难。建立相应的补偿机制，一方面可以充分调动侗族群众的生产积极性，解除粮食供给不足时的担忧；另一方面可以为保护示范区筹集大量的资金和物质，增强保护力量。①

二、保护少数民族基本人权

当今社会，文化多样性的价值越来越得到全人类的重视。文化多样性如同生物多样性一样，也是人类生存和发展中不可或缺的资源和环境要素。各种各样不同的文化相对于各自文化主体来说，都具有独特的价值，而从人类的整体存在和发展来看，多样性的文化构成了人类存在和发展的特定的文化生态，因而，只有着眼于人类社会的发展，才能更深入认识文化多样性的存在价值。② 保护世界文化在过去的30多年的时间里，走过了保护物质

---

① 龙初凡、孔蓓：《侗族糯禾种植的传统知识研究——以贵州省从江县高仟侗寨糯禾种植为例》，载《原生态民族文化学刊》2012年第4期。

② 龙先琼：《“发展”视域下文化多样性的价值分析》，载《思想战线》2007年第5期。

文化遗产、非物质文化遗产和文化表现形式多样性的不同阶段，充分体现了世界各国保护世界文化的观念更加深刻、意识更加强烈、愿望更加迫切。

《世界人权宣言》第27条规定，人人有权自由参加社会的文化生活，享受艺术，并分享科学进步及其产生的福利。人人对由于他所创作的任何科学、文学或美术作品而产生的精神的和物质的利益，有享受保护的权利。《经济、社会和文化权利国际公约》第15条再次重申了前述规定。《公民权利和政治权利国际公约》第27条规定，在那些存在着人种的、宗教的或语言的少数人的国家中，不得否认这种少数人同他们的集团中的其他成员共同享有自己的文化、信奉和实行自己的宗教或使用自己的语言的权利。[①] 毫无疑问，从国际人权法的角度，文化权利的一个重要方面就是少数人群体（包括少数民族）保持其固有生活方式及文化特性的权利，我们称之为少数民族基本文化权利，这一权利可以定义为提供适当方法，包括差别性待遇，以使少数人有别于人口大多数人的特征和传统得以保留，确保少数人的权利得以实现，

① 但是根据人权事务委员会（在该节中以下简称委员会）的一般性意见对少数人群体存在的解释如下：第27条赋予“存在于”缔约国内的、属于少数的人一些权利。鉴于该条所设想的权利的性质和范围，确定“存在 ”一词所指的永久程度并不妥当。这些权利只是，属于少数群体的个人不应该被剥夺了与他们的群体一起享受自己的文化、信奉自己的宗教和说自己的语言的权利。正如同他们不必是国民或公民一样，他们也不必是永久居民。因此，在缔约国内构成这种少数群体的移徙工人甚或游客行使上述权利的权利都是不容剥夺的。如同缔约国境内的任何其他个人一样，他们也为了这种目的拥有结社自由、集会自由、和言论自由等普遍性权利。某一缔约国是否有在种族、宗教和语言上属于少数的人并不取决于该缔约国的决定，而是按照客观的标准予以确定的。因此可以看出对于少数人范围的确定，并不需要他们世居在该国，同时也不需要国家的确认。在国际法上，一个具体的人是否属于少数人群体，人口中的某一群体是否是少数人这两个问题并不取决于有关国家在法律上的承认。国家法律明确的承认最多被看作是对已经存在事实的附加证明。同时对没有经过国家承认的某一少数人群体，我们不能推断出这一少数人群体不存在。

并在尽可能的程度上与大多数人享受同等的条件。

联合国教科文组织2001年11月2日第二十次全体会议通过了《世界文化多样性宣言》。该宣言第1条“文化多样性”中强调，人类的共同文化遗产在不同的时代和不同的地方具有各种不同的表现形式。这种多样性的具体表现是构成人类的各群体和各社会的特性所具有的独特性和多样化。文化多样性是交流、革新和创作的源泉，对人类来讲就像生物多样性对维持生物平衡那样必不可少。从这个意义上讲，文化多样性是人类的共同遗产，应当从当代人和子孙后代的利益考虑予以承认和肯定。第4条“人权——文化多样性的保障”中指出，捍卫文化多样性是伦理方面的迫切需要，与尊重人的尊严是密不可分的。它要求人们必须尊重人权和自由，特别是尊重少数人群体和土著人民的各种权利。任何人不得以文化多样性为由，损害受国际法保护的人权或限制其范围。第5条“文化权利——文化多样性的有利条件”中指出，文化权利是人权的一个组成部分，它们是一致的、不可分割的和相互依存的。富有创造力的多样性的发展，要求充分地实现《世界人权宣言》第27条和《经济、社会、文化权利国际公约》第13条和第15条所规定的文化权利。因此……每个人都应当能够参加其选择的文化重大计划生活和从事自己所特有的文化活动，但必须在尊重人权和自由的范围内。

少数民族基本文化权利，主要指中国内部的各个少数民族集体保持其传统生活方式[①]的权利，这是因为生活方式在人们的整个文化中居于核心地位。传统文化产权指传统社区对其文化所享

---

① 生活方式是主体凭借一定的社会条件把生命纳入一定的文化模式而呈现的稳定的活动，活动的内容可以划分为四个方面，即劳动生活方式、物资消费生活方式、社会政治生活方式和文化娱乐生活方式，参见高丙中、纳日碧力戈等：《现代化与民族生活方式的变迁》，天津人民出版社1997年版，第72页。

有的民法意义上的财产权，它是无形财产权的一种，是无形财产权家族的新成员。如前所述，少数民族的传统生活方式已经成为当地旅游开发的重要吸引物，它们本身是有价值的，但长期以来我们把这些传统文化作为公共产品随便加以利用，在其背后，我们忽略了作为传统文化主人的当地少数民族的文化利益。正如已故著名知识产权法专家郑成思教授所言："现有知识产权制度对生物技术等高技术成果的专利、商业秘密的保护，促进了发明创造；对计算机软件、文学作品的版权保护，促进了工业与文化领域的智力创作。但它在保护各种智力创作与创造之'流'时，在相当长的时间里忽视了对'源'的知识产权保护。这不能不说是一个缺陷。而传统知识，尤其是民间文学的表达成果，正是这个'源'的重要组成部分。"① 对传统文化的产权进行法律保护，就是对各种智力成果的"源"进行保护的一种方式。傣族传统建筑就是这种智力成果的"源"的一种，真的无法计算有多少摄影作品、美术作品、影视作品中含有傣族传统建筑的"影子"。因而，我们应对传统文化赋予其法律意义上的财产权，作为一种特殊的无形财产权，进行专门的立法保护。

在任何道德和法律体系中，仅仅表明某种权利的存在是不够的，还必须考虑义务的范围，谁承担义务，以及该权利与其他权利的关系。其次是保护少数人文化的目的，再次是国家保护的程度。具体阐述如下：

首先是国家义务范围。在少数人权利保护的问题上我们首先需要讨论的是国家对少数人存在的态度，第一种是漠视态度，对少数人及其文化的存在不采取任何措施，让其自生自灭；第二种是采取积极的同化或者融合措施，如美国对印第安人的积极同化政策之一，将印第安人的孩子送到白人家庭抚养，使其与印第安

① 郑成思：《知识产权文丛》（第8卷），方正出版社2002年版，第3页。

群体及其文化隔绝；第三种是采取保护态度。

虽然第27条用否定的措辞方式表示，但该条并不确认有某种“权利”存在，而是规定，不应予以否定。因此，缔约国有责任确保这种权利的存在和行使，使其不致受到否定和违反。因此需要采取的积极措施，不仅针对缔约国本身的行为——无论是通过其立法、司法或行政当局采取的行为，而且针对缔约国境内任何其他人的行为。①

其次是国家义务的层次。鉴于少数人权利会受到来自各方的威胁，在当今国际法中国家对少数人的保护程度到底怎样呢？按照艾德教授的提法，国家在保护少数人的义务分为三个层次，其一是预防（prevent），预防国家机关及其工作人员、其他人和群体对少数人的侵犯，对于发生的侵权行为通过法律手段加以救济和纠正；其二是积极保护（protect），采取积极措施保护少数人与他们群体的其他人一同享有他们的文化，共同践行他们的宗教和共同使用他们的语言的权利，如开办教授少数人语言的学校。其三是尊重（respect），尊重少数人文化，不采取禁止和限制其享有文化生活的权利。

第三是国家义务的程度。缔约国有采取积极措施保护少数人享有公约规定的权利，但是在采取积极措施达到怎样的程度是合适和可接受的呢？是否可以为了保护少数人权利对其采取区别于其他群体的措施，如肯定性行动（Affirmative Action）、优惠政策（Preferential policy）、特殊措施（Special measures）或者反歧视原则（Non - discrimination principle）等，这些措施在怎样的程度是可以接受和采取的，是否对其他人或群体造成新的歧视，是永久性措施还是临时性措施，什么时间需要终止等问题都是在平等原

① 人权事务委员会1994年第50届会议通过的《公民权利和政治权利国际公约》第23号一般性意见《少数群体权利》第27条第6段。

则和反歧视理论中得到国内外学者和法官积极探索和思考的问题。在人权事务委员会的第 18 号一般性意见、欧洲人权法院的一些判例中，对于区别对待是否构成歧视给出了清晰的判断标准。

虽然依照第 27 条受到保护的权利是个人的权利，它们又取决于少数人群体维持其文化、语言和宗教的能力。因此可能也有必要由国家采取积极的措施，以保护少数人群体的特性及其成员享受和发展自己的文化和语言并同群体内的其他成员一起信奉宗教的权利。在这一点上，应该注意，上述措施必须在处理不同少数群体之间关系和处理少数群体成员与人口中其余部分之间关系上，尊重公约第 2 条第 1 款和第 26 条的规定。但是只要这些措施的目的是改正妨碍或损害对第 27 条所保证的权利的享受的状况，它们可能在公约下构成某种合法的区别，条件是这种区别必须以合理和客观的标准为基础 。[①] 在平等原则和不歧视原则中都明确规定了，为了保护少数人实现与他人事实上的平等，可以采取区别对待措施，如升学给少数民族预留名额或者加分等办法，这些区别对待只要是合理和目的是为了实现事实上的平等，可以在一定时段采取。

第四，根据《少数人权利宣言》国家可以采取以下措施来保护属于少数群体的人的权利：创造有利条件，使属于少数群体的人得以表达其特征和发扬其文化、语言、宗教、传统和风俗（第 4 条第 2 款）；使他们有充分的机会学习其母语或在教学中使用母语（第 4 条第 3 款）；鼓励对其领土内的少数群体的历史、传统、语言和文化的了解，并确保属于少数群体的人应有充分机会获得对整个社会的 了解（第 4 条第 4 款）；允许他们充分参与经济进

① 人权事务委员会 1994 年第 50 届会议通过的《公民权利和政治权利国际公约》第 23 号一般性意见《少数群体权利》第 27 条第 7 段。

步和发展（第 4 条第 5 款）；在制定国家政策和方案 以及在规划和实施合作与援助方案时应考虑到少数人的正当利益（第 5 条）；在涉及少数人的问题上与其他国家进行合作，包括交流信息和经验，以期促进相互了解和信任（第 6 条）；促进对本《宣言》规定的权利的尊重（第 7 条）；履行各国根据其作为缔约国的国际条约和协定所承担的义务和承诺。

第五，国家保护义务的目的。人权事务委员会总结认为，第 27 条载述了其保护对缔约国形成特定义务的一些权利。保护这些权利的目的是要确保有关少数群体的文化、宗教和社会特性得以存活和持续发展，从而加强整个社会的结构。因此，人权事务委员会认为，这些权利应该以上述方式予以保护，而不应该同依照《公约》赋予一个人和所有人的其他人身权利混淆起来。因此缔约国有义务确保这些权利的行使得到充分的保护，缔约国应该在提交的报告中说明为此目的采取了哪些措施。①

在这个拥有 5000 多个不同种族和 6000 多种语言的世界上，文化多样性是人类存在无可辩驳的事实，延伸到了地球的每一个角落，渗透到了万事万物之中，从我们吃喝的食物和饮料到阅读的书籍，文化多样性无所不及。也许最重要的是，文化多样性为我们观察和认识世界的窗口增添了色彩。社群和语言的种类如此之多，随之形成了纷繁复杂的信仰、价值观、传统和习惯，它们都应得到同样的尊重和同等的展现平台。

在日益走向多样化的当今社会中，必须确保属于多元的、不同的和发展的文化特性的个人和群体的和睦关系和共处。主张所有公民融入和参与的政策是增强社会凝聚力、民间社会活力及维护和平的可靠保障。因此，这种文化多元化是与文化多样性这一

① 人权事务委员会 1994 年第 50 届会议通过的《公民权利和政治权利国际公约》第 23 号一般性意见《少数群体权利》第 27 条第 7 段。

客观现实相应的一套政策。文化多元化与民主制度密不可分，它有利于文化交流和能够充实公众生活的创作能力的发挥。文化产品和文化服务，不同于一般意义上的商品。面对目前为创作和革新开辟了广阔前景的经济和技术的发展变化，应当特别注意创作意愿的多样性，公正地考虑作者和艺术家的权利，更要考虑到文化来源群体的权利，以及文化产品和文化服务本身的特殊性，因为它们体现的是特性、价值观和观念，不应被视为一般的商品或消费品。各国的文化政策应当在确保思想和作品自由交流的情况下，利用那些有能力在地方和世界一级发挥其作用的文化产业，创造有利于生产和传播文化产品和文化服务的条件，更要重视在文化来源地的传统社区的利益与创作者的利益之间寻求一个平衡。

在少数民族传统文化的开发中，当地政府和社区居民可以得到一定的经济收益。同时，少数民族地区的生态环境有一定的承载力，以旅游业为例，如果旅游客流突破了环境可以承载的上限，旅游企业和游客缺乏环境保护意识，那么旅游企业的不当经营活动和游客的无序游览活动就会对景区的自然生态和文化生态产生干扰。不合理的旅游开发会砍伐一些森林，造成一定环境污染，导致景区生态景观和环境质量下降。旅游景区的人类活动增多，会带来火源，存在火灾隐患。同时，由于一些游客乱丢垃圾、攀折树木，致使景区生态功能下降。大量游客进入少数民族文化聚集地，随之而来的旅游性消耗和现代文化的渗透，对少数民族传统文化具有一定的肢解作用。法律制度服务于现实的社会生活，传统文化开发中的利益补偿制度也不例外。从法治的角度看，每一个法律制度都有它保护的客体，这是制度本身设立的出发点和目的。利益补偿制度也不例外，它要保护的就是在传统文化开发中的少数民族群体或整个少数民族社区。

三、促进民族地区的可持续发展

民族经济发展权是指少数民族自主地选择经济发展方式的权利。因为这一权利是“有平等的机会去发展自己、自主地利用和开采所有的自然资源、自主地决定并调整本国经济结构和发展政策的权利”的前提和基础，如果少数民族能够事实上享有“自主地选择经济发展方式的权利”，那么民族经济发展权的其他方面都是顺理成章就能实现的权利；如果少数民族“自主地选择经济发展方式的权利”不能得到切实地保障，那么其他方面的民族经济发展权就将无从谈起。发展权的提出和获得普遍性承认经过几十年的过程。塞内加尔外长在1966年在呼吁建立国际经济新秩序的讲话中首次提到了发展权。阿尔及利亚的正义与和平委员会于1969年发表的“不发达国家发展权利”的报告中首次使用“发展权利”四个字。1969年联合国大会通过了《社会进步和发展宣言》，把促进发展中国家的经济进步的视野从保障其基本经济主权拓展到了寻求新的发展方式和机遇问题上，虽然没有明确提出发展权的概念，但已经包含了发展权问题的几乎全部内涵。1977年人权委员会通过了第4号决议，第一次在联合国人权委员会系统内确认发展权是一项人权。1986年12月，第41届联合国大会通过了《发展权利宣言》，发展权被纳入其中。自此，发展权是“一项普遍的、不可分割的人权，也是基本人权的一个组成部分”的理念得到广泛的认可。而少数民族的经济发展权是发展权的一个重要组成部分，甚至已经成为发展权实现的瓶颈因素之一。

《发展权利宣言》第1条规定：“发展权是一项不可剥夺的人权，由于这种权利，每个人都有权参与、促进并享有经济、社会、文化和政治发展，在这种发展中，所有人权和基本自由都能获得充分实现。”发展权最初是发展中国家针对不合理的国际经济旧秩序提出的，发展首先意味着经济发展，发展权的内容也就首先是经济发展权。发展权不仅限于经济发展权，还包括社会发展权、文化发展权、政治发展权等不可分割相互依存的发展权利体系。这是发展中国家针对自身实际提出的加快国家发展的积极主张。在发展权问题上，发展中国家与发达国家的观点有很大的分歧，“发展中国家认为，发展权的核心含义是经济发展。发展的目的是在全体人民和所有个人积极、自由和有意义地参与发展及其带来的利益的公平分配的基础上，不断改善全体人民和所有个人的福利。只有在一定经济与社会条件的基础上，公民与政治权利的行使才有保证……发达国家则强调发展权的政治含义。它们认为，发展应该以人为中心，要使个人充分自由地参与政治、经济、社会活动，民主、法制和尊重人权是发展过程中的关键因素。”

汪习根博士认为经济发展权的内涵应包括两个层面，就集体主体而言，经济发展权指国家、民族有权要求建立公正合理的国际经济关系；在国际贸易、金融和生产结构中有平等的机会去发展自己；有自主地利用和开采本国所有的自然资源；有自主地决定并调整本国经济结构和发展政策的权利，包括：产业结构、经济发展目标及其具体实施措施的决定权。就个人主体而言，经济发展权是社会每个成员通过自己的劳动享有的，积极参与本国、本民族及世界范围的经济发展活动并获取经济发展所带来的物质利益的权利，是劳动权利和享受劳动成果权利的统一。

少数民族传统文化资源与其他自然资源相比，其属性更为复杂，具有显著的“公共性”特征。少数民族传统文化资源往往以地域为单元，跨越多个行政区域，在少数民族传统文化资源的开发和保护活动中，不同地区之间容易产生利益冲突。少数民族传统文化资源具有多种用途，如民族认同、自我欣赏、旅游等，不同地区之间、不同产业部门之间因用途不同而存在着利益协调问题。一方面，由于少数民族传统文化资源本身的流动性、传承性，文化的边界与行政边界交叉分布，少数民族传统文化资源开发和使用整体关联度强，使得少数民族传统文化资源的使用往往具有联合消费、共同受益的“非排他性”特征。同时也由于其稀缺性存在一定程度的“竞争性”，少数民族传统文化资源的利用和保护工程在基础设施建设和利用中存在着错综复杂的区域性矛盾。另一方面，一个地区购买（生产并消费）的地方公共产品有可能影响其他地区的效用水平。这种“外部性”的影响是多向的，有时是正的影响，有时是负的影响。

随着经济的发展，人民生活水平的提高，社会对少数民族传统文化资源的需求不断增加，对少数民族传统文化资源的要求不断提高。“资源价值”、“审美价值”和“可持续发展”的理念已得到公众的广泛认同。少数民族传统文化资源作为一种文化资源，不仅具有满足当代人眼前所利用的经济和文化使用效益，而且具有未来及后代人所能享用的效益和维持当代或未来文化系统的功能。从文化资源角度评价少数民族传统文化资源的价值能比较全面考虑少数民族传统文化资源对社会、经济及文化等发挥的效益，也能充分体现少数民族传统文化资源的效用价值。

少数民族传统文化资源的价值不仅在于其资源效用的价值，还体现在其作为人类精神家园的审美价值和存在价值上。由于少数民族传统文化资源的整体性、有限性和流变性，在其遭受损害时，必须恢复、更新、补救、补偿文化资源本身，其目的不仅仅是为了文化资源权益主体的利益，更是为了保护整个文化生态。

罗尔斯在《正义论》中强调，“正义的原则是一种公平的协议或契约的结果”，“处在原始状态的人们将选择两个相同的原则，第一个原则要求平等地分配基本的权利和义务；第二个原则则认为社会和经济的不平等（如财富和权力的不平等）只要其结果能给每一个人，尤其是那些最少受惠的社会成员带来补偿利益，它们就是正义的”。少数民族传统文化资源及传统文化的利益补偿制度的建立正是这种公平正义观的体现。目前，大多政府机构在少数民族传统文化资源的有效利用和保护上采取纯粹的“管制”策略，对于一些保护区做出了诸多的生产和生活方面的限制，然而却没有予以必要的利益补偿和经济激励，以致造成相关地区之间在社会经济很多方面不均衡、不平等和不公平的现象的发生。而“通过推行少数民族传统文化资源开发补偿机制，建立少数民族传统文化资源开发与利用双赢制度，能够让少数民族传统社区权益人以合作代替对抗。少数民族传统文化资源开发补偿制度的价值理念就是维护环境正义。”① 受益主体对保护主体提供适当的经济补偿是公平原则的要求，体现了社会的正义性。② 若能根据“受益者付费、受损者受偿”、法律公平、环境正义等原则，对于利益受损地区、受限制发展地区的相关主体给予保护水资源、水环境和生态环境方面的利益补偿和经济诱因，这将更加有利于达到相关区域内的经济利益与文化利益的协调发展、共生和共赢。

四、促进少数民族传统文化的生产性保护

鉴于非物质文化遗产对人类未来发展的重要作用，如何加强对非物质文化遗产的保护与利用不仅关系到非物质文化遗产自身的命运，还与文化产业的可持续发展息息相关。文化部 2011 年发布了《关于公布第一批国家级非物质文化遗产生产性保护示范基地名单的通知》（以下简称《通知》），通过设立示范基地的形式来推动对非物质文化遗产的生产性保护，将非物质文化遗产的

---

① 周静：《水资源开发补偿的制度架构研究》，载《农业经济》2008 年第 11 期。

② 周大杰、孙丽英、石缎花等：《流域水资源管理中的生态补偿问题研究》，载《北京师范大学学报》2005 年第 4 期。

生产性保护提上重要日程。非物质文化遗产生产性保护是指通过生产、流通、销售等方式，将非物质文化遗产及其资源转化为生产力和产品，产生经济效益，并促进相关产业发展，使非物质文化遗产在生产实践中得到积极保护，实现非物质文化遗产保护与经济社会协调发展的良性互动。这是对近年来我国非物质文化遗产保护的实践经验的总结，也是非物质文化遗产来源地经济与社会可持续发展的必由之路。

首先，中共十七届六中全会通过的《中共中央关于深化文化体制改革、推动社会主义文化大发展大繁荣若干重大问题的决定》为我们澄清了理论误区，指明了方向。我们一方面要改变过去把产业化、商业化、市场化当作禁区的陈腐观念，积极探索非物质文化遗产的生产性保护，并大胆地进行适度产业化，让非物质文化遗产资源在市场化进程中实现自身的良性发展。另一方面，非物质文化遗产是文化产业发展与创新的源泉与动力，要逐步形成以市场为导向、以资本为纽带的多种所有制形式并存的非物质文化遗产产业发展格局，发展开放型、多层次、有特色的文化产业，并通过一些市场前景较好的重点项目，尽快实现人才、资本、技术和市场的有效整合，使非物质文化遗产的生命之树长青。苏州刺绣和广西钦州坭兴陶等知名非物质文化遗产的生产性保护为我们提供了成功的范例。

其次，加强对非物质文化遗产的生产性保护，是国际上“以文化为基础促进发展，用文化多样性推动经济发展方式多样性”的经验的借鉴，也是我国实现跨越式发展的必由之路。从现行社会发展的趋势来看，表面上是经济的竞争占了主流，而实质上文化的竞争才是真正的主导。也就是说，社会发展的方向归根结底还是由文化来决定的，文化发展了，经济自然也不会落后。资料显示，2009 年，美国文化产业总共创造了 2784 亿美元的产值，近两年来增长更为迅猛，文化产业大概占美国国内生产总值的三分之一。而我国2010年的文化产业占国内生产总值的比例仅为2.75%，2011年我国文化产业占国内生产总值的比例仅为2.85%,[①] 2012年，国内文化产业总产值突破40000亿元，比前一年得到进一步提升。这与我国丰富的文化资源相比非常不协调，我国的非物质文化遗产资源更是丰富多彩，但对生产性保护方式重视不够，产业化水平还比较低，生产性保护的潜力十分巨大。

再次，非物质文化遗产的生产性保护体现了学界公认的整体性保护原则与活态性保护原则。非物质文化遗产的保护同样依托于特定的物质基础，包含着对其周围一定规模的环境的保护，非物质文化遗产的生产性保护恰恰更需要这种“整体性”，非物质文化遗产的生产地点应尽量靠近传统的生产地点，这有利于非物质文化遗产的传承与保护，并促进相关产业的发展。原因在于，很多非物质文化遗产与当地群众的生活密不可分，并且与其他非物质文化遗产的传承有着某种内在的联系，如依赖于当地特有的自然地理环境，巧妙地利用当地某种自然资源等，非物质文化遗产来源于遗产地群众的生产、生活实践，它的生产性保护也只有回到当地群众的生产和生活中才能充满生机和活力，这同时也落实了活态性保护原则，有利于非物质文化遗产的教育与传承，简言之，非物质文化遗产不能离开生它养它的“生长地”，否则就成了“无源之水，无本之木”。因而，非物质文化遗产的整体性保护原则与活态性保护原则是非物质文化遗产生产性保护的基础，非物质文化遗产生产性保护是非物质文化遗产的整体性保护原则与活态性保护原则的体现和落实。

---

① http：//finance. people. com. cn/n/2012/1203/c1004 – 19774100. html.

最后，非物质文化遗产的生产性保护有利于优化非物质文化遗产技艺，打造品牌。非物质文化遗产也在不断地向前发展和创新，很多古老的非物质文化遗产正在焕发新的生命力，苏绣大师将西洋画法引入苏绣就是最好的见证。在新技术应用的同时“保住”承载在非物质文化遗产上的厚重文化内涵作为优化非物质文化遗产技术水平和手段的起点。用新技术改造传统工艺，不是单纯、刻意地追求新技术在传统技艺中的应用，它是一个渐变的过程，即把先进适当的高技术、新设备、新工艺以及先进的管理技术等应用于非物质文化遗产产业中，从而促进非物质文化遗产的生产周期和产品的标准化，提高产品的市场竞争力和企业的活力，提高经济效益。另外，要注意新技术与传统的非物质文化遗产技艺的相容性，即在高新技术应用中所应用的技术知识和客观规律的统一性，以及传统技术和高新技术之间的一致性，它要求不能对不相干、不一致和不相容的高新技术与传统技艺随意进行组合和移植。此外，随着社会不断向前发展，不但商品需要有自己的品牌，非物质文化遗产的发展则更需要有属于自己的品牌。通过大资本、大企业的入驻，带动非物质文化遗产产业的集群化发展是一种可选择的路径。这有利于依托大企业的品牌和知名度，有利于非物质文化遗产技艺的宣传、保护和市场的培育。因此，在保证非物质文化遗产技艺的精髓不变的前提下，做好非物质文化遗产品牌的包装、推介与维护是促进非物质文化遗产生产性保护的必由之路。例如，2007 年，经联合国教科文组织专家评选，水族刺绣工艺精品“祥云神虎”荣获“世界杰出手工艺品徽章认证”，成为刺绣类中国唯一的获奖论证产品，这大大提高了水族刺绣的知名度，为产业化发展奠定了基础。2010 年，韦桃花的“马尾绣百鸟图”等 23 件马尾绣作品在贵州省版权局进行了版权登记，并准备申请“桃花马尾绣”商标。[①] 近些年来，贵州省三都水族自治县以举办培训班、开展竞技比赛等多种形式扶持马尾绣产业，打造民族品牌。一批技术精湛、优秀的马尾绣制作艺人脱颖而出，为马尾绣的传承和产业化发展提供了强有力的人才保障。

《通知》希望被命名为国家级非物质文化遗产生产性保护示范基地的企业和单位要充分发挥示范、带动作用，积极探索和总结非物质文化遗产生产性保护的做法和经验，进一步加强非物质文化遗产的保护和传承，为弘扬中华优秀传统文化、满足人民群众日益增长的精神文化需求，推动经济、政治、文化、社会全面协调可持续发展做出更大贡献。只要我们提高对非物质文化遗产生产性保护的认识，落实以文化为基础促进发展的理念，科学优化非物质文化遗产的传统技艺，大力打造非物质文化遗产知名品牌，就能够实现《通知》的宗旨和目标，并为我国非物质文化遗产的传承保护与依托于非物质文化遗产的特色经济的发展开辟出一条新路。

第二节　民族文化开发的利益补偿制度的可行性

一、中国自然资源开发中的利益补偿制度

西方国家的补偿制度最早产生于近代财产的征用与征收制度。随着时代的变迁，许多西方发达国家的宪法先后抛弃了私人财产所有权不受任何限制的理念，转而倡导对私人财产所有权进

① 文永辉、卫力思：《少数民族非物质文化遗产传承人知识产权保护问题研究》，载《贵州民族研究》2012 年第 1 期。

行必要的限制，被征用的标的进而呈现出多样化趋势：一切具有财产价值的标的，不论是不动产还是动产，有形的还是无形的，都可以纳入征用的标的范围。然而，私人财产权作为一项基本权利一直没有动摇，对于合法公权力行为造成的损失，获得救济的宪法依据只有行政补偿条款。

行政补偿是指行政主体的合法行为使行政相对人的合法权益受到特别损失，或者行政相对人为了维护和增进国家、社会公共利益而使自己的合法利益受到损失，行政机关依法对相对人所受损失予以适当补偿的制度。它是国家调整公共利益与私人或团体利益，全局利益与局部利益之间关系的必要制度。《宪法修正案(六)》第22条规定："国家为了公共利益的需要，可以依照法律规定对公民的私有财产实行征收或征用并给予补偿。"2004年3月22日，国务院发布的《全面推进依法行政实施纲要》第31条提出要"完善并严格执行行政赔偿和补偿制度"。此外，相关制度规定还存在于《野生动物保护法》(第14条)、《城市房地产管理法》(第19条)、《外资企业法》(第5条)、《土地管理法》《森林法》《城镇国有土地使用权出让和转让暂行条例》等法律法规中。但这些都不过是对行政补偿制度的原则性规定。2004年通过的《行政许可法》第8条规定："行政许可所依据的法律、法规、规章修改或废止，或者准予行政许可所依据的客观情况发生重大变化的，为了公共利益的需要，行政机关可以依法变更或者撤回已经生效的行政许可。由此给公民、法人或者其他组织造成财产损失的，行政机关应当给予补偿。"该规定可以说是对行政补偿原则性规定的进一步具体化。

《森林法》第8条第2款规定，国家设立森林生态效益补偿基金，用于提供生态效益的防护林和特种用途林的森林资源、林木的营造、抚育、保护和管理。森林生态效益补偿基金必须专款专用，不得挪作他用。具体办法由国务院规定。第9条规定，国家和省、自治区人民政府，对民族自治地方的林业生产建设，依照国家对民族自治地方自治权的规定，在森林开发、木材分配和林业基金使用方面，给予比一般地区更多的自主权和经济利益。为了国家和社会公共利益的需要，国家经常要征用公民、法人或其他组织所有或使用的财产，此时需要给利益受损者以充分的补偿。例如，《草原法》第 38 条规定，进行矿藏开采和工程建设，应当不占或者少占草原；确需征用或者使用草原的，必须经省级以上人民政府草原行政主管部门审核同意后，依照有关土地管理的法律、行政法规办理建设用地审批手续。第 39 条规定，因建设征用集体所有的草原的，应当依照《中华人民共和国土地管理法》的规定给予补偿；因建设使用国家所有的草原的，应当依照国务院有关规定对草原承包经营者给予补偿。因建设征用或者使用草原的，应当交纳草原植被恢复费。草原植被恢复费专款专用，由草原行政主管部门按照规定用于恢复草原植被，任何单位和个人不得截留、挪用。草原植被恢复费的征收、使用和管理办法，由国务院价格主管部门和国务院财政部门会同国务院草原行政主管部门制定。

在公众环境意识日益提高的今天，对公众因环境保护活动的参与而受到的损害应当给予补偿，以保护和鼓励公众维护环境平衡与可持续发展的积极性。例如，《野生动物保护法》第 14 条规定，因保护国家和地方重点保护野生动物，造成农作物或者其他损失的，由当地政府给予补偿。补偿办法由省、自治区、直辖市政府制定。《国务院关于进一步完善退耕还林政策措施的若干意见》也适用于民族自治地方，明确规定了粮食和现金补助的标准和期限。

在行政补偿制度之外，还存在着一些其他的补偿制度，比较有代表性的有两种，即民族自治地方的补偿和生态补偿。前者是指，2001 年 2 月 28 日修订的《民族区域自治法》第 65 条规定，国家采取措施，对输出自然资源的民族自治地方给予一定的利益补偿。第 66 条规定，民族自治地方为国家的生态平衡、环境保护做出贡献的，国家给予一定的利益补偿。这些规定确认了民族自治地方获得利益补偿的权利。同时，这项以“开发者付费，受益者补偿，破坏者赔偿”为原则的制度也应适用于民族自治地方为野生动植物保护、文物保护、历史遗迹保护等方面做出贡献的情形。而生态补偿机制研究是目前世界上生态环境建设领域研究的热点和难点问题。国内学者对生态补偿概念的理解有广义和狭义之分。生态补偿从狭义的角度理解就是对由人类的社会经济活动给生态系统和自然资源造成的破坏以及对环境造成的污染的补偿、恢复、综合治理等一系列活动的总称。而广义的生态补偿机制则还应包括对因环境保护而丧失发展机会的区域内的居民进行的资金、技术、实物上的补偿、政策上的优惠，以及为增进环境保护意识，提高环境保护水平而进行的科研、教育费用的支出。

中国目前的补偿措施主要集中在资源开发和生态保护方面，主要有：一是库区维护基金。财政部和原电力部 1981 年规定从发电成本中每千瓦时提取 1 厘钱，主要用于水库运行造成的库区移民生产生活的困难补助。二是库区建设基金。国办发［1986］56 号文件规定，从 1986 年起，从有收益的水库、水电站电费中提取一定比例（由最初的每千瓦时 1 厘钱提高到 5 厘钱），解决扶持移民发展生产的资金问题。2002 年 1 月，《关于加快解决中央直属水库移民遗留问题若干意见》中规定，有关省、自治区、直辖市从本地区销售的全部电量每千瓦时 2 厘钱以内提取该基金。三是矿产资源补偿费。1993 年，国务院颁布的《矿产资源补偿征收管理规定》明确规定，该项费用按照矿产品销售收入的一定比例计征，根据不同的矿产资源，按其销售收入的 0.5% ~4% 征收。中央与省市分成比例为 5:5，与自治区分成比例为 4:6。四是森林植被恢复费。2000年国务院颁布的《中华人民共和国森林法实施条例》中规定，凡勘查、开采矿藏和修建道路、水利、电力、通讯等工程，需要占用或征用林地的，经审核同意的，预交森林植被恢复费。根据林地的性质，每平方米2～10元不等。[①]中国目前还没有对少数民族传统文化以及文化权益进行补偿的相关规定。

前述的这些补偿制度都是源于相对方的合法利益受损，相关方基于法律的相关规定来对相对方的受损利益进行适当的补偿，来使其受损害的利益恢复到原初状态，进而在当事各方之间寻求可能的利益平衡。但是，由于传统文化目前仍被视为“公有领域”的东西，也就是现行法律没有相关规定来保护基于传统文化而获得的利益，因而无法通过前述这些法律规定的补偿制度来保护传统社区的文化利益。因而，我们只能在现有法律体系之外寻找其他可能的路径来保护传统社区的相关利益。

二、将利益补偿制度引入文化资源开发的外部因素

长期以来，对传统文化尤其是少数民族传统文化的采集和利用，如收集、整理、改编等，常常被误认为原始创作，而真正的民族民间文化的参与者、传承者却很难从中受益。随着市场经济的发展和国际文化贸易的增长，在对少数民族传统文化的使用中，少数民族传统文化的拥有群体和使用者之间的利益矛盾会越来越突出，迫切需要建立包括知识产权在内的法律保护制度，以鼓励少数民族传统文化的传承和创作，合理开发和利用中国的民

---

① 葛忠兴：《中国少数民族地区发展报告2004》，民族出版社2005年版，第64－66页。

族文化资源。[①] 如果将“利益平衡”问题进一步上升到权利人与作为资源提供者的社会公众或群体之间的利益关系，所要解决的就是作为资源提供者的社会公众或群体在利用这些资源完成的知识产权中分享利益的问题，尤其是那些历经代代相传的努力，在原生境状态下保护了相关资源的社会群体（少数民族）的利益分享问题。[②]

事实上，由于一个作品是“原创”还是“改编”不仅关系到作者名誉上的满足感，还影响到作者应得的收入，正如前面提到的“乌苏里船歌”案所表露出来的，改编者经常回避甚至忽略这一事实。我国的相关规章对如何平衡原作者和改编者之间的利益是有相关规定的，根据国家版权局 1999 年发布的《出版文字作品报酬规定》第 9 条，原创作品的版税率为 3% ~10%，演绎作品的版税率为 1% ~7%；出版者出版演绎作品，除合同另有约定或原作品已进入公有领域之外，出版者还应取得原作品著作权人的授权，并按原创作品版税标准向原作品的著作权人支付报酬。1993 年版权局发布的《录音法定许可付酬标准暂行规定》第 5 条规定，使用改编作品进行录音，依第三条和第四条的规定确定具体报酬后，向作品的著作权人支付 70%，向原作品著作权人支付 30%。原作品已超过著作权保护期或不适用著作权法的，只按上述比例向被录制作品的著作权人付酬。但是，前述两个规章中都有“已进入公有领域除外”的排除条款，按照现在的知识产权法，我国的传统文化多数都已经进入公有领域，是无法在前述两个规章的框架内进行利益分享的。相反，如果我们能够在法律上

① 吴烈俊：《中国民族民间文学艺术的法律保护》，载《西南民族学院学报》2003 年第 3 期。

② 唐广良：《遗传资源、传统知识及民间文学艺术表达国际保护概述》，载郑成思：《知识产权文丛》（第 8 卷），中国方正出版社 2002 年版，第 52 – 72 页。

确认传统文化产权制度，那么传统社区至少要获得30%左右的预期利润，这将极大地激发传统社区保护其传统文化的积极性与热情，也是促进民族地区与传统社区加快发展的重要契机，值得国家立法部门从战略发展的角度来重视这一制度的创设与实施。

遗传资源的获取与获益分享在《生物多样性公约》中并没有明确的概念，但是《生物多样性公约》的最高决策机构——缔约方大会已经展开审查定义等方面的活动，2004年2月，缔约方大会第七次会议专门就《生物多样性公约》所未定义的概念要求各缔约方、各政府、组织、土著和当地社区及各利益相关者向执行秘书提交各自的定义。这里列举一些国家提交的定义①：捷克共和国提交的是“遗传资源的获取：提供者向使用者提供的得到遗传资源信息和样品以用于声明使用的用途并在共同商定条件下使用的机会；惠益分享：参加使用遗传资源所取得的任何类型的惠益”。马达加斯加提交的是“遗传资源的获取：在不占有的前提下获取生物多样性资源的遗传特性用于研究和使用；惠益分享：在遗传资源占有国和使用者之间分享从开采这些遗传资源或其他途径所取得的货币利益，但也包括占有国以及考虑到当地社区和传统知识”。英国皇家植物园邱园提交的是“遗传资源的获取：指允许获得和使用遗传资源；惠益分享：指分享利用（无论是否为商业利用）遗传资源所产生的惠益，并可能包括货币和非货币性回报”。非政府组织地球之友提交的定义是“遗传资源的获取，即有意满足国家和国际法律中所有有关法律要求后，使用遗传资源的行为。有关授权是个人的和不可转让的，并只有在具有无可辩驳的证据表明取得了待获取遗传资源的持有者或者所有者的事先知情同意，并且关于遗传资源的使用具有足够的监督机制和后

① 张小勇：《遗传资源的获取和惠益分享与知识产权》，知识产权出版社2006年版，第64－65页。

续机制的条件下，可由国家主管部门授予；惠益分享：与获取遗传资源或传统知识有关的所有行动中必须履行的义务，这一义务源自《公约》。参与的形式必须公平和公正。为满足这些基本要求，在给予授权之前，资源提供者必须能够得到有关信息并有足够时间独立分析所收到信息和对所取得的遗传资源组成部分进行利用的控制机制的定义”

以上概念基本遵循了《生物多样性公约》及《波恩准则》的要求。同时也代表了两种不同的观点；一种观点认为获取与惠益分享是一种私法上的合同行为，这种观点以英国皇家植物园邱园为代表；另一种观点认为获取与惠益分享是一种在公法管制下的合同行为，这一观点以非政府组织地球之友为代表。这样的分歧也体现在《生物多样性公约》谈判过程中。发达国家作为遗传资源匮乏而生物科技发达的国家，尽量阻止遗传资源从可以任人获取的人类共同财产转变为受一国主权控制下的事项；发展中国家饱受“生物剽窃”之害，迫切要求将丰富的遗传资源和传统知识处于公有领域的现状进行改变，使之纳入国家主权管辖范围之内。谈判的结果是发达国家在这一问题上做出了让步，遗传资源取得了国家主权原则。但发达国家在此问题上的让步是以发展中国家在对于遗传资源获取与惠益分享的管制中并未排除合同行为为对价的。这就意味着即使在公法管制之下，也不能排除合同制的存在。

虽然没有明确的法律规定，一般认为，少数民族传统文化是“公有”，但是国家对其享有文化主权。由于少数民族是国家内的人民的一部分，每个少数民族成员是全体人民的一分子，对于“公有”的传统文化资源，特别是文化资源开发时导致开发地少数民族的生产生活方式的改变，影响其固有文化，对其语言和习俗传承的产生不可预见的影响，少数民族是否应享有相关的权益呢？失去土地和草原的使用权对于依赖此土地和草原为生的少数民族来说，他们失去的不仅仅是使用权，还有文化、语言、习俗的传承，社区的联系和文化的归属，这些远比现有的补偿来得深远，失去后恢复的可能性几乎为零，所以对少数民族的在传统文化资源开发的补偿的法理研究更有意义。

在现代化的过程中，国家可以在法律上、政策上认定每一个民族都具有平等的发展权，但是法律和政策规定只是确认了每个民族应有的权利，一种应然状态，但是在相当长的时间里，是无法实现每个民族都具有同等的发展水平，这种实然的状态。国家为了实施法律和政策上的民族平等的发展权，对经济生活进行干预，对相对经济发展水平较为落后的民族地区使用财政手段去干预，有的西方学者担心，这种干预不仅不能够取得预期效果，同时会产生两个方面的负效应：其一是比较贫困地区和民族群体首先有了平均主义愿望，而且会觉得政府的任何补救措施都是不充分的；另一方面，比较繁荣地区认为政府对这些地区和民族的支持是对自己的剥夺，因而觉得自己是不公正歧视的受害者。

第三节 民族文化开发中利益补偿制度的要素

法律的调整功能，是通过将社会关系转化为法律关系来完成的，将某种社会上存在的利益转化为权利义务关系，即为某主体设定权利并转化为法律关系，是法律的调整方式之一。

一、补偿主体

（一）当地政府

由于少数民族地区地理位置偏僻，生产力水平低，在现代化进程中往往缺乏经济竞争力，所以当地政府不得不从本地区的特殊民情出发，寻求适合本地发展的经济模式，鉴于少数民族地区拥有灿烂和悠久的少数民族文化，当地政府开始将经济发展的重点转移到旅游开发上来，因地制宜的发展民族旅游业，所以在民族旅游开发之初，当地政府往往是开发的主力，成为民族旅游开发的首要利益相关主体。这一主体包括：上级政府、当地乡（镇）政府、旅游局、文化局等。

由于旅游景区一定程度上讲具有公益性质，这决定了在现阶段政府应当是生态补偿的主要承担者。其一，政府有责任向公众提供高质量的生态环境作为公共物品。政府是旅游生态环境保护的受益者。其二，政府有较强的经济实力，可以集中资金投入到生态补偿上来。中央和省级政府应当通过转移支付等办法，对州、县政府在旅游生态补偿上的巨额支出进行填补。其三，政府有强大的组织、协调能力。生态补偿涉及各方利益主体，各方诉求不尽相同，政府可以发挥自身优势，协调各方不同立场。其四，政府具有完备的管理体系。生态补偿是一个系统工程，根本目的就是促进生态环境的改善，政府可以协调多区域生态环境的协同发展。在很多西部民族地区，当地政府过多插手旅游开发事务，通过行政手段获取经济利益。由于中国长期以来政企不分现象的存在，政府从一开始就是作为民族旅游开发的主导者出现，从一开始的旅游规划到后来的招商引资，政府往往以行政命令代替经济规律，大包大揽。旅游业作为一个有较大获利空间的新兴产业，许多作为现代意义上的“经纪人”的地方政府机关都试图从中分享一部分经济收益，从而插手旅游开发经营，设置一些收费项目和收费关卡[①]，从各种门票和税收中获取利益。

① 赖永剑、贺祥民：《旅游开发中三大利益群体关系探析》，载《龙岩学院学报》2008 年 2 月第 26 卷第 1 期，第 41 页。

（二）旅游开发商

由于民族旅游开发是一个先期投入非常大的产业，大量的资金投入使得当地政府无力承受，于是有了“招商引资”的举措，将旅游景区的开发经营权有偿让渡给旅游开发商，约定在一定的期限内由旅游开发商对民族旅游景区进行开发经营，开发商由此就获得了在一定期间内对旅游景区的开发权和收益权，成为民族旅游开发中的市场化利益主体。

企业虽在开发经营中受限，但依托政府行为谋取超额经济利益。当地政府的干预对于旅游开发商的开发经营行为确实造成了一定的影响，增加了运营成本，但是，在政府主导的条件下，企业同样可以通过政府行为谋取利益，因为政府为了招商引资，往往会给开发商许多优惠条件，如以较低的价格从当地居民手中征收或征用土地，而后又将土地使用权低价转让给旅游开发商，使得开发商减少了开发成本，再加上当地劳动力资源丰富，成本低，所以开发商所获得的收益就高。

（三）当地居民

民族旅游开发影响最大的应该是当地的居民，他们一般是世代居住于该地区，拥有自己的生活方式和独特的文化，而旅游业的介入使得他们这种独特的生活方式和文化成为一种重要的旅游资源，被当地政府和旅游开发商用来发展民族经济，吸引游客前来消费。此时，当地居民作为民族文化资源的拥有者和诠释者，实际上参与了民族旅游的开发活动，理所当然地也成为民族旅游开发的利益主体。规范地讲，应该是拥有该少数民族文化的传统社区。对传统社区的界定，我们可以借鉴前述的菲律宾的成功经验。在菲律宾，当地文化社区是指以自我归属和归属区别于其他人的一群人民或者同质社会。这些人作为一个有组织的社区持续地居住在公共的确定的领土上，并且这些人，自古老时代以来，在所有权意识下，占用、持有并利用这些领土，有共同的语言、习惯、传统和其他显著的文化特征；或者是指通过抵抗殖民主义的政治、社会、文化的入侵，没有自己的宗教和文化，而历史性地与大多数菲律宾人区别开来的那些人。对于我国来说，由于我国与他国不同的民族国家发展的历史，前述定义的后一种情况在我国是不存在的。但我们可以借鉴前述定义的前半段的规定，来界定我国的传统社区，这一定义的最大优点就是突破了民族的界限，也不是依托于简单的地域的界限，而是以文化为基础的传统社区的边界，比较适合于应用在传统文化的法律保护方面，比较符合传统文化产权的实际情况。

当地居民文化水平低，靠从事体力劳动或小本经营分享利益。民族旅游业属于劳动密集型产业，需要许多的劳动力资源从事旅游接待、导游、民族文化展演、保洁、运输等方面的工作，因此，当地旅游业的开展无疑会增加相关方面劳动力的需求，但是，值得注意的是，由于文化水平所限，这些新增的就业岗位只有很少的一部分安排给当地少数民族，而且他们所从事的工作大多也是低层次职业，如服务员、司机、歌舞表演者等，不能进入上层决策领域，获取的收入也只是靠出卖廉价劳动力获取的微薄报酬。稍微有些经济头脑的居民会选择在景区附近从事小本经营，出售民族纪念品，然而，许多时候出现的情况是外地精明商人或者旅游公司与本地居民争抢商机，由于语言、信息及技术所限，当地居民往往处于劣势，只把经营作为农闲时候的副业。

概括地讲，从获取收益的形式上看，首先，政府通过税收、景区门票分成、收取开发经营权出让费和土地使用权出让费等形式获取收益。民族旅游开发不仅使当地声名鹊起，而且为当地带来可观的经济收入，政府可以通过向旅游开发商征收税款、以股东身份参与景区门票分红，以及收取景区开发经营权出让费和土地使用权出让费等方式获取收益。其次，开发商通过收取景区门票、提供导游、民族文化展演以及出租景区店铺等形式获得收益。再次，当地居民只能通过充当表演者、脚力、“黑导”等方式获得劳动力价值收益。值得一提的是，当地居民获取收益的方式虽然比以前更加多样化，但是，通过这些方式获得的收入相当有限，再加上有些居民由于土地被国家征收或征用来搞旅游开发，所以失去了种田这种稳定的生活来源，换来的补偿款却相当少，生活水平不升反降。

二、不同主体之间的关系

（一）当地政府与旅游开发商

一般来说我国大部分旅游资源的所有权都是属于中央政府，尤其是那些自然景观和文化遗产，地方政府代替国务院行使对其的所有权。[①] 在民族旅游开发初期，由于当地居民对旅游开发一无所知，参与积极性不高，所以当地政府一方面负责旅游资源的管理事物，另一方面又要积极筹集资金、招商引资开发旅游景区，当然，旅游业作为一个新兴的“朝阳”产业，拥有广阔的市场前景和利润空间，政府作为一个现代意义上的“经纪人”，也期待从中分取一部分利益，于是就有了其在民族旅游开发中的双重身份，与旅游开发商的关系也要从两个方面去分析：

一方面，政府作为旅游资源的管理者。在发展民族旅游的目标上，政府和旅游开发商是不一致的，政府在发展旅游的同时要考虑当地经济、社会和环境的协调发展，而旅游开发商作为市场经济条件下的生意人，追逐经济利益的最大化是他们经营的首要目标，所以一切都会从自身的经济利益出发，很难自觉关注社会效益和环境效益，于是就需要政府的正确引导。当地政府作为国家代理人对旅游资源所在地进行管理，拥有对资源的处置权和管理权，所以在旅游开发的规划和经营权出让方面，政府要综合考

---

① 郭鲁芳：《旅游企业品牌战略探讨》，载《旅游科学》2001 年第 3 期。

虑当地的社会利益、经济利益和环境利益，有限制地授权开发商经营，并在日常的管理中监督开发商的行为，并适时给予引导，双方之间是监督指导的关系。值得一提的是，当旅游开发商需要土地等资源要素规划景区的时候，政府又利用其公权力机关的形象征收当地居民的土地资源，使得开发商能够以最小的成本获取宝贵的土地资源，从某种意义上来说，两者又成为旅游开发的合作伙伴。

另一方面，政府作为旅游开发的经营参与者。由于我国长期以来存在政企不分的现象，在民族旅游开发伊始，往往由政府牵头成立旅游开发公司，公司的经理由政府相关部门领导（如旅游局局长）兼任，后来，由于资金短缺和开发能力等方面的原因，需要引入新的开发主体，于是又与旅游开发商签订协议，将旅游景区的开发经营权出让，成立新的股份制公司，对旅游景区进行共营，在这种情况下，政府是作为旅游开发经营者的身份出现，与旅游开发商共同分享旅游开发带来的经济利益，然而，政府在具体经营领域的过分插手，人为地设置各种收费关卡和收费项目，使得旅游开发商在旅游开发中受到较多的限制，既增加了经营成本，也降低了效率，再加上政府作为公权力机关的代表，一旦开发商有异议，便可以借助行政手段实现行政部门的经济利益，在旅游开发中既充当裁判，又充当运动员，而开发商对此也束手无策。

（二）旅游开发商与当地居民

由于民族旅游开发依托的是当地社区的少数民族文化资源，所以当开发商在当地大搞旅游业的时候，最受影响的是当地的居民，他们的生活从原来的默默无闻变为了公众关注的焦点，源源不断的游客从四面八方拥来，打破了他们传统而平静的生活方式。开发商从规划景区、增设各种公共设施开始，改善了当地的生活环境，而后雇佣他们向游客展示当地歌舞和民俗，当地居民才意识到原来自己平时用来娱乐的歌舞也可以用来赚钱谋生，甚至他们所在的传统生活环境和习俗也成了旅游的一种文化资本，于是也纷纷投身于民族旅游开发中去，希望分享一些旅游带来的经济利益。然而，由于学识和能力有限，当地居民参与旅游的方式相当单一，除了一小部分人被旅游公司雇用为正式员工以外，大多从事临时性的民俗展演活动或者在景区从事小本买卖，向过往游客兜售民族纪念品或特色饮食，由于旅游行业的需求并不稳定，受节假日和天气情况等各种因素影响，所以当地居民大多数时候还是从事传统劳动，只有在有客源的时候才会被临时找去表演，赚取廉价的报酬，同样，从事小本买卖的居民收入也不稳定，除去几个有经营头脑的人能赚一些钱之外，大多依然收入颇低。

随着当地旅游业的规模越来越大，客源越来越多，开发商开始寻求更广阔的发展空间，向当地居民征地扩建景区、招徕专业表演团队编排歌舞展演、聘用导游、编写各种导游词、对民族文化进行肆意编造、篡改和误读，以及出租店铺给外地商人从事所谓的“民族特产”经营活动等，然而，这些单纯出于经济利益考虑的活动完全没有与当地居民协商或征询意见，也完全没有让当地居民优先参与、分享收益，于是他们的态度从原来的欢迎变为了抵制，与开发商的冲突不断升级，他们认为，民族旅游开发依托的是当地特有的少数民族文化资源，而他们作为文化资源的“主人”，理应享有对本民族文化的阐释权和在本地区经营的优先权，分享民族旅游开发所带来的经济利益。在双方互不妥协的情况下，矛盾就此产生，如果不能妥善解决，会招致当地居民各种抵触行为，直接影响到民族旅游开发活动，这种现象在有些地区已经显现出来。①

（三）当地政府与当地居民

就地方政府而言，其主要职责是管理和服务本地发展，当地经济的繁荣发展是政府塑造政绩和维护形象的主要目标，所以，地方政府希望通过旅游开发促进地方经济繁荣，并为民族旅游开发创造良好的经营环境。目前，我国许多地方的旅游开发是以政府为主导开发的，在旅游开发伊始，当地政府直接参与投资、旅游规划、基础设施建设和招商引资等活动，成为民族旅游开发的利益主体之一。但是，目前的民族旅游开发大多并没有经过当地少数民族的同意，在具体的开发经营中也没有吸收少数民族参与，少数民族往往在开发中处于最弱势的地位，政府与当地居民的关系表现在两个方面：

一方面，政府的决策者身份。随着旅游开发项目的不断进行，景区的规划和公共设施建设离不开土地等资本要素，然而我国宪法第十条明确规定，土地禁止买卖，只能出让土地的使用权，此时，为了更好地吸引投资，搞好景区开发，政府往往以决策者的身份，运用行政权力在审批、规划和征用等方面决定土地的使用权，征收或征用当地居民的土地，在征地价格上也无须与他们商议。于是，这种对土地的征用和补偿行为成为一种行政行为，当地居民在所谓的国家和社会利益的面前只能牺牲自身利益，选择被动承受廉价的补偿金。而后，政府将征收或征用来的土地转让给旅游开发商，从中收取租赁费，而失去土地的当地居民若想在景区从事经营行为，却要和外地的经营主体一样缴纳租

① 在《黄姚故事——从古镇旅游开发看文化资源产权问题》一文中，提到黄姚古镇的居民由于没有从旅游开发中分享到应有的利益，一方面，派出代表与开发公司和政府交涉，积极争取权益；另一方面，在交涉未果的情况下则采取拒绝展示、与旅游开发商争抢客源等消极抵制的方式进行抗争。详见尤小菊：《黄姚故事——从古镇旅游开发看文化资源产权问题》，中央民族大学2005年4月硕士论文。

金或购买房产，成为“剪刀差”下的牺牲者。

另一方面，政府的协调者身份。如前所述，旅游开发过程中当地居民难免会与开发商出现矛盾冲突，此时，政府又扮演协调者的角色。但是，出于利益的考虑，政府在居民与旅游开发商的利益博弈中往往倾向于开发商一边，损害当地居民的利益，并且在信息提供方面往往使矛盾双方处于信息不对称的境地。

由此可见，不管当地政府以哪种身份与当地居民接触，始终处于弱势地位的是当地居民，他们成为民族旅游开发的“无私奉献者”和“默默承受者”。

（四）从现有利益分配状况所造成的影响看

1. 影响了当地居民参与旅游开发的积极性

民族旅游开发的项目建设、维护以及环境治理和保护等方面，都需要强大的资金投入。这部分资金理应由开发商提供，而事实上却由地方政府从旅游收益或其他用于改善人民生活、提高福利水平的财政拨款中支取，从总体上降低了地方政府在相关方面的财政支付能力。一方面，当地居民在利益分配方面得不到应有的利益补偿；另一方面他们应该获得的财政扶持资金又挪作他用，当地居民体会不到旅游开发所带来的好处，参与的积极性不高，从而影响民族旅游的可持续发展。

2. 造成当地自然人文环境的破坏

由于投资商和开发商无须承担资源成本和其他补偿费用，受利益最大化的驱使，势必加紧对民族旅游资源的开发，而旅游资源的开发和利用一旦超过当地社区所能承受的限度，会严重影响当地自然和人文环境的良性发展，而这些人文资源是不可再生的，一旦遭到破坏就很难恢复。丽江古城的发展就很好地证实了这一点。

3. 容易引起利益主体间的矛盾和纠纷

由于民族旅游收益分配的不公平，致使地区间和个人之间的贫富差距拉大，少数民族地区的贫困程度没有发生根本变化，当地大多数人的生活水平仍处在贫困线以下，没有享受到资源开发后应有的实际效益，而外地进入的开发商或投资商的收益又大大超过其应有部分，获得高额利润。这种收益分配悬殊的人为扩大和不公平不可避免地会导致当地居民与当地政府、旅游开发商以及与外来商人之间的矛盾和纠纷，使得当地居民对民族旅游开发产生抵触情绪，严重时会影响民族旅游活动的正常进行。

三、补偿的集体管理

著作权集体管理组织，是指作者或其他著作权人，自己组织起来、建立一个机构、集中行使该机构成员作品的著作权，代表作者与作品的主要传播者（出版者、唱片公司、电台、电视台、电影制片公司、各种艺术表演公司、展览公司等）商谈授权使用作品并向其发放使用作品的许可证。此种组织是为权利人的利益依法设立，根据权利人授权、对权利人的著作权或者与著作权有关的权利进行集体管理的社会团体。著作权法规定的表演权、放映权、广播权、出租权、信息网络传播权、复制权等权利人自己难以有效行使的权利，可以由著作权集体管理组织进行集体管理。根据我国的《著作权集体管理条例》第 2 条的规定，著作权集体管理组织的职权，是指著作权集体管理组织经权利人授权，集中行使权利人的有关权利并以自己的名义进行的下列活动：与使用者订立著作权或者与著作权有关的权利许可使用合同（以下简称许可使用合同）；向使用者收取使用费；向权利人转付使用费；进行涉及著作权或者与著作权有关的权利的诉讼、仲裁等。但是，著作权集体管理组织只是著作权人授权成立的社会团体，根据该条例第 17 条的规定，著作权集体管理组织会员大会（以下简称会员大会）为著作权集体管理组织的权力机构。会员大会行使下列职权：制定和修改章程；制定和修改使用费收取标准；

制定和修改使用费转付办法；选举和罢免理事；审议批准理事会的工作报告和财务报告；制定内部管理制度；决定使用费转付方案和著作权集体管理组织提取管理费的比例；决定其他重大事项。

（一）中国著作权集体管理组织的现状

中国的著作权集体管理制度起步较晚，且发展也较缓慢。从1992年成立第一家著作权集体管理组织以来，中国现有正式著作权集体管理组织一家（中国音乐著作权协会）、筹备著作权集体管理组织两家（中国音像著作权协会、中国文字作品著作权协会），分别从事音乐作品、音像制品、文字作品的著作权集体管理业务。

1. 中国音乐著作权协会发展现状

中国音乐著作权协会成立于1992年，由中国国家版权局和中国音乐家协会共同发起，是中国第一家著作权集体管理组织，其会员主要是词、曲作者和部分音像制作者和创作团体，主要管理音乐作品的表演权（包括现场表演和播放背景音乐）、广播权和录制发行权（包括制作广播电视节目、背景音乐制作、音像制品制作、网络下载等）。协会成立之初，只有少量会员，发放的许可证和收取的费用也微不足道。经过几年的发展，截止到2003年年底，协会共有会员3103名；管理各类音乐作品1400万件，其中中国大陆著作权人的音乐作品16万件，出版商授权管理的作品400万件，海外同类组织委托其管理的作品1000万件；2003年全年收取的使用费2751.4万元人民币，给会员的分配2238.9万元人民币，自1993年年中起，至今累计收入9227.9万元人民币。此外，协会在上海、北京、四川、江苏等地共有地方办事处17个，主要工作是在地方发放许可证和收取使用费，但不负责分配。分配由协会总部统一进行。

2. 中国文字作品著作权协会发展现状

该协会是1999年11月向中国国家版权局提出申请，经审查批准后于2000年5月成立，但尚未经民政主管部门批准。该协会的筹备工作由中国版权保护中心和中国作家协会权益保障委员会共同负责。协会管理的权利主要包括文字作品的法定许可报酬收转权、信息网络传播权、数字化复制权等。现在协会以发展会员为主要工作，同时也借助原有的中国著作权使用报酬收转中心开展报酬的转发工作。协会现有会员2200多人，主要为中国国内各类文字作品著作权人。

3. 中国音像著作权协会发展现状

中国国家版权局2001年11月5日批准中国音像协会负责筹备音像著作权集体管理工作。其主要管理音像制品的公开表演权、广播权、出租权、信息网络传播权及经权利人特别授权的部分复制权、发行权。从2001年筹备音像著作权集体管理工作以来，已有70多家音像单位与协会签订音像著作权集体管理协议，授权协会进行音像著作权集体管理工作。

（二）利益补偿的集体管理

在民族文化开发中的利益补偿这一制度被我国法律确认之后，就涉及该制度的运行与实施。对于民族文化开发中的利益补偿制度的运行，由于我国传统文化的数量众多，至今我们还不清楚我国到底有多少传统文化，加之很多传统社区的文化素质较低、权利意识不强、权利行使的专业性过强等原因，有必要对民族文化开发中的利益补偿进行集体管理。但在具体的制度设计上，应与现有的著作权集体管理组织有所不同。由依法成立的类似“传统文化协会”、“传统资源共管会”或“蜡染合作社”等的集体管理组织①对民族文化开发中的利益补偿进行集体管理。它的职责与著作权集体管理组织的职权类似，主要包括：与使用者订立民族文化开发中的利益补偿或者与民族文化开发中的利益补偿相关的权利许可使用合同；向使用者收取使用费；向传统文化产权人转付使用费；进行涉及民族文化开发中的利益补偿或者与民族文化开发中的利益补偿有关的权利的诉讼、仲裁等。

由于传统文化的数量众多，进而无法成立类似著作权集体管理组织会员大会这样的权力机构。所以，对民族文化开发中的利益补偿的集体管理组织的监督就显得尤为重要，这就要求“传统文化协会”等组织在签订合同时，事先商请所在社区，通过当地的社区组织或者社区代表大会履行相关的民主决策手续，或者由有关专家与当地社区代表通过“一事一议”的方式进行民主决策，然后做出相关决定。同时还有必要将其每一个转让合同都向社会公众进行公示，接受公众的监督。在民族文化开发中的利益补偿集体管理制度的具体运行方面，我们可以参照喀麦隆的著作权集体管理制度，根据传统文化本身的性质，设立多种类别的民族文化开发中的利益补偿集体管理组织。喀麦隆将其著作权集体管理组织分为四个类别：A 类是文学、戏剧艺术、音乐剧、舞蹈以及其他同类艺术；B 类是音乐艺术；C 类是视听艺术和摄影艺

---

① “传统文化协会”等集体管理组织可以设置若干专职工作人员专门从事传统文化保护，这些集体管理组织由若干专家和所有少数民族或社区的代表共同组成，其中的重大事项由集体管理组织在充分听取该少数民族和社会各界的意见的基础上投票决定。对于精神性权益的行使，一般由少数民族或传统社区自己行使，无须代行，唯一存在问题的是当该类权益受到侵害时，则须由相关集体管理组织向司法机关请求救济；对于经济性权益，则由集体管理组织这样的民间团体行使，所得收益设立专项基金，用于保护、开发、推广、发扬本区域的传统文化。例如，贵州在 2004 年就成立了“民族民间文化保护委员会”，2006 年该委员会更名为“贵州省非物质文化遗产保护委员会”。详见拙著《传统文化产权制度研究》，中央民族大学出版社 2011 年版，第 157 - 158 页。

术；D 类是图形艺术和造型艺术。[1]

根据一般的法理，民族文化开发中的利益补偿的实施主体就是对传统文化进行商业性使用或不正当使用的自然人、法人和其他组织。民族文化开发中的利益补偿的对象就是事实上占有、使用并传承传统文化的传统社区。我国的传统社区应包含如下一些要素：居住在特定的地理区域；拥有共同的语言、习惯、传统或其他显著的文化特征；传统上共同使用周边特定的资源；人类共同体。但在事实上，传统社区的具体边界还需要根据实际情况进行科学认定。

事实上，由于一个作品是“原创”还是“改编”不仅关系到作者名誉上的满足感，还影响到作者应得的收入，正如“乌苏里船歌”案所表露出来的，改编者经常回避甚至忽略这一事实。我国的相关规章对如何平衡原作者和改编者之间的利益是有相关规定的，根据国家版权局 1999 年发布的《出版文字作品报酬规定》第 9 条，原创作品的版税率为 3% ~10%，演绎作品的版税率为 1% ~7%；出版者出版演绎作品，除合同另有约定或原作品已进入公有领域之外，出版者还应取得原作品著作权人的授权，并按原创作品版税标准向原作品的著作权人支付报酬。1993 年版权局发布的《录音法定许可付酬标准暂行规定》第 5 条规定，使用改编作品进行录音，依第 3 条和第 4 条的规定确定具体报酬后，向作品的著作权人支付 70%，向原作品著作权人支付 30%。原作品已超过著作权保护期或不适用著作权法的，只按上述比例向被录制作品的著作权人付酬。但是，前述两个规章中都有“已进入公有领域除外”的排除条款，按照现在的知识产权法，我国的传统文化多数都已经进入公有领域，是无法在前述两个规章的框架内

① 克里斯托夫·瑟纳：《喀麦隆的集体管理组织》，刘板盛译，载《版权公报》2004 年第 3 期。

进行利益分享的。相反，如果我们能够在法律上确认传统文化补偿制度，那么传统社区至少要获得30%左右的预期利润，这将极大地激发传统社区保护其传统文化的积极性与热情，也是促进民族地区与传统社区加快发展的重要契机，值得国家立法部门从战略发展的角度来重视这一制度的创设与实施。

第四节　民族文化开发中的利益补偿制度的程序

我们历来倡导程序法与实体法同样重要，对于民族文化开发中的补偿法也不例外。补偿的程序是保证补偿制度落到实处的前提之一。一个完善的补偿程序立法应包括如下一些内容：①补偿程序的启动。包括两个方面，少数民族传统文化开发企业的主动补偿与传统文化产权主体或者类似“传统文化协会”等组织的申请补偿。②补偿的标准应采用国际上通行的充分和有效的原则。充分是指在与受影响群体即少数民族传统社区充分协商的基础上，补偿应至少能够在传统文化开发商、政府、当地社区之间达成一个相对的平衡。③补偿的方法包括货币补偿、实物补偿和股份制等几种方式。④补偿的时限应考虑少数民族传统社区的具体情况，进行及时补偿。⑤补偿的救济措施应包括协商、仲裁与诉讼。尤其重要的是赋予司法机关对民族文化开发中利益补偿权进行监督的权力，切实保障民族自治地方及少数民族传统社区的政治、经济、文化权利的顺利实现。

遗传资源获取与惠益分享的基本制度体现在《关于获取遗传资源并公正和公平分享通过其利用所产生惠益的波恩准则》（以下简称《波恩准则》）中。《波恩准则》规定了三项重要的制度——事先知情同意、共同商定条件与惠益分享。事先知情同意、共同商定条件是关于遗传资源获取方面的规定，惠益分享是规定惠益分享的类型。在少数民族传统文化开发中的利益补偿制度也应借鉴这一程序性规定，以保障利益补偿制度的落实。

一、事先知情同意

事先知情同意制度是1992年《生物多样性公约》制定的程序制度，目的是防止生物遗传资源免遭生物剽窃并建立遗传资源的合法获取途径并公平分享利用遗传资源的惠益。事先知情同意制度已在巴西、秘鲁、南非、菲律宾等国家和地区的法律中给予了明确规定，其他国家已正在制定法律。事先知情同意是获取遗传资源的程序性规定。《生物多样性公约》规定："遗传资源的取得须经提供这种资源的缔约国事先知情同意，除非该缔约国另有决定，可否取得遗传资源的决定权属于国家政府，并按国家法律行使。[①]"《波恩准则》指明事先知情同意制度的基本组成部分可包括：给予事先知情同意的主管或提供证据的主管部门；时间规定和截止日期；关于用途的具体说明；获得事先知情同意的程序；同所涉利益相关者的协商机制。当然，在不违背事先知情同意制度基本原则的前提下，事先知情同意制度的组成可以并不仅仅限于此，各国立法可以相应地补充。事先知情同意为遗传资源主权国进行共同商定条件和争取惠益分享提供了一个平台。

事先知情同意保护机制，是CBD创立并由有关国家在国内立法上所认可和发展的遗传资源和传统知识保护制度的概称。事先知情同意，是指传统部族以外的组织和个人在获取遗传资源和传统知识、对遗传资源和传统知识进行商业化利用前，必须事先通知有关国家和传统部族，使其知晓遗传资源和传统知识商业化利用的有关情况，并获得依该国法律确定的由该国政府有关部门或传统部族的同意（一般根据传统部族习惯法来做出这种表示）。

① 《生物多样性公约》第15条。

与此相联系，许可是指遗传资源和传统知识利用人在事先知情同意后取得传统知识及有关遗传资源使用许可证书，方可对该遗传资源和传统知识进行商业化开发和利用。事先知情同意和许可制度在菲律宾、秘鲁、印度等国有关法律中已有规定。例如，菲律宾第247号行政令规定，在对遗传资源和传统知识开发利用时，传统部族对这种开发有事先知情权和同意权。菲律宾《原住民权利法》第35条规定，经过有关社区依据其习惯法事先知情同意后，方被允许获取有关传统知识和有关遗传资源。秘鲁《原住民集体知识保护条例》也规定，为科学研究、商业或者工业利用的目的，需要接近和获得遗传资源和传统知识的组织或个人，应获得遗传资源和传统知识持有人的事先知情同意。该组织或个人还需要获得一个非排他的许可证。印度《生物多样性法》第6条规定，任何人想对基于从印度获得的生物遗传资源和传统知识的研究成果获得知识产权，必须事先获得印度生物多样性国家管理局的许可。①

前述的事先知情同意制度可以考虑适用于一国国内以及与生物资源法律保护方面具有类似性质的文化资源领域。如果说“程序公正”是“实体公正”的保证，那么“事先知情同意制度”就是“利益分享制度”实现的保证。一般而言，“事先”意味着获得权利方的知情同意必须在对资源进行开发进行之前，而不是“已经进行开发过程中”或“开发完成之后”，这是因为对资源的开发涉及传统社区的文化尊严，对于不适宜进行开发的自然资源或传统文化资源，少数民族或传统社区有权拒绝，所以强调程序上的“事先”对保护传统社区的文化尊严权，意义十分重大。

① 严永和：《目前遗传资源和传统知识法律保护机制国际探索的成就与不足——评CBD事先知情同意机制和FAO农民权机制》，载《贵州大学学报》，2006年第3期。

"知情同意"的风险管理方式意味着第三者（专家、权威机构）判断的相对化、通过强制性的自由选择来推行某种自我负责的体制。它显然是一种分散风险的技术或机制设计，把损害发生时的责任从决定者转移到决定的被影响者、从特定的个人转移到不特定的个人的集合体（社会），并让一定范围内的每个人都承担部分责任。①《天然资源永久主权公约》确认了资源主权的概念，《保护和促进文化表现形式多样性公约》也确认了文化主权概念，强调缔约国对其传统文化享有主权，相应地，如果他国对其传统文化进行商业性开发，也应获得该缔约国的事先知情同意，参与开发过程，并进行利益分享。这些制度都可以借鉴到一国国内不同的主体进行资源开发时来调整他们之间的利益关系，事先知情同意是对各种资源进行开发的最重要的程序制度，也并不因此排斥其他相关的磋商、斡旋、听证等程序制度。

事先知情同意制度的核心是"知情"，这里的知情是国家和其他利益相关者就资源开发者的申请授予事先同意的前提。《生物多样性公约》并没有就如何做到知情做出明确规定。一般认为，知情包括两方面的要求，即实体方面的要求和程序方面的要求。在实体要求方面，在提出获取资源的申请时，为了使那些被寻求给予同意的方面能够做出充分知情的决定，寻求获取资源者必须向其提供特定的资料。实践中，各国关于披露信息实体内容的要求不尽相同。有的要求提供"全面信息"，有的规定"所有必需信息"，有的则要求披露"准确、全面和可信信息"。理论上讲，所提供的信息应该满足两个目的：第一，信息应该足够使资源提供者了解到该项获取活动的背景、意义、目的和影响，从而使其能够决定是否允许申请者获取该资源。第二，有关信息必须

① 季卫东：《中国法治正处在历史的十字路口》，载《中国改革》，2010 年第 1—2 期。

足够确保获取活动及随后的利益分享安排是公平合理的。目前，在事先知情同意中提供的实体信息方面，还没有一个统一的标准。根据各国的获取与利益分享管制立法，可以将获取申请者应当披露的实体信息总结为下列几个方面的信息：一是关于获取申请者及其资助者的法律地位及其联系方式方面的信息，包括：参与的个人、资助与合作机构、所涉及的当地机构、可能涉及的第三方的证明；二是关于拟议获取活动方法论方面的信息，特别包括：计划获取的资源的种类与数量、活动的开始日期与期限、资源开发活动的地理区域、研究与开发活动进行的地点、研究与开发活动如何进行等；三是关于所获取资源的所有拟议用途及其预计结果方面的信息；四是关于生物开发活动所有可预见的后果，包括但不限于所获取知识或材料及其最终用途对当地环境、社区或文化的影响方面的信息；五是关于获取活动可能产生的各种利益以及拟议的利益分享安排方面的信息。

在程序要求方面，为确保同意主体知情，提供的上述信息还必须以合理的形式或方式进行。所谓合理，就是指资源获取申请者在提供上述信息、获得相关主体的事先知情同意过程中必须一秉诚信，而不得以贿赂、欺诈、胁迫、强制等违背此类主体真实意思表示的方式取得事先知情同意。一般而言，各国主要通过下列要求来实现这一过程的公平性。一是所披露的信息必须是以授权主体所要求的或者能够理解的语言提供。二是所披露的信息应当向公众、特别是受影响的利益相关者公布，以便其进行评论。三是在向土著和当地社区等利益相关者披露信息时，应尽可能采用社区会议的形式，会议通知应提前合理的时间进行通告。四是在披露相关信息时必须尊重土著和当地社区的传统、文化、惯例和习惯法。值得注意的是，上述四种程序性要求中，前两项是可以同时适用于国家和利益相关者两种主体的事先知情同意，而后两项则主要适用于利益相关者授予事先知情同意的情况。①

获取和惠益分享制度，应以国家或地区范围内的全面获取和惠益分享战略为基础。该战略应以保护和可持续利用生物多样性为目的，可作为国家生物多样性战略和行动计划的一部分，而且促进公平地分享惠益。获取遗传资源过程所涉及的步骤可包括：在获取之前进行的活动、使用遗传资源进行的研制活动以及对遗传资源的商业化和其他使用，包括惠益的分享。同样地，在对传统文化进行商业开发时，也应得到中国的预先知情同意并进行利益分享。需要注意的是，事先知情同意并非获取者与提供国政府之间的事情，《生物多样性公约》和《波恩准则》的规定都体现出在获得提供国政府同意的同时还要获得土著与地方社区以及其他利益相关者的同意。在实践中，大多数国家都确立了获取活动要取得提供国政府和土著与地方社区的双重事先知情同意制度。

《保护和促进文化表现形式多样性公约》也确认了文化主权概念，强调缔约国对其传统文化享有主权，相应地，如果他国对其传统文化进行商业性开发，也应获得该缔约国的事先知情同意，参与开发过程，并进行利益分享。事先知情同意是对传统文化进行开发的最重要的程序制度，也并不因此排斥其他相关的磋商、斡旋、听证等程序制度。

二、共同商定条件

共同商定条件是遗传资源获取与惠益分享的实体制度，也是遗传资源获取与惠益分享合同的重要组成部分，因此要遵循合同的基本原则。《生物多样性公约》用第 15 条第 4 款、第 15 条第 7 款、第 16 条第 3 款、第 19 条第 2 款规定了共同商定条件。《波恩

① 秦天宝：《论遗传资源获取与惠益分享中的事先知情同意制度》，载《现代法学》2008 年第 3 期。

准则》提供了一份典型的共同商定条件的指示性清单，这些包括：①遗传资源的类型、数量以及进行活动的地理/生态区域；②对材料的可能用途规定的任何限制；③承认起源国的主权；④应在协议中指明的各方面的能力建设；⑤允许在某些情况下（例如改变用途）就协议的条款是否可以重新谈判；⑥规定是否可以把遗传资源转让给第三方，以及这种情况应具备的条件；⑦是否必须尊重、保护和维系土著社区和地方社区的知识、创新和做法，以及是否应该保护和鼓励根据传统做法按习俗使用生物资源；⑧对机密性资料的处理方法；⑨关于分享由于遗传资源及其衍生物和产品的商业使用和其他使用而产生的惠益的规定。

获取和惠益分享制度，应以国家或地区范围内的全面获取和惠益分享战略为基础。该战略应以保护和可持续利用生物多样性为目的，可作为国家生物多样性战略和行动计划的一部分，而且促进公平地分享惠益。获取遗传资源过程所涉及的步骤可包括：在获取之前进行的活动、使用遗传资源进行的研制活动以及对遗传资源的商业化和其他使用，包括惠益的分享。同样地，在对传统文化资源进行商业开发时，也应得到中国的预先知情同意并进行利益分享。

《生物多样性公约》对生物资源提供国设置了很多保护性规定。例如，要求国外的研究机构在获取遗传资源的时候应当事先告知生物资源所属国，并取得其同意，以及生物资源提供国参与技术研究和开发以及利益分配等规定。这些规定对各国的专利法产生了重大影响，尤其是得到发展中国家的大力支持。《生物多样性公约》正式确认了各国对其生物多样性资源拥有各自的主权，要求缔约国采取措施保证资源提供国参与技术利益分享。

三、惠益分享

《生物多样性公约》将缔约国公平合理分享利用其所提供的

遗传资源而产生的惠益确定为其三项基本目标之一。《生物多样性公约》第1、第15、第16、第19条是对惠益分享的规定。惠益可根据类型划分为货币惠益与非货币惠益，也可根据时间划分为近期、中期和长期的惠益。货币惠益与非货币惠益是最常见的分类方式，《波恩准则》附件二详细列举了货币惠益与非货币惠益的类型。货币惠益主要包括：样本费、首期付款、阶段性付款、特许费、对商业化收取的许可费、应向信托基金支付的用以支持生物多样性的保护和持续利用的特殊费用、共同商定的薪资和优惠条件、科研基金、合资、相关知识产权的共有，等等。非货币惠益主要包括：分享研究和开发成果、在科研和开发方案中（特别是生物技术研究活动中）进行合作或捐助、参与产品开发、教育和培训中的协作和捐助、对遗传资源移地保护设施和数据库的许可使用、制度能力建设、食品和生活保障利益、技术转让，社会认知，共同拥有相关知识产权，等等。在货币惠益与非货币惠益这两种形式中，由于非货币惠益为遗传资源提供国带来的能力建设和潜在的机会更多，所以成为惠益分享的主要组成部分。《生物多样性公约》及《波恩准则》不仅对惠益的类型作了划分，还要求各缔约国对惠益分享的机制进行安排。《波恩准则》第49条指出“惠益分享机制可能因惠益的类型、各国的具体条件以及所涉及利益相关者而有不同”。惠益分享机制应该是灵活的，应该由参与惠益分享的合作伙伴来决定。并因每个具体情况而异。”

例如，2005年延边朝鲜族自治州制定了《延边朝鲜族自治州黄牛管理条例》，该条例对延边朝鲜族自治州的黄牛遗传资源保护进行了相应的规定。规定自治州县以上人民政府应在地方财政年度预算内安排一定数额的延边黄牛遗传资源保护经费。并要求自治州牧业行政主管部门根据延边黄牛遗传资源的状况，合理划定延边黄牛品种资源保护区，制订保护和开发利用规划。规定自治州扶持延边黄牛生产经营单位和个人进行延边黄牛的规模化养殖，对规模化养殖的企业减免牧业用地使用费和管理费，具体减免办法由自治州人民政府制定。该条例体现了民族地方对本民族本地方遗传资源的重视和保护，但该条例是建立在将延边黄牛遗传资源作为一种自然资源进行管理的基础上，所以能够得到利益的仅仅是对该自然资源进行商业化利用的个别人。但是应当肯定民族地区采用立法自治权的形式对遗传资源进行保护的意识。也要注意这种将遗传资源等同于自然资源的物权化思想使得更大范围内的民族地区人民无法得到惠益。

第五章　利益补偿制度在民族文化开发中的实施

"徒法不足以自行"，法律的实施历来受到法律实效研究的高度重视，更有学者将立法与法律实施在法的实效中的比例用10%和90%的比例来形容，即在考察法的实效的时候，法的制定所起的作用只占到10%，而法的实施所起的作用占到90%。民族文化开发中的利益补偿制度就更是如此了，由于少数民族对其文化的所有权或者说产权没有在国家法层面得到认可。在现有法律体系的框架内，除了补偿制度没有更好的制度能够用来保护少数民族传统文化开发中当地社区与民众的利益。

第一节　利益补偿制度与现有少数民族文化法制的调适

一、利益补偿制度面临的问题

目前我国在利益补偿制度方面存在的问题主要集中在如下几个方面：首先，补偿资金的筹集渠道过窄、标准过低。目前已有的相关补偿制度都规定补偿资金由省（自治区）、地市（自治州）、县（旗）三级财政共同承担，这对已经很紧张的民族地区地方财政压力非常大。而且相关的补偿标准过低，与实际损失相距甚远。其次，补偿范围过窄，各种补偿规定不集中，不规范。

我们目前的补偿起码应该包括：退耕还林还草补偿机制、森林资源环境产权补偿机制、水资源补偿机制、生物遗传资源利益补偿机制、自然资源开发补偿机制、自然资源保护补偿机制、文化资源开发补偿机制、环境生态保护补偿机制、发展权丧失的补偿、不动产利益受损的补偿等10个方面。再次，民族地区为国家的生态平衡和环境保护付出了巨大的牺牲，理应获得相应的补偿。如解决西部地区因资源输出所付出的环境代价（西气东送，西部地区生产天然气会污染环境，输送天然气需埋设管道，这也会破坏地表植被，影响生态环境）、江河上游水资源利用与中下游用水的矛盾，生态屏障的建设与投入的矛盾，过度开垦导致的水土流失和沙漠化问题，草原过度放牧或过度耕种带来的风沙问题，以及自然保护区的保护问题等。最后，对补偿的条件和程序缺乏法律规定，补偿执行过程中的混乱。

以西双版纳为例，2008年的秋季，17头野象闯入西双版纳勐腊县勐满镇大广村委会下田房村小组，将村里的137亩挂果的香蕉林采食一空。从2008年10月15日开始，17头野象把目光瞄向了紧靠勐腊自然保护区的勐满镇大广村委会下田房村小组的137亩已挂果的香蕉林。半个多月以来，先后5次进入香蕉林采集香蕉，90%以上的香蕉树被毁坏，直接经济损失达130多万元。西双版纳州森林公安局尚勇保护区派出所的民警，和护林员一起，用放鞭炮、烧火等方式驱赶野象。可是，狡猾的野象白天躲在树林里根本不见踪影，到了晚上又溜出来偷袭。按照西双版纳州野生动物肇事补偿相关规定，被毁坏的137亩3万多株香蕉树最多能获得6000多元的补偿，而种植户之前的投入成本达60多万元。[①]

① 常宗波：《版纳野象换口味 首次“抢收”137亩香蕉林》，http：//www. xsbn. gov. cn/zwgk/ShowArticle. asp？ArticleID =9472。

2006年，云南省拨给西双版纳州400万元野生动物肇事补偿经费，野生动物肇事补偿标准得以大幅提高：野生动物肇事造成人员死亡的一次性支付补偿金由原来的1.2万元提高至5万元；受伤人员医药费可全额报销，并适当给予误工补贴。同时，被野生动物损毁的粮食、橡胶苗、甘蔗、牲畜的补偿标准均增长数倍。目前补偿的费用，只达到了实际损失的20%，还有80%的缺口无法填补。《野生动物保护法》的第14条规定，野生动物肇事，由当地政府补偿，界定补偿主体为当地政府。但多年来的操作表明，通过省州县市筹措资金，困难很大。

现有补偿立法不利于调动民族自治地方的生态环境保护的积极性。因为民族自治地方的各种经济主体生活在我国重要的大江、大河的源头，与其息息相伴，他们与当地的生态之间存在着事实上的“习惯法权”。[①] 因而对西部地区的生态环境进行保护，主要应依靠民族自治地方的力量，主要是各种经济主体。在一国之内，公民在自然资源权属及开发所形成的利益分享中的次序是不同的，在这种次序关系中民族自治地方的居民优先受惠。优先受惠的依据和基础是民族自治地方居民与所在地资源的自然关系并衍生的习惯法权。国家在对民族自治地方开发资源，从国家生态环境整体利益出发提出的资源保护以及从民族自治地方输出资源，都将直接影响到民族自治地方居民对所在地资源的利益实现的可能性。国家的利益补偿制度反映的是当地居民对自然资源存在的优先受惠权要求，是对优先受惠权实施不充分的补偿。

---

① 又称习惯权利，指的是那些经过长期的、广泛的社会实践所形成的、并得到社会公认与普遍遵守的习惯规则所确认的社会自发性的权利。其显著特征在于它的历时性、民众广泛参与的普遍性、自发性与社会认同性。习惯权利的正当性即源于社会主体的普遍承认并长期信守。民族自治地方的居民与当地生态环境和部分资源之间事实上的占有与使用即属于习惯法权。

二、少数民族文化法制凸显了补偿的精神内涵

我国民族地区与“土著与地方社区”的区别主要有以下两点。首先，在社区语境下的范围不同。社区这一概念是社会学研究的重点，由德国著名社会学家 F. 滕尼斯首先提出，指与社会相区别的那些由具有共同价值取向的同质人口组成的关系密切、守望相助、富有人情味的社会关系和社会团体。可见社区这一语境的范围极为广泛，既涵盖了地域、人口、结构等物质要素，也涵盖了社区成员的归属感。我国学者将其与民族学结合，发展出了民族社会学，在民族社会学中对民族社区的定义是指居住在某一特定地域，成员为单一的少数民族，或是以某个少数民族为主体，几个民族杂居的，具有某种互动关系和共同文化认同感而强有力地联系在一起的群体构成的区域。① 民族社区按照地区性社区划分法可分为乡村民族社区，包括从事农耕、放牧、渔业、林业、狩猎的少数民族聚居乡村和集镇等；城镇民族社区，包括民族地区的城市和城镇。乡村民族社区类似于传统社区，而城镇民族社区类似于现代社区。从这个意义上讲，我国民族地区按地域分布包括了乡村民族社区与城镇民族社区，包括传统社区与现代社区。而《生物多样性公约》所指的“土著与地方社区”主要是指传统社区。其次，我国没有“土著人”包括汉族在内的 56 个民族都是“世居民族”，而国际法上的“土著人”带有被征服、被边缘化和被驱逐的经历。因而，其他国家对土著人或原住民的相关法制只能对我国起到积极的借鉴作用，更要注重研究中国在少数民族文化法制方面的独特之处。

---

① 张金鹏：《民族社区》，载郑杭生主编：《民族学社会学概论》，中国人民大学出版社 2005 年版，第 60－61 页。

（一）重大工程项目的文化影响评估机制

《保护受到公共或私人工程危害的文物建议案》中指出，应在进行有可能危及文物安全的公共或私人工程开工之前，对工程所在地进行全面而充分的勘察，以确定就地保护重要文物所要采取的措施和抢救行动可能需要的工作量。该《建议案》强调对重要文物的保护。中国的《“十一五”文化发展纲要》中也指出，要完善重大建设工程中的文物保护工作，严格项目审批、核准和备案制度。其实，我们要完善的还不仅仅是重大工程项目中的文物保护工作，其对少数民族传统文化所造成的影响更加值得我们关注。

众所周知，建设项目可能对生态和环境产生深远影响，例如，建工厂可能会排放污染物，矿山开采需要剥离植被等。环境影响评价，是指对规划和建设项目实施后可能造成的环境影响进行分析、预测和评估，提出预防或者减轻不良环境影响的对策和措施，进行跟踪监测的方法与制度。为了在项目建设的同时保护生态和环境，《中华人民共和国环境影响评价法》规定，必须对建设项目进行环境影响评价。国家各级环境保护行政主管部门是具有审批权的执法监管部门。建设单位应依法按国家规定，对建设项目进行环境影响评价，编制环境影响评价文件并报请环境保护行政主管部门审批。

重大工程项目的环境影响评估机制在中国基本建立起来，我们完全可以将这一制度借鉴到文化权利保障领域。由于特定的文化依赖于特定的环境，文化具有不可再生性，因而，一旦因重大工程项目而使文化受到影响，将造成灾难性的后果。倡导建立重大工程项目的文化影响评估机制是非常必要的，其中尤其要侧重对少数民族传统文化影响的评估。重大工程的文化影响评估机制一般是在政策和开发项目实施之前来评估将产生的社会后果，它将对政策制定、项目规划和实施提供富有洞察力的建议。

它是一种基于社会变化的预测事前评估，个别情况下也可以是事后的评估，它是一种更加理性的、系统的、预警性的研究和利益表达。由于文化的保护需要政府更多的积极作为，重大工程项目的文化影响评估机制对于履行中国政府在签署和批准公约时的承诺非常重要。

联合国经社文权利委员会也支持缔约国建立这样的机制，它在其对《公约》第27条所做的一般性意见2中指出，国际技术援助措施中提请有关机构“在发展项目的每个阶段均应尽力适当考虑到《公约》中包括的权益，例如在初步评估国家的优先需求、确立具体项目、项目设计、项目实施以及最后评估阶段都应如此。”尽管这是针对国际援助措施而言的，但完全适用于一国国内的重大工程项目，以解决各种重大工程项目建设对少数民族文化权利保障所带来的挑战。

（二）加强对少数民族传统文化的物质基础的保护

目前，在科学发展观理论的指引下，我们在强调经济社会发展的同时，已经注意到了“人与自然的和谐”，注意到了加强对生态环境的保护，颁布了各种生态环境保护方面的法律法规，制定了沙漠治理、退耕还林、保护区等各种政策和措施来保护自然生态的基本平衡，是为我国经济又好又快发展而创造一种顺应自然规律的发展空间。在社会环境方面，长期以来，我们却忽略了文化的继承和发展，与经济社会发展相适应的文化环境比较贫弱。

少数民族文化的物质基础是少数民族群众在一个特定社会中的文化实践所依存的山脉、土地、河流等总体地理环境，以及对地理环境独特的适应方式所形成的社会文化环境。人们在该环境中的所有活动都必须既能够承受和适应环境的变化又能够与环境保持动态的平衡和相对的稳定。仔细分析本书第二、三、四章的实证分析，我们不难看出，我们所生活的当今社会是一个整体，文化人类学所强调的“整体论”在少数民族文化权益保护方面有深刻体现。任何文化的产生和发展必然要依存于其赖以生存的物质基础，并与这种物质基础互相影响，互相作用，并随着物质基础的发展变化而发展变化。例如，少数民族文化与其周围环境融为一体，我们在保护少数民族文化时，必须重视对其周围环境的保护。更为重要的是，我们还要加强对少数民族文化的物质基础的保护。也就是说，国家不仅仅要尊重少数民族的高级文化，如教育、艺术等，文化的物质基础即少数民族的物质文化生活方面所赖以生存的物质基础也同样要得到尊重，这才能使他们的文化得到发展，这涉及自然资源的开发，也涉及法律和社会生活的很多方面。

1964 年 5 月，国际文物工作者理事会（ICOM）在威尼斯召开会议通过了《国际古迹保护与修复宪章》，即著名的《威尼斯宪章》。其第 1 条规定，历史古迹的概念不仅包括单个建筑物，而且包括能从中找出一种独特的文明、一种有意义的发展或一个历史事件见证的城市或乡村环境。第 6 条规定，古迹的保护包含着对一定规模环境的保护。凡传统环境存在的地方必须予以保存，决不允许任何导致改变主体和颜色关系的新建、拆除或改动。可见，国际文物工作者早就认识到文化遗产的原生环境必须与文化遗产一同保护，二者是无法分割的，他们共同见证了文化遗产所在地的历史发展与文化变迁。

在我国，保护少数民族文化遗产的物质基础不仅包括对其原生环境的保护，在我国现有的文化遗产管理体制下，还包括不得擅自改变文化遗产的管理体制。有的地方将文物保护单位等国有文化遗产转让、抵押给企业作为资产经营。文化遗产不是一般的物质财富，是一种文化资源，具有公共性和公益性，而企业投资开发文化遗产的主要目的是追逐利润最大化，往往表现为急功近利，导致破坏文化遗产的恶性事件发生。例如，东方佛都旅游公司欲在乐山大佛附近违法建设"巴米扬大佛"，这就是企业在单纯追逐经济效益过程中，因为不懂得基本的文化遗产保护规律和常识而导致的可笑结果。

第二节 少数民族传统文化利益补偿的具体形式

贵州凯里学院的罗永常教授曾指出，就黔东南原生态民族文化民族村寨的各种文化要素而言（不论是物质形态还是非物质形态），它们的存在方式是族群性的或村寨共同体共有的，体现的是一个民族整体的情感、智慧和艺术造诣，它们存在的重要价值意义往往不是经济的，而是与宗教信仰、休闲娱乐、社交等相关并体现着对人文精神追求为主的一种价值取向。正是这种文化资源的公共性和非经济性，长期以来各种文化资源所有权并未得到明确。按照常理，作为原生态文化资源的创造者和载体，村寨（村民）本身应该是这些资源的所有者，但现阶段我国政府代表国家行使文化资源所有权的现实下，文化旅游资源的产权是很难自动落到属于弱势群体的村民头上的。[①] 但正是由于地方政府、学者以及村民对传统文化产权的上述认识，黔东南地区在多年的传统文化开发实践中探索出了一系列对传统文化产权进行利益分享的有效途径，很好地协调了政府、村民、旅游公司、投资方等多个主体在传统文化开发中的利益分配问题。

一、社区管理的基本理论

当前我国城市社区建设中，社区参与泛指社区参与主体参与

① 罗永常：《旅游开发视角下的黔东南原生态民族文化》，载《原生态民族文化学刊》2010 年第 2 期。

社区公共事务和社区公共活动，影响社区权力运作，分享社区建设成果的行为和过程。严格来说，社区管理运作存在两种推行方式，一种是受我国传统的行政管理体制影响的以命令行事、自上而下的直接推行方式；另一种是由下而上的启发，通过居民共同讨论并且居民的意见能够得到充分反映的方式来解决社区问题，从而促进社区发展的间接推行方式。以直接方式为主的社区管理推行方式优点是办事迅速，缺点则是依靠权力的上传下达，工作未必适合社区的需要以及未必符合居民的希望，通常结果往往是民众不愿意参与，违背了社区管理的本来目的。开展社区工作时的间接推行方式，则更多地强调居民的参与，培养居民的参与意愿和社区意识，让居民真正关心社区的问题，真正愿意为解决社区问题而出谋划策。在具体的城市社区管理中，前述两种方式是结合使用的，当前的社区管理方式在我国广大的农村地区的村民自治中也在加以运用。理解社区参与的概念至少应该把握以下四个方面：首先，社区参与主体的多元化，参与主体既可以是社区内的个体或组织，也可以是社区外的各种主体（政府、NGO 等）对社区事务的影响和介入；第二，在这个过程中参与主体可以表达自己的意愿和诉求，能够参与社区的活动；第三，这种介入或者参与能够最终有效影响社区决策的制定、实施、管理和监督；第四，参与主体可以分享社区发展的成果和利益。①

非物质文化遗产的社区管理制度来源于旅游业的“社区参与”思想，这一概念最早出现在西方发达国家，是针对旅游业发展使旅游目的地尤其是相对贫穷地区受到的负面影响而提出的一个解决思路。在理论上，对旅游目的地社区居民利益的关注体现了社会公平、社会协调发展的理念以及“以人为本”的人文发展

① 张菊枝：《社区功能视角下的社区参与》，载《郑州航空工业管理学院学报》2010 年第 5 期。

思想。社区居民和旅游者双方的参与是这类产品的基本表现形式。旅游者正是通过这种参与来获得愉悦和满足的。产品的交易是通过旅游者与社区居民的交往而实现的。没有这种双方的参与，这一产品的交易就不能成立，这种产品的效益就不能实现。在实践中，如四川的九寨沟和贵州天龙屯堡等地通过当地居民的广泛参与提高了当地人的生活水平，推动了当地经济和文化的健康发展，同时也改善了当地的环境质量。而丽江古城的旅游开发恰恰是由于忽视了纳西族对旅游的参与，进而将自己的房屋出租给外地客商经营商品，自己到古城外的新居去居住，导致了严重的商业化和“空巢化”。前述这些地区的旅游业都是依托于当地少数民族非物质文化遗产而开发的民族旅游，旅游业的社区参与思想在如下几个方面对于非物质文化遗产的社区管理具有借鉴意义：

第一，民族旅游发展的实证研究经验表明，当少数民族群众意识到自己能够对旅游的开发施加影响时，当地的旅游开发不仅能够给他们带来眼前的经济效益，又对他们的未来发展有利时，他们就倾向于对旅游开发持积极的支持态度，那么这种旅游开发就能获得良性发展的外部环境。事实上，民族旅游在很大程度上是依托于少数民族的非物质文化遗产的，已经成为文化产业的重要组成部分，少数民族从民族旅游中获得的发展机会和收益越大，他们就会越支持和欢迎民族旅游，客观上对非物质文化遗产的社区管理起到了积极的推动作用。

第二，扩大少数民族群众参与民族旅游的方式是非物质文化遗产社区管理良性运行的根本。少数民族群众参与民族旅游的经济活动的方式，包括旅游产品的开发、销售、营销与服务。这包括不断增加少数民族的就业机会和商业机会；保证少数民族优先被雇佣的权利；旅游商品尽量采用本地原料进行加工；向少数民族开放为旅游者兴建的服务设施和环保设施等。还要努力增加少数民族村民在旅游发展中的股份份额，提高控制权，使居民既是旅游开发经营的股东，又是旅游经营中的劳动者，成为民族旅游中真正的主人。

如果能让少数民族根据当地实际，因地制宜地提出民族旅游业发展的措施则是其最好的参与，本书在后面将详细介绍泸沽湖畔的落水下村自主创立的以“母屋”为基础的旅游参与和管理模式就是与当地文化特色以及基本状况相结合的例证，也使当地的民族旅游步入有序经营的轨道。

第三，加强对少数民族的管理技能培训是非物质文化遗产社区管理的现实路径。参与有关旅游知识和技能的教育培训是实现少数民族的有效参与的重要途径，可以通过从社区以外请人进来对当地居民进行环境教育、旅游服务技能、经营管理技能培训，如导游培训、农家旅馆经营管理培训等，这在很大程度上是一种有针对性的培训。

非物质文化遗产的社区管理是以村规民约为依托的，很多具体的社区管理制度都在村规民约中加以具体化、明确化，以便实现非物质文化遗产管理和传承的有序化，这种有序化很大程度上是通过村民自治实现的，并通过村规民约加以彰显。村规民约是村民群众在进行村民自治时，依据党的方针政策和国家法律法规，结合本村实际，为维护本村的社会秩序、公共道德、村风民俗、精神文明建设等方面制定的约束规范村民行为的一种规章制度，村规民约的目的在于调整村落内部关系，维护村落的共同利益。由于村规民约功能与价值的趋同性，因而各地的村规民约在内容上必然有一定的相似之处，但是毕竟各个村落的自然条件、人口构成、发展方式、文化基础等有着各自的特点，这就在客观上要求各地的村规民约在具有一定的共识性的基础上还应突出地方特色。例如，《贵州省从江县岜沙村村规民约》第 25 条规定，要保持古朴的传统意识，凡是 7 岁以上的男子头式都要留发髻，并终生保持这种发式，如不留发髻，就不能享受国家给予的优惠政策待遇。第24条规定，要加强本村旅游景点的保护，凡是破坏旅游景点设施、风景树者的，罚款“三个一百二”,[①] 情节严重交司法机关处理。这是因为岜沙苗族是苗族的一个支系，男子独特的头式是这个支系的重要文化特征之一，为了保持该传统文化并使其顺利传承，在村规民约中做出前述规定。

当前的民族村寨旅游开发的形式比较多样，各地根据本地的实际情况，采用了适合于本地的开发模式，有的是以政府为主导的开发模式，即政府进行基础设施投资和运行，如贵州的西江千户苗寨和从江县的岜沙苗寨；有的是以基层传统社区为主导的开发模式，如贵州雷山县的上郎德村和云南泸沽湖畔的落水村；有的是引进投资商开发并以投资商为主导的开发模式，由于在开发之初很多地方缺乏基础设施建设的前期投入，采用这种模式的比较多，如云南西双版纳的傣族园。这些民族村寨旅游开发的模式虽然不同，但是，在利益分配问题上基本遵循两个基本原则，一是产权原则，二是“谁投资，谁受益”原则。对于前者，民族村寨是一个包含物质文化遗产和非物质文化遗产的有机统一的系统，其非物质部分往往不能界定具体属于某一个人，而是属于传统社区共同占有，具有明显的共同产权特征；少数民族村寨中的民居等物质文化遗产从现有法律上可以准确界定其所属的主体，如在傣族园，村民可以利用自己的主楼搞傣族民俗表演和经营傣家乐餐饮服务。这些都在一定程度上体现了民族村寨旅游开发中利益分配的产权原则。对于后者，主要体现在有投资商参与的民族村寨旅游开发中对旅游门票的分配上，都是以投资商为主导的，体现了“谁投资，谁受益”原则。但正是由于地方政府、学

---

① 即罚120斤米、120斤酒、120斤猪肉，意思就是罚违反村规民约者请全寨人吃饭。类似的习惯法还有罚“四个一百二”、罚“三个一百”等。

者以及村民对非物质文化遗产的上述认识，黔东南地区在多年的传统文化开发实践中探索出了一系列对非物质文化遗产进行利益分享的有效途径，很好地调处了政府、村民、旅游公司、投资方等多个主体在传统文化开发中的利益分配问题。

虽然我国法律并没有确认传统文化补偿制度，但是，根据本人2010年6月在贵州黔东南地区所做的调查，在我国广大的社区中存在着多种事实上的传统文化补偿制度。分析这些制度的相关设计、安排以及其在实践中的运行过程，将会对我们深入研究传统文化补偿制度提供有益的借鉴及民间智慧的启发，下面选择几种比较典型的模式进行粗略的探讨。

二、郎德苗寨的“工分制”

传统文化社区各个族群利用社区内的传统管理方式来建构操作性强、效果明显的传统文化保护机制，是最具有实践价值的，最因地制宜的，特别值得在条件类似的地方推广。郎德上寨依山傍水，背南面北，四面群山环抱，茂林修竹衬托着古色古香的吊脚楼，蜿蜒的山路掩映在绿林青蔓中，悦耳动听的苗族飞歌不时地在旷野山间回荡。寨前一条弯弯的河流宛如蛇龙悠然长卧，南面有松杉繁茂的“护寨山”，北面有被称为“杨大六桥”的“风雨桥”横跨于河畔上。进郎德上寨，首先要饮12道拦路酒，然后才沿着石板小路走进寨子中央的芦笙场。在郎德将会欣赏到敬酒歌、苗族飞歌、芦笙舞、铜鼓舞、板凳舞、集体舞等丰富多彩的苗族民间歌舞。

20世纪80年代，郎德在省文物局的推动下率先开发乡村旅游时，重新启用大集体时期我国农村普遍采用的“工分制”来管理资源、分配收益。20多年来，“工分制”不仅在郎德沿用至今，还在附近陆续兴起的旅游村寨中不断复制而被称为乡村旅游的“巴拉河模式”。郎德人认为，所有人都为村寨的建设和保护出过力，寨子是大家的，应该家家都受益。社区最主要的旅游项目——苗族歌舞表演由村寨集体举办，所有村民（外嫁妇女及学龄前儿童除外）均可参与旅游接待并按贡献大小计工分进行分配。根据笔者的调查，基本规则是技艺越高、服饰越精美、承担角色越多者工分越高。妇女、儿童、男人，各有工分档次；有服装和没有服装的，也有区别；在活动中唱歌和没有唱歌的，亦有区分。这些都是村委会通过召开村民会议讨论制定的章程。

他们制作了不同颜色的计分票，代表不同的场次，但是票面的额度和种类是相同的，计分票分为银角票、演员票、盛装票、长衣票、芦笙票、迎客票六类，每类的分值不同。银角票有 4 分和 8 分两种；演员票有 2 分、3 分、6 分、10 分四种；盛装票有 2 分、3 分、6 分三种；长衣票有 2 分、3 分、6 分三种；芦笙票只有一种，就是 1 分；迎客票也只有 1 分一种。例如，青年女子的银饰服装计 8 分，跳舞 5 分，团结舞 8 分，合计 21 分；身着普通民族服装迎接客人的，计 6 分，参加团结舞表演的，计 5 分，合计 11 分；值得一提的是，这些计分票不是一次性发放的，而是分阶段发放的，并配合一系列的扣分值得，主要的有迎客迟到扣 4 分，没戴帽子扣 1 分等。同时对老人和儿童予以照顾，70 岁以上的男性村民只要穿上苗族服装到铜鼓坪旁边站一下，计 11 分，同理，70 岁以上的女性计 12 分。对于儿童，一至二年级的长衣计 4 分；三至四年级的长衣计 6 分；五至六年级的长衣计 8 分；银衣的计分办法与长衣相同，如果参加演出另加 2 分。为了挣到自己满意的钱，家家户户自己置办苗族盛装。另外，记工分只针对表演活动，吃饭、住宿等服务内容的生意，都是自己办自己得，所以，有条件的人家就搞“农家乐”，旅游部门要求进行厨艺培训，也都积极主动参与。有了钱的人们修建房屋，全部都是吊脚楼，而且在原有样式的基础上有自己的创新。[①]

由此可见，今天的“工分制”既考虑了每个人在歌舞表演中不同的贡献，同时又考虑到村民的整体利益，是村民们在不断协商中逐渐完善起来的，不同利益群体不断提出自己的诉求，在这个工分制中得到了体现。虽然烦琐了些，却始终体现着公平的本意。而且，这个工分制仅限于歌舞表演，或者说是以工分制来体现文化资源的共有，它并不涉及其他的农活，也没有改变土地承包制度。[②]“工分制”存续的20多年间，资源共有的观念更加深入人心。人们自觉地保护他们的传统建筑和村寨的原生风貌，社区的道路、供水、供电、展览馆等公共设施得到较好的管理和维护。[③]

显然，这些村寨的文化遗产保护，已经进入了良性的、自觉的社会化保护的阶段。不仅如此，根据“非物质文化遗产权理论”，这些苗族的传统文化是属于社区集体所有的，每个人都有权利从对传统文化进行旅游开发的收入中获得应得的份额，即使是那些没有参与到旅游中的人。因而，这些苗寨的非物质文化遗产权分配的方式基本是合理的，只是应从旅游收入中提取一部分作为发展集体事业的基金，用于整个村寨的公益事业，使村寨的所有人都从旅游开发中受益。当然，参与到实际的传统文化开发活动中的人都付出了自己的劳动，理应再获得一份劳动报酬。

三、西江苗寨的“奖励制”

西江苗族是黔东南苗族的重要组成部分之一，现主要居住的

---

① 麻勇斌：《贵州文化遗产保护研究》，贵州人民出版社2008年版，第170页。

② 本刊记者：《透视郎德的工分制》，载《人与生物圈》2010年第1期，第30页。

③ 李丽：《公平PK效率：郎德苗寨在旅游大潮中的坚守》（二），载《人与生物圈》2010年第1期，第22页。

是苗族的“西”氏族。作为全世界最大的苗寨，西江千户苗寨拥有深厚的苗族文化底蕴，这里的苗族建筑、服饰、银饰、语言、饮食、传统习俗不但典型，而且保存较好。西江苗族过去穿长袍，包头巾头帕，颜色都是黑色的，故称“黑苗”，也称“长裙苗”。西江千户苗寨所在地形为典型河流谷地，清澈见底的白水河穿寨而过，苗寨的主体位于河流东北侧的河谷坡地上。千百年来，勤劳勇敢的西江苗族同胞在这里日出而耕，日落而息，在苗寨上游地区开辟出了大片的梯田，其悠久的农耕文化中包含着重要的非物质文化遗产。由于受耕地资源的限制，生活在这里的苗族居民充分利用这里的地形特点，在半山建造独具特色的吊脚楼，上千户吊脚楼随着地形的起伏变化，层峦叠嶂，鳞次栉比，蔚为壮观。雷山县的唐炳武先生被评为“苗寨吊脚楼营造技艺”的首批省级代表性传承人。这里的苗族居民根据自己的信仰和习俗，在每个村寨的坡头都种植了成片的枫树林作为护寨树，成为当地重要的自然景观之一。西江千户苗寨是一个保存苗族非物质文化遗产比较完整的地方，是领略和认识中国苗族文化的首选之地。西江每年的苗年节、吃新节、13 年一次的牯藏节等均名扬四海。

如前所述，同郎德村一样，早有学者对西江人对西江村所应该拥有的产权进行过论述。贵州大学的张晓教授早就谈到，任何游客到西江来旅游，肯定是为了来观赏西江的，因为要观赏西江才连带到西江来消费，即吃、住、购等。旅游开发促进了经济的发展，也就必然会涉及利益问题。西江是西江村民所有人的，所以“西江”这个千户苗寨作为文化资源，所有的西江人都有份，从道理上说西江的旅游开发人人都应该受益。但是如果事实不是这样，那么对没有获利的那部分（应该是大部分）西江人是不公平的，他们也就没有义务去拥护西江的旅游开发和维护旅游产品，因为这样做不仅没有给他们带来好处，反而打扰了他们安宁的日子。所以西江的旅游开发要考虑一个合理的利益分配机制，才能够保证旅游开发健康持续的发展。例如说西江文化资源就是西江人的股份，所有的西江人都应该拥有这样的“文化资源”股，然后再根据个人贡献（开旅馆、餐饮、商定等）的大小来增加控股的多少。这样的分配方案也应该有普通村民参与充分讨论，因为旅游开发首先是当地村民的事情，然后才是其他人的事情。①

以西江千户苗寨为例，贵州省雷山县西江村的旅游开发自2009年起由县里组织成立了旅游公司和景区管理局。2009年当年，西江苗寨旅游综合收入已达2.5亿元，雷山县2010年全县共接待游客173万人次，同比2009年增长24.5%，旅游综合收入6.48亿元，同比增长27.1%，创历史新高，我们不得不说，吊脚楼在西江的旅游发展中占有重要的地位。为加强对包括吊脚楼在内的整个西江景区的保护，雷山县人民政府组织编制完成了《雷山县西江千户苗寨保护性控制性规划》《雷山县西江历史文化保护规划》；启动《雷公山苗乡旅游区总体规划》和《西江风景名胜区总体规划》。

西江村2010年获得景区门票收入中的150万元作为传统建筑保护的奖励基金，为此，雷山县政府制定了《雷山县西江千户苗寨民族文化保护评级奖励办法》，其中规定：由村委会根据传统建筑保护情况（80%）、卫生状况（20%）、户数等三个因素进行评级后分配，新建房屋未满三年无资格参加分配，砖房用木料包装的给分比较少，砖房未进行包装的不给分，一般最少的2400元左右，最多的为4000元左右。此外，还有一种奖励方式，就是景区门口的迎宾仪式，基本是一种变相的利益分配，每天村里

① 张晓：《关于西江苗寨文化传承保护和旅游开发的思考——兼论文化保护与旅游开发的关系》，载《贵州民族研究》2007年第3期。

以老人为主的队伍身穿民族服装在寨门口列出两队迎接游客，普通老人每天 14.5 元，吹芦笙的、盛装女孩、主持人每天 20 元，吹竿筒的每天 17 元。根据笔者的调查，2010 年 6 月 18 日，参加欢迎仪式的老年妇女有 65 人，老年男性有 13 人，主持人 1 人，吹芦笙的 8 人，吹竿筒的 10 人，盛装女孩 7 人，节假日有中小学生参加，按照同样的标准计算报酬。据悉，西江村的传统建筑保护的奖励基金自 2011 年起改为景区门票收入的 15%，比 2010 年有相当大幅度的提高。西江的这种奖励制制定的一个基础是承认所有传统建筑及其主人对传统文化开发所做的贡献以及作为传统文化主人所应获得的利益，通过奖励来进行利益分配，进而补偿传统建筑及其主人对旅游开发的支持与配合。

四、岜沙苗寨的“集体所有制”

岜沙，位于贵州省从江县丙妹镇的都江堰市柳江南岸，距县仅 14 华里。全村共有 3 个自然寨，土面面积 18 平方公里。由于历史、自然的原因，使岜沙苗族人民长期与外界隔绝，过着自给自足的生活，因而铸就了岜沙人特有的地域文化，被人类学家称之为苗族文化的活化石。芭沙被认为是“最后的枪手部落”，这里的成年男子都会背着一支猎枪，到了 18 岁的时候，就会把头发扎成辫子绑于头顶，称为“户棍”，终生保留，而四周的头发会用弯刀剃光。据说这是迄今为止中国所能见到的最古老的男性发式。经过了这样的“成人仪式”，男孩子就可以背枪了，标志着他的人生进入了独立的阶段。岜沙人的祖先就是苗族大迁徙时的先头部队，所以他们至今仍保留尚武的习俗，枪不离身，几百年过去了，枪虽然失去了打猎和自保的意义，但成了他们的一种图腾。岜沙各寨子周围均为他们认为的神树、风水树，传统的村规民约规定，凡护寨的林木不论大小，哪怕是自然枯死是不能动的，他们认为树是祖先的灵魂，这些灵魂是需要被敬畏的。每一个岜沙人的出生和死亡都是祖先的灵魂在现实世界和远古世界之间的互换，是灵魂和肉体在不同时空的交替。岜沙孩子出生后，父母会为他种下一棵树，这棵树将伴随着孩子成长。

从江县的岜沙村传统文化开发的前期投入也是在政府的主导下完成的，但该村的管理体制是门票与演出收入分开，门票一般为12元，由县旅游局派工作人员轮流值班，收取景区门票，每年门票收入的10%归村里，其余的归属于旅游局。岜沙村的演出收入单列，演出收入为每场800元，一年演出300场次左右，演员每演出一场的报酬为10元，其余的收入归村集体所有。以2010年6月27日为例，岜沙村演出队的成员共有40多人，当天连演三场，但参加演出的不足30人。扣除每场付给演员的报酬之外，一半以上的演出收入归属于岜沙村集体所有。为了维护这种集体所有制，岜沙村还在其村规民约中规定了如下几个条款来保护其传统文化，主要包括：第24条规定，要加强本村旅游景点的保护，凡是破坏旅游景点设施、风景树者的罚款“三个一百二”，[①] 情节严重交司法机关处理。第25条规定，要保持古朴的传统意识，凡是7岁以上的男子头式都要留发髻，并终生保持这种发式，如不留发髻，就不能享受国家给予的优惠政策待遇。第27条规定，村内民房的建筑必须保持岜沙村原有的建筑风格，外观必须为木质；本村的其他传统习俗要长期保持，使岜沙村成为我县发展民风民俗旅游重点景区。如前所述，岜沙村传统文化开发的前期投入是在政府的主导下完成的，但是从江县政府并没有从演出收入中提取一定的份额，而是在扣除演员报酬后都留给了村集体所有，承认该社区作为文化主人所应享有的权利，可以说是对传统文化开发的另外一种补偿方式。

---

① 即罚款120斤米、120斤酒、120斤猪肉，意思就是罚违反村规民约者请全寨人吃饭。类似的习惯法还有罚“四个一百二”、罚“三个一百”等。

五、落水村的“家屋管理体制”

泸沽湖沿岸居住有摩梭人和彝、汉、纳西、藏、普米、白、壮等7种民族，约1.3万人，其中摩挲人约6000人（四川泸沽湖沿岸摩梭人5000余人）。摩挲人是纳西族的一个分支，摩梭人的婚姻以阿夏异居的走访婚为主，约占适婚人口的80%。其形式为“男不娶，女不嫁”，男女各自终身居住在自己的母系家庭里，通过男子到女方家中的走访来维持男女双方性关系。一般，男方晚上到女方家居住，次晨回到自己家中。所生子女由女方的母亲家庭抚养。这是一种完全以性爱和感情为基础，无须考虑经济关系和孩子抚养问题的婚姻。传统的走访婚具有临时性、多偶性的特点。如果家庭缺少劳动力或女性当家人，则可能采取阿夏同居婚或嫁娶婚实现男女双方共同居住在同一家庭中，二者共计约占二成。泸沽湖风景区以其典型的高原湖泊自然风光和独特的摩梭母系民族的非物质文化遗产形成了特色突出的自然景观与人文景观。在泸沽湖畔的落水村的非物质文化遗产开发中，制定了一套规范旅游从业人员行为的村规民约，同时也包含旅游收益的分配原则，这套体制是具有摩梭特色的，它的基础仍然是以家屋为本。

> 落水村的旅游发展是村民的自发行为，起初经历了一段混乱时期，家屋之间为争夺游客吵架，甚至斗殴，也有宰客现象，一系列的混乱现象源于无章可循。正是在这种情况下，新上任的村主任格则次若将旅游体制的建设放到工作的首位。他先是成立10人组成的村民委员会，又咨询村中老人，做年轻人的工作，制定村规民约。除了家庭设立的旅馆不好统筹外，所有划船、牵马、跳舞，由集体统筹安排，每个组，由全村轮流支

派，每个火塘要有人参加，收入统一按火塘分配，即每个家庭都有一份统一的收入，即使是贫穷家庭只要有人参与，都能拿到一份，并且每项收费明码标价，统一管理。另外，还制定了许多罚款条例，比如，服务于游客时，如不穿民族服装，罚款；村人在公众场合吵架，罚款；向游客多收钱，罚款……随着旅游体制与规章的落实，落水村恢复了昔日的平静和谐。但是，旅游体制的推行，靠的不仅是村主任的个人威信，他背后也有一定的家族背景，格则家是村里的大户，再加上汝亨、彩塔、达巴三个大家庭属于村内的旺户，这三户又与格则家是亲戚关系，所以，村主任背后是四大家族，公众事务与家族力量天然地结合在一起。①

落水村的管理体制创新有明显的特点，该体制依托于传统的摩梭文化，仍然是以家屋为基础进行传统文化的管理，摩梭文化是村落集体所有的，每个人都有权利进行划船、牵马、跳舞等活动，每个人也无权阻止他人进行同样的活动，因而出现了恶性竞争等最初的混乱局面。在格则村主任的主导下，制定了规范大家行为的村规民约，也同时规定了依托传统文化进行的旅游的利益分配方式，使全体村民的非物质文化遗产权得以顺利实现。

六、六枝管理体制

1998 年 10 月，中国第一座生态博物馆——六枝梭嘎生态博物馆正式落成。生活在这个社区里的群众既是这一博物馆的特殊藏品，同时也是这一博物馆所保护的文化及文化遗产的创造者、

① 刘晖：《旅游民族学》，民族出版社 2006 年版，第 338 页。

所有者及载体。① 2005 年建立了内蒙古的敖伦苏木生态博物馆。该博物馆改善了牧区的生态环境，改善了牧民的生产和生活，深深地扎根在牧民之中，在恢复自然生态、保护草原文化、保护历史遗址方面，贯彻生态博物馆理念，并和牧民融合在一起了。广西从 2003 年年底启动民族生态博物馆建设，率先在全国探索民族文化“联合体”保护模式，启动“广西民族生态博物馆建设 1 +10 工程”，即由广西民族博物馆带动辐射，在全区各地新建 10 个专业生态博物馆，遵循“文化保护在原地”的理念，通过“政府主导、专家指导、居民参与”的方式，在发展中保护民族文化。经过 8 年努力，南丹里湖白裤瑶、三江侗族、靖西旧州壮族、贺州客家、那坡黑衣壮、灵川长岗岭商道古村、东兴京族、融水安太苗族、龙胜龙脊壮族、金秀坳瑶等 10 个民族生态博物馆相继开馆，民族文化资源研究网络初步构成，广西实施民族文化“活态保护”工程取得关键性进展。可以说，生态博物馆的理念和管理体制得到我国大部分地区的认可，其积极作用不断地得到体现。

1995 年，中挪文博专家在贵州考察时，对是否要坚持国际生态博物馆的理论，还是只要坚持本土化的问题进行了激烈的争论。因为挪威和中国的文化背景不同，因此，建生态博物馆的标准和模式也不相同，中国的生态博物馆不应该是挪威式的、法国式的，或西班牙式的，应该是中国式的。为了解决这个原则问题，生态博物馆按照中挪协议，于是 2000 年 8 月 9 日，中挪生态博物馆国际研讨班分别在中国六枝和挪威图顿举行，这次研讨班产生了一个重要的成果，即“六枝原则”，其具体内容包括：一是村民是其文化的拥有者，有权认同与解释其文化；二是文化的

① 周真刚：《探寻梭嘎——中国生态博物馆之路》，载吴正彪：《黔南民族调查》（第三集），2003 年未刊稿，第 219 – 222 页。

含义与价值必须与人联系起来，并应予以加强；三是生态博物馆的核心是公众参与，必须以民主方式管理；四是当旅游和文化保护发生冲突时，应优先保护文化，不应出售文物但鼓励以传统工艺制造纪念品出售；五是长远和历史性规划永远是最重要的，损害长久文化的短期经济行为必须被制止；六是对文化遗产保护进行整体保护，其中传统工艺技术和物质文化资料是核心；七是观众有义务以尊重的态度遵守一定的行为准则；八是生态博物馆没有固定的模式，因文化及社会的不同条件而千差万别；九是促进社区经济发展，改善居民生活。[①] 其主要内容有三个层面的意思：第一，强调社区居民是文化的主人，他们是文化的创造者和继承者，他们必须参与到生态博物馆的民主管理中来，有权利对自己的文化做出解释；第二，当旅游业的发展与文化保护发生冲突时，旅游业应该服从文化，短期的伤害文化的经济行为应该得到制止；第三，生态博物馆的一个重要任务应当促进社区经济发展改善社区居民的生活。贵州六枝梭嘎的生态博物馆，由挪方投入88万挪威克朗、中方配套100万人民币建成，但开馆不久就出现了问题：政府一"断奶"，没有任何资金来源的生态博物馆即难以支撑。这里面的核心问题是建馆之初订立的六枝原则没能很好地得到贯彻实施。

第三节　民族文化开发中利益补偿的实现方式

一、新庄村模式

高黎贡山，有着丰富的生物多样性资源，周边社区的同样具

---

① 秦亚洲：《生态博物馆：保护多元民族文化》，载《瞭望》2005年第24期。

有多样性的文化资源。高黎贡山国家级自然保护区保山管理局在着力保护好自然保护区生物多样性的同时，兼顾周边社区的传统的文化多样性资源的保护工作。为有效地保护高黎贡山周边社区的传统资源，高黎贡山国家级自然保护区保山管理局的领导和工作人员进行了初步了解后，认为界头乡新庄村民委员会村民正在传承的手工造纸工艺，应该是首先需要进行保护的传统资源，适合建立保护和对外主张权利的传统资源民间组织。2005 年 2 月，高黎贡山国家级自然保护区保山管理局的领导从北京请来了国家知识产权局的法律专家龙文先生，在管理局的朱明育副局长和工作人员的陪同下，前后 4 次到达新庄村，对传统的手工造纸的相关情况进行详细的调查和研究。新庄位于高黎贡山西坡，是云南省保山市腾冲县界头乡北部的一个村民委员会。新庄村民委员会由 13 个村民小组组成，有村民 621 户 3041 人。经过访谈造纸的农户得知，新庄村民的祖先手工造纸始于清朝末期，最初只有龙上寨自然村龙姓的 10 多户人家建立了造纸作坊。现在，手工造纸户已经发展到 12 个村民小组中的 276 户，造纸农户占总农户的 44%。目前新庄村民的传统手工造纸业，每年可创造收入接近 100 万元。

在新庄村民委员会的主持下，13 个村民小组都召开了村民大会，通过村民大会的选举形式，村民们推选出 49 名共同利益代表，在共同利益代表会议上推选出由 9 人组成的传统资源共管会。这标志着中国第一个保护传统资源的民间组织——新庄村传统资源共管会在高黎贡山国家级自然保护区正式成立。新庄村传统资源共管会第一届理事会选举龙德泽担任会长，黄云方为副会长。新庄传统资源共管会聘请国家知识产权局知识出版社的龙文先生为新庄村知识产权保护法律顾问，还任命了新庄村龙上寨的传统资源共同利益代表龙占先先生为新庄古纸博物馆负责人，由龙占先先生负责组织造纸户进行新庄古纸工艺的调查和改进工作。

在新庄村传统资源共管会成立大会上，高黎贡山国家级自然保护区保山管理局朱明育副局长讲述了新庄村传统资源共管会的成立，对于保护社区传统资源，推进社区发展，促进自然保护区建设的现实作用和长远意义。龙文先生阐述了新庄村传统资源共管会的建立，在用法律来保护新庄村民的知识产权上就有了对外主张权利，有效保护手工造纸等传统资源不受侵害的代言人。他说道，今天成立的新庄村传统资源共管会，是中国第一个保护传统资源的民间组织。界头乡党委李家贤书记、新庄村党支部书记索绍良就新庄村传统资源共管会成立以后，如何加强手工造纸的质量管理提出了严格要求。龙德泽会长宣读了经过共同利益代表大会通过的《新庄村传统资源共管会章程》和《新庄村传统资源共管公约》，黄云方副会长讲解了《新庄村传统资源共管会对外接待办法》。

2005 年 8 月 19 日，新庄村传统资源共管会正式成立。新庄村传统资源共管会的成立，对于我国制定知识产权战略，对传统资源实施立法保护，参与国际性的竞争都具有重大的意义。新庄传统资源共管会的成立，意味着从此以后，新庄造纸农户就有了自己的权益性的村民自治组织，对外可以代表共同利益者主张权利，有利于保护手工造纸等传统资源的知识产权免受侵害。[①]

传统资源共管会担负如下职责：

1. 主张本村传统资源的集体利益

普查和调查本村传统资源并建立传统资源数据库，登记和同意非社区成员接触和获取本村传统资源并控制接触和获取的范围和程度。开展各项活动保护和促进传统资源的利用、传承和发展。对外宣传和推广传统资源并作为本社区唯一代表与非社区成

---

① http://www.glgs.gov.cn/newsshow.asp?id=A20083141511165467652.

员订立《传统资源利益分享合同》，对内鼓励对传统资源的继承和发扬并制止本村村民破坏传统资源、损害集体的行为。按照“集体共同利用、个人按劳取酬”的原则分配本村传统资源所获得的经济利益。在本村传统资源受到侵害时，代表社区维护正当权利，主张合法利益。

2. 代管本村传统资源传承人的个体利益

掌握具体传统知识和民间文艺技能，或保存独特遗传资源或物质产品的村民可以向传统资源共管会申请，经审核后登记为传统资源传承人。传统资源共管会应当帮助传统资源传承人发展传统产业，为其商业开发牵线搭桥，同时监督和维护产品质量。传统资源传承人可以授权传统资源共管会代为管理和主张其个人针对传统资源的精神利益和经济利益，并提交所获经济利益的10%作为传统资源共管会的管理费用。

按照《传统资源共管会章程》的规定，传统资源共管会的运作经费来源于传统资源所获利益和传统资源保护基金的支持。传统资源所获利益在支付相关村民个人劳动报酬后，其50%投入村委会用于各项集体事业；40%投入本村传统资源保护基金开展各项保护和开发活动；10%作为传统资源共管会的日常开支。[①]

二、箐口村模式

在柬埔寨首都金边举行的第37届世界遗产大会2013年6月22日对本届会议中国第二个申遗项目进行了表决，随着大会主席、柬埔寨副首相索安宣布申请世界文化遗产的中国红河哈尼梯田文化景观成功入选，中国的世界遗产数量增至45处，超过西班牙成为拥有世界遗产数量第二多的国家，仅次于拥有48处世

① 龙文：《社区传统资源财产权利的理论探讨与实践》，见郑成思编：《知识产权文丛》（第13卷），中国方正出版社2006年版，第55页。

界遗产的意大利。世界遗产委员会在对红河哈尼梯田文化景观的评语中写道，红河哈尼梯田文化景观所体现的森林、水系、梯田和村寨“四素同构”系统符合世界遗产标准，其完美反映的精密复杂的农业、林业和水分配系统，通过长期以来形成的独特社会经济宗教体系得以加强，彰显了人与环境互动的一种重要模式。红河哈尼梯田文化景观位于中国云南省红河哈尼族彝族自治州元阳县，哈尼梯田分布从山脚延伸至海拔2000多米的山巅，级数最多可达3700多级，规模宏大，气势磅礴，是人与自然和谐的杰作。此次我国申报的遗产区面积为16603公顷，缓冲区面积29501公顷，包括了最具代表性的集中连片分布的水稻梯田及其所依存的水源林、灌溉系统、民族村寨。红河哈尼梯田是亚热带季风气候下、崇山峻岭环境中人类生态系统的杰出范例，当地人以其特有的生产生活方式，反映了人与自然的完美和谐，展现了人类在极限自然条件下顽强的生存能力、伟大的创造力和乐观精神。红河哈尼梯田的入选并不是偶然，得益于当地政府与民众多年以来对哈尼梯田的精心保护。

红河哈尼梯田，正如《红河哈尼族彝族自治州红河哈尼梯田管理暂行办法》第2条中所规定的，是指在红河州元阳、绿春、金平、红河四县风景名胜区内以哈尼族为代表的各民族耕种的水稻梯田及相关的山川、林木、村寨、水系等生态系统。红河哈尼梯田实行分区保护。核心区：元阳县境内的坝达、多依树、猛品、麻栗寨四个梯田片区。保护区：元阳县境内的新街、胜村、牛角寨、攀枝花四个乡（镇）行政区域内的规划片区。协调区：元阳、绿春、金平、红河县内集中连片，形成规模的梯田片区。分区范围以总体规划确定为准，实地设界桩标明界线。为了保护这一独特的森林—村寨—梯田—江河四度同构的良性农业生态系统和独特的梯田文化景观，并在此基础上进行造福当地民众的旅游开发，2001年10月9日红河州人民政府制定了《红河哈尼族彝族自治州红河哈尼梯田管理暂行办法》，根据该《办法》，随后又制定了《红河哈尼梯田文化遗产保护与发展规划》《元阳红河哈尼梯田保护管理实施细则》《元阳县哈尼族民俗生态旅游景区总体规划》《多依树旅游片区基础设施项目规划》《红河哈尼梯田胜村旅游区详细规划》《红河哈尼梯田胜村旅游区基础设施建设可行性研究报告》《红河哈尼梯田胜村旅游区基础设施建设环境影响评估报告》等法律法规及规范性文件。完成了哈尼民居的设计方案，《元阳县旅游产业总体规划》及各景点的详细规划也已经完成。同时启动元阳了“红河哈尼梯田”核心区村寨恢复与保护工程。按照《元阳县哈尼梯田核心区保护与恢复项目》的规划，需对核心区所在的三个乡镇，涉及改造村寨 152 个，14689 户，72978 人，按照产业发展与梯田保护科学协调发展，遵循人与自然和谐共处的原则，对村寨房屋及民居进行恢复与保护，改造村寨道路，新建家庭沼气池 8810 口，新建公厕 152 座。

2008 年全县接待国内外旅游者 581876 人次，比 2001 年的 3.15 万人次增长 18 倍多，年均增长 53.68%；旅游总收入 39590.91 万元，比 2001 年的 1349 万元增长 29 倍多，年均增长 65.71%。其中接待入境旅游者 27305 人次，比 2001 年的 1516 人次增长 18 倍多，旅游外汇收入 1015.12 万美元。旅游业的发展有力地促进和带动了当地其他产业的发展，作为“朝阳产业”和“最具可持续发展的产业”，旅游业正显现出广阔的发展前景。①

本书在对该文化遗产表示深切关注的同时，更关注的是景区的利益分配问题。2003 年 3 月 1 日，元阳县旅游局公布了《管理方案》，确定箐口哈尼族民俗村景区管理委员会为本方案的执行主体。管委会的职责包括：制定民俗村内的各项管理制度；宣传并组织实施有关法律、法规、规章；审查民俗村内建设项目、经

① http://wsmg.xxgk.yn.gov.cn/canton_model12/newsview.aspx?id=851669.

营项目，核发有关证照；组织民俗村内自然资源、生态环境、民族文化资源的调查、研究，履行民俗村的保护、建设和管理职责以及完成上级交办的其他工作。以处于梯田核心区的元阳县的箐口村为例，根据前述的这些管理规定，该村又制定了《箐口哈尼族民俗村管理办法》《箐口村村规民约》等管理文件。《管理方案》中第三部分对门票收取以及门票收入的分配问题有如下具体规定：

关于门票收入分配问题，建议旅游局和新街镇两家都不提成，70%的门票收入用作管委会的工作经费，用于支付管委会工作人员工资、设施维护和保养等开支。30%返给箐口村村民小组。关于门票的收取问题，由于目前政府并没有出台关于上级领导和部门接待门票收取的有关规定的文件，使50%以上的门票收入流失，为此，应规定：除按有关规定应予免票或优惠的人员外，各个上级部门的接待应该一律收取门票，属于本县哪个部门接待或牵头，应该由该部门支付门票费用。[①]

2008年11月18日，元阳县政府决定对元阳梯田景区收费，这意味着免费看梯田时代将终结。对于梯田收费，元阳县主管旅游的副县长兼元阳县哈尼梯田管理局局长徐叶锋的态度很肯定。县里针对梯田精品观赏区设计了4个收费景点——老虎嘴、多依树、坝达、箐口，各个景点都在建设。县里与省里的一家公司合作开发，等4个景区达到基本的收费条件后就开始收费。门票由元阳县梯田管理局印制，收费则由云南世博元阳哈尼梯田开发公司收取，元阳县发展和改革局已召开了听证会，对收费价格进行批复，每个景点收费30元。谈到收费原因，徐叶锋说，元阳县

① 方慧等：《红河州哈尼梯田的法律保护与可持续发展》，载周勇、马丽雅主编：《民族、自治与发展：中国民族区域自治制度研究》，法律出版社2008年版，第80－81页。

是国家级贫困县，但守着这么好的资源而没有收益，这种局面是可悲的。元阳不能等靠要了，要通过收费使农民走向富裕，通过收费把景区建设好，才能保护好梯田。徐叶锋算了一笔账，每年来元阳旅游的人数有 40 万人，收费后，只要有 20 万人游完这 4 个景区，每年就有 2400 万元。迎来 2009 年，元阳县政府建设的 4 个梯田景点的收费工作以“流产”而结束。目前，元阳县政府与云南世博集团公司正在建设景区。元阳县政府的工作人员说，现在只是暂时不收费，具体收费的日子还未确定。[①] 单就红河哈尼梯田景区来讲，随着宣传营销力度的加大以及景区建设的日趋成熟，2012 年上半年仅元阳哈尼梯田接待游客量就达 11.60 万人次，实现门票收入 351.76 万元，比去年同期分别增长 46.1%、123.13%，上半年门票收入已超过去年全年门票收入。[②]

三、对前述模式的评价

地方性知识概念对于文化的认识论意义在于，它告诉我们，一切知识来源于实践，实践总是具体的、地方性的。知识与地方性的关联，表明这种知识的地方性、有效性，用现代科学取代它，则可能遭遇问题。例如，云南红河地区哈尼族的梯田里按传统方式种植着水稻，混养着鱼和鸭，施加现代化肥的耕作方式就不适合这种地方，强行推广后者会破坏哈尼族良好的传统耕作系统。文化的地方性和知识的地方性，要求我们尊重本土文化，不强行推广所谓的现代科学文化，即便是引入外来文化也要适应当地的文化和生态环境，而不是要求本土文化向外来文化转化。我们并不排除学习他人文化的可能，但是学习不是要消灭自己的文

---

① http://www.cits66.com/yunnanlvyou/7200.htm.

② 《红河州 2012 年上半年旅游经济运行分析》，http://www.hh.gov.cn/info/egovinfo/list/xxgk_content/532500-005993-20120711-0047.htm。

化，而是要让自己的文化汲取多样性文化的养分。事实上，本土的地方性知识并不是僵化不变的传统，它能使应用者有能力进行相当精确的预见性分析，本土知识在环境评估中的广泛应用和其所具有的创造性和多学科性，使这种知识具有相当强的动态性和预见性。①

在解决传统文化法律保护的主体性不明以及与此伴随而来的各种法律问题的时候，我们同样应有地方性知识的思维。由于中国特殊的宪政架构以及与此相关的所有权制度等特殊因素，我们同样不能照搬他国在该问题上的解决思路，而应根据中国前述的具体情况，公法与私法共同发力，特别是在私法领域，不能对现有的知识产权制度进行简单的修补，而应创设一种新的无形财产权制度——传统文化产权。

物质文化遗产，特别是民族村镇、历史街区中的相当一部分内容，不是集体拥有或国家拥有的资源。比如说，被列入重点保护与建设对象的安顺市西秀区七眼桥镇的本寨，所有的石头碉楼、古老宅第、寨子的围墙等，都不是村集体的，村集体怎么有权力把这些建筑物、构筑物有机组合而成石头寨子，作为一种村集体的商品“卖给”旅游企业，让他们来搞开发呢？村集体虽然可以把从旅游企业拿到的钱，按照人口或什么方式进行分配，但是，这个利益的产生，并不是一种类似于集体劳动的结果，而是历史建筑的魅力给挣来的，用“按劳分配”的习惯方式操作，公平吗？

每家每户都未曾同企业发生“买卖合同关系”，他们何以不能对自己的房屋进行在他们看来合理的现代化一些的修缮或改建呢？民族村镇、历史街区内的房屋，多数是私人财产，这些人用

---

① 吴彤：《复杂性、地方性与文化多样性》，http：//www. mzb. com. cn/html/report/101726 -1. htm。

传统的方式把古老建筑保护了下来，为旅游企业的发展构造了基础，可是，旅游企业用什么样的方式予以这些长期做出贡献的人恰当的回报呢？政府采用什么样的转移支付手段，给予这些人公平合理的报酬呢？①

在西部民族地区，不论少数民族传统文化开发的方式有多大的不同，只要当地政府、开发企业能够真正尊重少数民族作为其传统文化的主体地位，认识到没有当地少数民族的配合，什么形式的传统文化开发都难以可持续发展，对当地少数民族进行一定的利益补偿，补偿他们千百年来对文化创造所付出的劳动，以获得少数民族对传统文化开发的支持与配合，这应该列入民族文化开发企业的发展战略之中，也是这些企业应该履行的企业社会责任。

① 麻勇斌：《贵州文化遗产保护研究》，贵州人民出版社2008年版，第130页。

余论　促进少数民族对传统文化开发的有效参与

不论是加强对少数民族传统文化的保护与传承，还是真正促进文化补偿制度在少数民族传统文化开发中的有效实施，以维护少数民族的权益，都需要少数民族对其传统文化开发进行有效参与，当前存在的问题很大程度上是由于“参与不足”造成的。所谓“公众参与”，是指公众在公共事务的决策、管理、执行和监督过程中拥有知情权、话语权、行动权等参与性权利，能自由地表达自己的立场、意见和建议，能合法地采取旨在维护个人切身利益和社会公共利益的行动。[①] 作为公众参与的一种形式，更为具体的是社区参与管理模式。社区参与管理是以社区的资源、需求和决策为基础的一种管理模式，是自然资源保护和可持续利用的关键。所谓社区管理，即社区居民以管理者的身份参与到文化遗产的管理当中，形成政府、文化遗产管理机构和社区居民三方共同管理、互相监督的管理模式。而这一模式当中，最重要的就是社区居民与政府、经营者之间的利益分配问题，社区参与管理试图实现三方利益的平衡。因此，我们需要采取多种方式促进少数民族对其传统文化开发的有效参与，进而促进西部民族地区又好又快发展。

一、少数民族有效参与权的内涵

少数民族的文化发展权的重要实现路径就是少数民族有效参

---

① 戴雪梅：《和谐社会与公众参与问题研究》，载《求索》2006 年第 8 期。

与公共生活，只有这样，少数民族才能真正了解当前的经济发展战略与动向，并结合自身特点与情况，自主地选择适合自己、真正对自己有利的经济发展方式。作为民族经济发展权实现的基础，我们有必要深入探讨一下少数民族的参与权。我国宪法和法律规定，每个民族不分大小，都是祖国大家庭的重要成员，都平等地参与国家和各级地方事务的管理。我们认为，参与权不仅仅是一项重要的政治权利，它也包含经济方面和文化方面的内涵。将参与权单独列为一项内容进行讨论，主要指的是少数民族公民有参与国家事务、地方事务和本民族内部事务的管理的权利。

参与权包括选举权和被选举权、监督权等参政权的相关内容，也包括参与社会生活的决策权。按照一般的看法，选举权和被选举权是公民个体所享有的重要的政治权利，而非抽象的集体（如“人民”）所能享有的权利，因此，保障少数民族公民的选举权和被选举权，是实现少数民族同胞参政的前提，也是实现少数民族作为集体的参政权的重要条件之一。我国宪法确立了公民对国家机关及其公务人员的职务行为进行监督的权利。与此相应，少数民族公民同样享有与汉族公民同等的监督权利。对于参与社会生活的决策权，目前国际上在少数人权利保障领域受到特别的重视。1994 年《欧洲少数民族保护框架公约》第 15 条规定：“各缔约国应创造必要的条件，让属于少数民族的人有效地参与文化、社会和经济生活以及公共事务，特别是涉及自身的事务。”

《少数人权利宣言》进一步拓展了有效参与的含义：属于少数群体的人有权以与国家法律不相抵触的方式切实参加国家一级和适当时区域一级关于其所属少数群体或其所居住区域的决定。有效参与决策的意义不仅在于可使少数人权利内容更为充实，更在于参与过程本身使少数人获得以其观点影响决策的机会。包括少数人在内的全社会都能参与到决策过程中的事实将会使民众产生信任感，而这种信任是维持和平而民主的社会所不可或缺的。

参与的核心要义是要被包容，其不单是指在决策过程中提出实质建议的机会，同时也指所提建议得以产生切实影响。1990年欧安会议通过的《关于人类向度的哥本哈根会议文件》第35段指出：参与国将尊重属于少数群体的成员切实参与公共事务，包括参与保护和促进此类少数民族特征的有关事务的权利。

同时，欧洲18位不同专业背景和国籍的独立专家组成的小组，应欧洲安全和合作组织的要求，于1999年9月在瑞典的隆德完成了《关于少数人有效参与公共生活的隆德建议书》，简称《隆德建议书》。由于该建议书中的建议和方案对世界各国具有普遍意义，因而虽然该建议书最初是欧洲安全和合作组织少数人事务高级专员工作范围内为在本组织区域内实施而编撰的，但却在全世界范围内引起很大反响。①

该建议书建立在尊重人的尊严与平等权利和非歧视这些基本的国际法准则的基础之上，承认所有人权的目的是保障所有人自由、平等、充分地发展人的个性，在参与国家和某些地方事务的政治管理方面，该建议书做了四个方面的建议，其中后两个方面可以用于少数人传统生活方式的保障。分别是，区域和地方各级政府当局的结构和决策程序应当透明和易于参与，以鼓励少数民族的参与。咨询和磋商机构是政府与少数民族之间对话的必要渠道。这些机构也包括设立商讨少数人住房、土地、教育、语言和文化的特别委员会。② 在自治方面，建议书根据不同的实际情形，既倡导非区域自治也倡导区域自治，但自治的内容比较相似，都包含教育、文化、少数人语言的使用、宗教和其他对少数人认同

---

① 类似的建议书还有两个，即1998年2月通过的《关于少数民族语言权利的奥斯陆建议书》和1996年10月通过的《关于少数民族教育权利的海牙建议书》。

② 参见 Foundation on Inter – Ethnic Relations. The Lund Recommendations on the Effective Participation of National Minorities in Public Life & Explanatory Note, September 1999, ISBN 90 – 7598905 – 9.

和保持其文化特性与传统生活方式有关的其他问题。下面通过一个实证调查材料来具体分析傣族民众对其传统建筑保护的参与方式。

> 西双版纳的傣族园和美国宾夕法尼亚大学民俗学与民族志研究中心博士候选人李靖，于2002年3月在傣族园五个自然村寨中进行了关于异化建筑的问卷调查。调查的目的是“旨在为更好地解决现代化进程中少数民族传统文化的保护提供一些实地考察的资料，为可能出台的干预行为提供一个基础依据”。调查的对象是M村全寨104户人家和其他4个自然村抽样30%。调查的结论是：①目前村民对居住在傣楼持较为满意的态度，92.9%的村民认为现在住傣楼较好。傣楼自身的特点，如宽敞、冬暖夏凉等，得到一部分村民的认可（21.9%）；而更多的村民（85.7%）对居住在傣楼的肯定态度来自于传统和习惯势力。他们认为住习惯了或者祖祖辈辈都是这样住，在观念上自然也认同居住傣楼。95.5%的村民表示，若有机会盖新房，仍然选择传统的傣楼而不是汉式住宅，只有3.9%的村民选择盖汉式住宅。②对于傣楼在旅游市场中的角色和价值，80%的村民能意识到汉族游客喜欢看具有民族风格的傣楼，并喜欢住在傣家。对于傣族园变成第二个“曼景兰”（位于景洪市区，以傣族风味餐闻名，其傣楼现在绝大部分已被汉式建筑取代）的假设，60%的村民认为其影响是游客不会再来了，经济收入下降。③关于政府应不应该干预兴建异化建筑，78.7%的村民认为政府应该干预以帮助保留傣族传统。在回答“不应该”的村民中20.2%，79.4%的村民坚持自己拥有在自己土地上盖房自由，

20.6%的村民提出了盖傣楼缺乏木料和木料购买不易等问题。④为了满足村民对现代化居住条件的需求并保留傣族传统杆栏式建筑，有关方面曾提出在景区外建设新的住宅小区。但调查结果表明，绝大多数的村民（87.8%）不愿离开原来的村寨。①

正如该调查的目的中所表明的，“为可能出台的干预行为提供一个基础依据”，这是一种尊重少数民族民主决策的理性做法。我们在具体决策时应采取各种积极措施、各种切合实际的做法来促进前述目的的实现。在我国，四川的九寨沟和贵州天龙屯堡等地通过当地居民的广泛参与提高了当地人的生活水平，推动了当地经济和文化的健康发展，同时也改善了当地的环境质量。而丽江古城的旅游开发恰恰是由于忽视了纳西族对旅游的参与，进而他们将自己的房屋出租给外地客商经营商品，自己到古城外的新居去居住，导致了严重的商业化和“空巢化”。西双版纳的政府部门注意到了居住在傣族园的傣族群众对旅游的支持与参与是旅游开发成败的关键因素，也注意到了选择居住样式也是傣族群众的传统生活方式的一部分，也意识到这种有效参与是他们的一种权利，保持或者改变传统的居住样式是他们传统文化的重要内涵之一，也是傣族住房权这一基本人权的实现方式，通过问卷调查来征求当地傣族群众的意见，采取了比较可行的措施使他们参与到政府的决策中来。

二、少数民族对其传统文化产权保护有效参与的途径

对于如何促进少数民族的有效参与，进而保障他们的传统文

① 此份调查报告由傣族园有限公司提供给云南大学法学院的张钧博士，转引自张钧：《文化权法律保护研究——少数民族地区旅游开发中的文化保护》，载《思想战线》2005年第4期。

化，《建议书》也提供了一些可供选择的形式，主要有：增加少数人代表并设立提高他们影响的选举制度，如少数人在立法机构中的特别代表制，如新西兰议会为毛利人保留了4个位置，毛利人选民可以在自己的选区按毛利人登记或作为一般选民登记，主要政党和毛利党在其间角逐；[①] 增加少数人利益在相关部门中得到关注的机制，如少数人在行政机构及各级法院中的职位的配备，以及在任何的咨询机构和其他高层机构中职位的配备；采取特殊措施，保障少数人以自己的语言参与行政管理或国家公务的制度；建立咨询机构，以便在政府主管部门和少数人之间建立对话渠道，在程序设置上对于直接影响到特定少数民族利益的事务的决策规定相应的咨询程序或赋予否决权。例如，挪威1988年的国家报告中即提到要建立一个萨米人议会，也就是萨米人自己通过特别程序选举注册的机构，这就意味着允许萨米人积极参与到与萨米文化保护相关的活动中来。萨米人议会将代替成员由国家任命的建议性机构——挪威萨米人委员会，它的权力范围将包括所有影响萨米人的事务。[②] 后来，萨米人委员会转为萨米人议会，其权力范围和参与政府决策的程度进一步扩大。

在少数民族参与国家事务的管理方面，中国规定了一系列的制度和措施。目前比较完善的是少数民族在国家权力机构中的特别代表制度，在全国和地方各级人大中都对少数民族代表的参政议政规定了具体的保障措施。其他制度在中国的相关立法和实践中也都有所体现，比如，自治机关以及民族自治地方检察院和法院工作人员的配备等。其他的具体制度还需要根据新形势下对参

① 大卫·C. 霍克斯：《原住民：自治和政府间关系》，周子平译，载何群主编：《土著民族与小民族生存发展问题研究》，中央民族大学出版社2006年版，第57页。

② Li－Ann Thio. Managing Babel：*The International Legal Protection of Minorities in the Twentieth Century*，Netherlands：Martinus Nijhoff Publishers，2005，pp. 237－238.

与方式的不同要求来进行完善。比如，少数民族有权按其自身意愿通过自己决定的程序充分参与制订对其可能有影响的立法或行政措施。国家在通过和执行这种措施之前，应事先征得有关少数民族的自由和知情的同意。同时，要符合安德鲁·亚克兰先生设计的公共参与真实性的基本原则：①包容性。公众参与的参加人要包括所有现存利益相关人和将要被某个决策影响的利益相关人，这些人包括老人、妇女、少数派以及社会活动家等难召集的社会群体。②透明、公开。确保提供给所有的利益相关人所有的信息，并告知他们哪些部分的信息缺失或尚不确定，告知他们通过公众参与能够产生什么样的影响，公众能影响什么、不能影响什么以及接下来的步骤将会怎样。③尊重允诺。对利益相关人和纳税人保持尊重，给予他们适当的优先权和资源，向他们证明即便是了解和采纳与既存观点相矛盾的意见也是尽力而为。④可达性。给所有人提供不同的方式，确保人们不会因语言、文化或机会等原因被排除在参与之外。⑤有责性。在参与程序结束后尽快向参与者提供一份明确的说明，告知其参与意见是否对结果产生了影响、如何影响以及产生影响的原因。确保接下来的诸如决策或执行计划的反馈路径保持顺畅。⑥代表性。公众参与的组织者必须有一种理念，即决策者提出的观点是能够被改进的，如果观点本身就是错误的，要相信其能被改正。那些参与和被咨询的人应该能够感觉到：政府会认真地对待他们的心声，有些事情是可能被改变的。⑦相互学习。鼓励公众参与的组织者和参与者彼此学习和借鉴，这意味着程序要尽量保持交互性和增量性，以便构建一个互相理解、互相尊重的关系网络。⑧有效性。从一开始就筹划如何使参与程序发挥更大功效。[1]

---

① 蔡定剑主编：《公众参与：欧洲的制度和经验》，法律出版社 2009 年版，第 20－21 页。

更为重要的，我们必须意识到，少数民族传统文化保护最基本的方面就是树立保护意识。如果保护少数民族传统文化的意识深入到全社会每个人的内心深处，少数民族传统文化的保护与利用才能顺利开展。这其中最重要的就是权利意识，使全社会都意识到尊重少数民族文化权利对我们未来发展的重要性，而达到该目的最好的办法就是加强人权教育，其中当然包括少数民族的文化权利。我国制定的《国家人权行动计划（2009—2010 年）、（2012—2015 年）》中都强调了人权教育的重要性，联合国也将会很快通过《人权教育宣言》来推动人权教育的进展。培养全社会的传统文化保护意识进而增强人权教育的具体措施包括：一是组织编写民族文化方面的教材，让少数民族传统文化进入中国的小学、初级中学和职业学校的课堂，使各民族成员以及其他民族成员从小就能接受系统和正规的民族文化教育；二是经常开展民族文化活动，吸引民族成员群体参与，从而自觉接受民族文化的教育与熏陶，这对于没有本民族文字的少数民族而言，意义尤其重要。人们一旦经过系统的人权教育，必定会自觉和自主地去保护、传承与发展少数民族的传统文化，并成为一种社会的公共意识。这样，少数民族传统文化的保护才能从根本上得以解决。

参考书目

一、著作类

［1］大卫·C. 霍克斯：《原住民：自治与政府间关系》，周子平译，见何群编著：《土著民族与小民族生存发展问题研究》，中央民族大学出版社 2006 年版。

［2］［德］毛雷尔：《行政法学总论》，高家伟译，法律出版社 2000 年版。

［3］［德］哈贝马斯：《后民族结构》，曹卫东译，上海人民出版社 2002 年版。

［4］John Rawls，A Theory of Justices，at 23 – 24，1971.

［5］Li – Ann Thio. Managing Babel：*The International Legal Protection of Minorities in the Twentieth Century*，Netherlands：Martinus Nijhoff Publishers，2005，pp. 237 – 238.

［6］罗尔斯：《正义论》，哈佛大学出版社 1971 年版，第 3 页。

［7］［美］乌戈·马太：《比较法律经济学》，沈宗灵译，北京大学出版社 2005 年版，第 44 页。

［8］［美］R. 考特、托马斯·尤伦：《法与经济学》，张军等译，上海三联书店 1994 年版。

［9］［美］R. 科斯：《社会成本问题》，载《财产权利与制度变迁》，上海三联书店 1991 年版。

［10］海因策、汉斯·约阿斯姆：《自治的法律解释》，马库·苏卡西主编《自治：应用与内涵》，多尔希特，荷兰，克鲁维尔，1998 年版。

［11］［美］丹尼逊·纳什：《旅游人类学》，宗晓莲译，云南大学出版社 2004 年版。

［12］［日］井室力：《日本现代行政法》，中国政法大学出版社 1995 年版。

［13］ See Edwin Hettinger, Justifying Intellectual Property, 18Phil. &Pub. Aff. 287, 1989.

［14］ WIPO Secretariat. Intellectual Property Needs and Expression of Traditional Knowledge Holders: WIPO Report on Fact－Finding Mission on Intellectual Property and Traditional Knowledge (1998－1999).

［15］ William lands and Richad posner, An Economic Analysis of Copyright Law, Jaurnal of Legal studies, 18 (1989).

［16］［英］洛克：《政府论》（下篇），叶启芳、翟菊农译，商务印书馆 1964 年版。

［17］［比］佩雷尔曼：《正义、法律和辩论》，D. Reidel 出版公司 1980 年版，转引自翁文刚主编：《法理学论点要览》，法律出版社 2001 年版。

［18］崔国斌：《文化与生物多样性保护与知识产权》（博士学位论文），北京大学出版社 2002 年版。

［19］陈祖海：《西部生态补偿机制研究》，民族出版社 2008 年版。

［20］崔玉范：《赫哲族传统文化与民族文化旅游可持续发展研究》，山东大学硕士论文 2009 年。

［21］蔡定剑主编：《公众参与：欧洲的制度和经验》，法律出版社 2009 年版。

［22］崔文俊：《行政补偿制度研究》，中国政法大学硕士论文 2001 年。

［23］雏兴：《我国生态补偿法律制度研究》，中央民族大学

硕士论文2012年。

[24] 方慧等：《红河州哈尼梯田的法律保护与可持续发展》，载周勇、马丽雅主编《民族、自治与发展：中国民族区域自治制度研究》，法律出版社2008年版。

[25] 费孝通：《中华民族多元一体格局》，中央民族学院出版社1989年版，第1–39页。

[26] 高轩：《我国非物质文化遗产行政法保护研究》，法律出版社2012年版。

[27] 葛忠兴：《中国少数民族地区发展报告》，民族出版社2005年版。

[28] 胡锦光、杨建顺、李元起等著：《行政法专题研究》，中国中国人民大学出版社1998年版。

[29] 惠武生：《行政法与行政诉讼法教程》，中国政法大学出版社2007年版。

[30] 黄玉烨：《民间文学艺术的法律保护》，知识产权出版社2008年版。

[31] 何群编著：《土著民族与小民族生存发展问题研究》，中央民族大学出版社2006年版。

[32] 季怀才：《行政补偿构成要件研究》，法律出版社2006年版。

[33] 姜明安主编：《行政法与行政诉讼法》，北京大学出版社1999年版。

[34] 姜明安主编：《外国行政法教程》，法律出版社1993年版。

[35] John Henry Merryman：Thinking about the Elgin Marbles：*Critical Essays on Cultural Property Art and Law*，Kluwer Law International Ltd 2000，pp. 66–67，转引自黄玉烨：《民间文学艺术的法律保护》，知识产权出版社2008年版，第79页。

［36］汲荣荣：《民族地区自然保护区生态补偿标准研究》，中央民族大学研究生论文 2012 年。

［37］联合国开发计划署：《2004 年人类发展报告——当今多样化世界中的文化自由》，中国财政经济出版社 2004 年版．。

［38］李惠宗:《行政法要义》，五南图书出版公司 2001 年版。

［39］李自然：《试谈民族传统文化的本质、特点及其保护与发展对策》，载伍精华、杨建新：《民族理论论集》（第八次全国民族理论研讨会论文集），民族出版社 2005 年版。

［40］来仪等：《西部少数民族文化资源开发走向市场》，民族出版社 2007 年版。

［41］刘晖：《旅游民族学》，民族出版社 2006 年版。

［42］李墨丝：《非物质文化遗产保护国际法制研究》，法律出版社 2010 年版。

［43］刘丽：《我国国家生态补偿机制研究》，青岛大学博士学位论文 2010 年。

［44］吕世伦：《西方法律思潮源流论》，中国人民公安大学出版社 1993 年版。

［45］刘晖：《旅游民族学》，民族出版社 2006 年版。

［46］龙文：《社区传统资源财产权利的理论探讨与实践》，见郑成思编：《知识产权文丛》（第 13 卷），中国方正出版社 2006 年版。

［47］林庆：《民族记忆的背影——云南少数民族非物质文化遗产研究》，云南大学出版社 2007 年版。

［48］刘丽：《我国国家生态补偿机制研究》，青岛大学博士学位论文 2010 年。

［49］李韶辉：《生态补偿条例起草工作启动》，载《中国改革报》，2010 年 5 月 4 日第一版。

［50］麻勇斌：《贵州文化遗产保护研究》，贵州人民出版社

2008 年版。

［51］马戎:《民族社会学导论》，北京大学出版社 2005 年版。

［52］马怀德:《国家赔偿法的理论与实务》，中国法制出版社 1994 年版。

［53］马怀德：《行政法与行政诉讼法》，中国法制出版社 2000 年版。

［54］宁骚:《民族与国家——民族关系与民族政策的国际比较》，北京大学出版社 1995 年版。

［55］秦天宝:《遗传资源获取与惠益分享的法律问题研究》，武汉大学出版社 2006 年版。

［56］秦亚洲:《生态博物馆：保护多元民族文化》，载《瞭望》2005 年第 24 期。

［57］蔡嘉清:《文化产业营销》，清华大学出版社 2007 年版。

［58］阮西湖、王丽芝：《加拿大与加拿大人》，中国社会科学出版 1990 年版。

［59］司坡森:《论国家补偿》，中国政法大学博士论文，2004 年。

［60］宋振春：《日本文化遗产旅游发展的制度因素分析》，经济管理出版社 2009 版。

［61］孙砚:《边疆少数民族地区草原生态环境利益补偿机制研究》，内蒙古大学硕士论文，2010 年。

［62］唐广良:《遗传资源、传统知识及民间文学艺术表达国际保护概述》，郑成思编:《知识产权文丛》（第 8 卷），中国方正出版社 2002 年版。

［63］王名扬:《法国行政法》，中国政法大学出版社 1988 年版。

［64］王太高:《行政补偿制度研究》，苏州大学博士论文 2003 年。

［65］王名扬:《英国行政法》，中国政法大学出版社 1987 年版。

［66］翁岳生:《行政法》，翰芦图书出版有限公司 1998 年版。

［67］王鹤云、高绍安:《中国非物质文化遗产保护法律机制研究》，知识产权出版社，2008 年版。

［68］谢彬如等:《文化艺术生态保护与民族地区社会发展》，贵州民族出版社 2004 年版。

［69］徐中起:《曼刚寨的傣族民居与公共事务管理》，见中挪《中国民族区域自治制度》项目组编:《中国民族区域自治法研究文集》，云南大学出版社 2003 年版。

［70］陈晓勤:《生态补偿法律制度研究》，中国政法大学硕士论文 2010 年。

［71］杨云鹏、杜建荣:《从丽江区县分设看民族区域自治制度在实施中的几个问题》，载周勇、马丽雅主编:《民族、自治与发展》，法律出版社 2008 年版。

［72］张正钊主编:《国家赔偿制度研究》，中国人民大学出版社 1996 年版。

［73］张千帆:《西方宪政体制》（下），中国政法大学出版社 2001 年版。

［74］张耕:《民间文学艺术的知识产权保护研究》，法律出版社 2007 年版。

［75］张俊浩主编:《民法学原理》，中国政法大学出版社 1998 年版。

［76］张小勇:《遗传资源的获取和惠益分享与知识产权》，知识产权出版社 2007 年版。

［77］张玉敏:《民间文学艺术保护模式的选择》，载吴汉东主编:《知识产权年刊》（2007 年号），北京大学出版社 2008 年版。

[78] 张金鹏：《民族社区》，载郑杭生主编：《民族学社会学概论》，中国人民大学出版社 2005 年版。

[79] 朱兴文：《权利冲突论》，中国法制出版社 2004 年版。

[80] 郑成思：《知识产权文丛》（第 8 卷），方正出版社 2002 年版。

[81] 祝魏明：《论行政补偿的范围》，暨南大学硕士论文 2010 年。

[82] 中国生态补偿机制与政策研究课题组编著：《中国生态补偿机制与政策研究》，科学出版社 2007 年版。

[83] 曾广权等编著：《建立云南省生态补偿机制的研究》，云南科技出版社 2006 年版。

[84] 钟绍峰：《生态补偿机制的比较研究》，吉林大学博士学位论文 2010 年。

[85] 周竞红：《大型水电工程与西部少数民族地区经济与社会协调发展研究》，载《水利经济》，2004 年 4 月刊。

[86] 张耕：《 民间文学艺术知识产权保护的正当性》，法律出版社 2007 年版。

[87] 朱贞艳：《少数民族传统知识的法律保护》，中央民族大学硕士学位论文 2008 年。

[88] 周欣宜：《传统知识特殊保护制度之探讨》，载郑成思：《知识产权文丛》（第 13 卷），中国方正出版社 2006 年版。

[89] 郑川如：《加拿大克里族土地自治协议之简介与探讨》，未刊稿。

[90] 赵瑞：《基于少数民族旅游循环经济理念的民族文化补偿问题研究》，重庆师范大学硕士论文 2009 年。

[91] 周真刚：《探寻梭嘎——中国生态博物馆之路》，载吴正彪：《黔南民族调查》（第三集），2003 年未刊稿。

[92] 钟大能，《西部少数民族地区生态环境建设进程与其财

政补偿机制的形成》，经济科学出版社 2008 年版。

二、论文类

［1］克里斯托夫·瑟纳：《喀麦隆的集体管理组织》，刘板盛译，载《版权公报》2004 年第 3 期。

［2］陈金龙：《西部生态建设利益补偿机制研究》，四川大学硕士论文 2005 年。

［3］陈志永：《少数民族村寨旅游开发的主题选择及利益制衡机制》，载《兴义民族师范学院学报》2011 年第 2 期。

［4］曹树青：《生态环境保护利益补偿机制法律研究》，载《河北法学》2004 年 8 月刊。

［5］曹新明、梅术文：《民族民间传统文化保护的法哲学考察》，载《法制与社会发展》2005 年第 2 期。

［6］冯东方、任勇、俞海、高彤、杨姝影：《我国生态补偿相关政策评述》，载《环境保护》2006 年第 19 期。

［7］高芳：《民族旅游开发中文化商品化与文化真实性关系辨析——以〈云南映象〉为例》，载《保山师专学报》2008 第 3 期。

［8］郭鲁芳：《旅游企业品牌战略探讨》，载《旅游科学》2001 年第 3 期。

［9］高彤、杨姝影：《国际生态补偿政策对中国的借鉴意义》，载《环境保护》2006 年第 19 期。

［10］甘明：《论现代知识产权视域下原生态民族文化的传承和保护——以黔东南苗族侗族自治州为例》，第九届人类学高级论坛暨首届原生态民族文化高峰论坛，贵州凯里，2010 - 6 - 23。

［11］贺德红：《论民族旅游地传统文化的保护》，载《内蒙古农业大学学报》2007 年第 5 期，第 356 页。

［12］韩雄：《资源开发利益机制初探》，载《中共阜康市委

党校》2013 年 4 月期。

［13］季卫东：《中国法治正处在历史的十字路口》，载《中国改革》2010 年第 1—2 期。

［14］姜明安：《行政补偿制度研究》，载《法学杂志》2001 年第 5 期。

［15］罗永常：《旅游开发视角下的黔东南原生态民族文化》，载《原生态民族文化学刊》2010 年第 2 期。

［16］李东红、杨利美：《文化资源的价值评估、成本核算与经济补偿》，载《思想战线》2004 年第 3 期。

［17］吕江：《现代化对文化知识产权的挑战》，第八期中国现代化研究论坛，北京，2010 年 8 月 6 日。

［18］刘学敏：《从“庇古税”到“科思定理”：经济学进步了多少》，载《中国人口·资源与环境》2004 年第 3 期。

［19］李宏伟：《美国生态保护补贴计划》，载《全球科技经济瞭望》2004 年第 8 期。

［20］卢艳丽、丁四保：《国外生态补偿的实践及对我国的借鉴与启示》，载《世界地理研究》2009 年第 3 期。

［21］刘锡诚：《传承与传承人论》，载《河南教育学院学报》2006 年第 5 期。

［22］卢维：《安顺蜡染案跨省维权传捷报》，载《法制生活报》2010 年 3 月 15 日。

［23］刘晖：《“摩梭人文化保护区”质疑——论少数民族文化旅游资源的保护与开发》，载《旅游学刊》2001 年第 5 期。

［24］李丽：《公平 PK 效率：郎德苗寨在旅游大潮中的坚守》（二），载《人与生物圈》2010 年第 1 期。

［25］赖永剑、贺祥民：《旅游开发中三大利益群体关系探析》，载《龙岩学院学报》2008 年 2 月第 26 卷第 1 期。

［26］龙初凡、孔蓓：《侗族糯禾种植的传统知识研究——以

贵州省从江县高仟侗寨糯禾种植为例》，载《原生态民族文化学刊》2012 年第 4 期。

［27］龙先琼：《“发展”视域下文化多样性的价值分析》，载《思想战线》2007 年第 5 期。

［28］李甫春：《西部地区自然资源开发模式探讨》，载《民族研究》2005 年第 5 期。

［29］李晓新：《论我国行政补偿制度的原则与范围》，载《行政与法》2008 年第 10 期。

［30］刘嘉尧：《藏区社会发展中的生态补偿实践研究》，兰州大学硕士论文 2013 年。

［31］李铁、曹玉米：《无形文化，有形补偿——对“文化缺省”现象的考察》，载《内蒙古农业大学学报》（社会科学版）2008 年第 10 期。

［32］马戎戎：《〈云南映象〉：民族文化保护的“杨丽萍模式”》，载《三联生活周刊》2004 年 4 月 15 日。

［33］马林：《旅游资源产权理论的探讨》，载《蒙自师范高等专科学校学报》2002 年第 6 期。

［34］曹务坤、卢丽娟：《民族文化公益林补偿法律机制的建构》，载《贵州民族研究》2012 年第 6 期。

［35］牟莹：《我国生态补偿制度的法制化思考》，载《中国石油大学胜利学院学报》2008 年第 2 期。

［36］祁庆富：《论非物质文化遗产保护中的传承及传承人》，载《西北民族研究》2006 年第 3 期。

［37］奇海林、张志华：《鄂尔多斯成吉思汗陵的旅游开发》，载周勇、马丽雅主编《民族、自治与发展：中国民族区域自治制度研究》，法律出版社 2008 年版。

［38］秦天宝：《论遗传资源获取与惠益分享中的事先知情同意制度》，载《现代法学》2008 年第 3 期。

[39] 钱雪梅：《文化民族主义刍论》，载自《世界民族》2000 年第 4 期。

[40] 孙国华、杨思斌：《公私法的划分与法的内在结构》，载《法制与社会发展》，2004 年第 4 期。

[41] 孙新章、周海林：《我国生态补偿制度建设的突出问题与重大战略对策》，载《中国人口 · 资源与环境》2008 年第 5 期，第 140 页。

[42] 沈满洪、杨天：《生态补偿机制的三大理论基石》，载《中国环境报》2004 年 3 月 2 日。

[43] 孙天胜、李永乐：《关注民族旅游开发对民族传统文化的消极影响》，载《中国民族》2005 年第 5 期。

[44] 沈满洪，谢慧明：《公共物品问题及其解决思路——公共物品理论文献综述》，载《浙江大学学报》（人文社会科学版）2009 年 10 月。

[45] 田艳：《民族村寨旅游开发中的利益补偿制度研究》，载《广西民族研究》2010 年第 3 期。

[46] 唐建光：《谁应该在怒江开发中获益？谁又有权参与决定怒江的命运?》，载《中国新闻周刊》2004 年 5 月 20 日。

[47] 王玉玲：《论少数民族地区生态环境利益补偿机制——以云南省迪庆藏族自治州为例》，载《中央民族大学学报》（哲学社会科学版）2006 年第 3 期。

[48] 王巍、李奎：《走单骑侵权案二审宣判 地戏表演者重装出庭》，载《扬子晚报》，2011 年 9 月 15 日。

[49] 吴汉东：《论传统文化的法律保护》，载《中国法学》2010 年第 1 期。

[50] 王健：《我国生态补偿机制的现状及管理体制创新》，载《中国行政管理》2007 年第 11 期，第 87 页。

[51] 吴烈俊：《中国民族民间文学艺术的法律保护》，载

《西南民族学院学报》2003 年第 3 期。

［52］王清军：《生态补偿主体的法律建构》，载《中国人口资源与环境》1009 年第 1 期。

［53］文永辉、卫力思：《少数民族非物质文化遗产传承人知识产权保护问题研究》，载《贵州民族研究》2012 年第 1 期。

［54］王学军等：《生态环境补偿费征收的若干问题及实施效果预测研究》，载《自然资源学报》1996 年 1 月第 11 卷第 1 期。

［55］乌兰：《资源自治权视角下民族地区矿产资源开发利益分配政策研究》，载《贵州民族研究》，2013 年第 1 期。

［56］王元京：《水利工程的利益补偿与收益分享问题探讨》，载《发中国水利》2003 年第 6 期。

［57］王健：《我国生态补偿机制的现状及管理体制创新》，载《中国行政管理》2007 年第 11 期。

［58］王志凌、谢宝剑、谢万贞：《构建我国区域间生态补偿机制探讨》，载《学术论坛》2007 年第 3 期。

［59］谢红勇：《基于保护视野下的西南少数民族旅游》，载《黑龙江民族丛刊》2010 年第 2 期。

［60］晓光：《从日本“人间国宝”说起》，载《人民日报》，2007 年 5 月 30 日。

［61］阎喜琴：《论民俗旅游对旅游地民俗文化的“污染”与防治》，载《贵州民族研究》2006 年第 1 期。

［62］严永和：《目前遗传资源和传统知识法律保护机制国际探索的成就与不足——评 CBD 事先知情同意机制和 FAO 农民权机制》，载《贵州大学学报》2006 年第 3 期。

［63］苑利：《名录时代的非物质文化遗产保护问题》，载《江西社会科学》2006 年第 3 期。

［64］严永和：《论传统知识的地理标志保护》，载《科技与法律》2005 年第 2 期。

［65］杨杨、杜剑：《对环境税的经济学分析》，载《兰州商学院学报》2004 年 5 月刊。

［66］周超：《中日非物质文化遗产传承人认定制度比较研究》，载《民族艺术》，2009 年第 2 期。

［67］周静：《水资源开发补偿的制度架构研究》，载《农业经济》2008 年第 11 期。

［68］周大杰、孙丽英、石缎花等：《流域水资源管理中的生态补偿问题研究》，载《北京师范大学学报》2005 年第 4 期。

［69］周竞红：《大型水电工程与西部民族地区经济与社会协调发展研究》，载《水利经济》2004 年第 4 期。

［70］郑四渭、贝勇斌：《非物质文化旅游资源价值补偿运行机制初探》，载《桂林旅游高等专科学校学报》2007 年第 6 期。

［71］赵纲：《论我国非物质文化遗产原生境人的法律地位》，载《法制与社会》，2008 年第 2 期。

［72］张步红：《行政补偿制度简论——行政补偿与公共利益、行政赔偿的关系》，中国法学会行政法学研究会 2004 年年会论文，2004 年 8 月。

［73］张晓：《关于西江苗寨文化传承保护和旅游开发的思考——兼论文化保护与旅游开发的关系》，载《贵州民族研究》2007 年第 3 期。

［74］张菊枝：《社区功能视角下的社区参与》，载《郑州航空工业管理学院学报》2010 年第 5 期。

［75］张梓太、吴卫星：《行政补偿理论分析》，载《法学》2003 年第 8 期。

［76］章锦河、张婕、梁玥琳、李娜、刘泽华：《九寨沟旅游生态足迹与生态补偿分析》，载《自然资源学报》2005 年第 5 期。

［77］周真刚：《少数民族非物质文化遗产开发的补偿机制研究》，载《广西民族大学学报》2013 年第 3 期。

后　记

关于少数民族文化法制的研究一直以来是我的主攻方向，在这个领域的耕耘对我也已经不是一朝一夕的事情了。这本书最终成书，一方面是我对自己近些年来所进行的少数民族文化法制研究的进一步深化，另一方面也算是对于民族地区传统文化开发面临的瓶颈问题的一种思考吧。在此之前，就这方面的研究我也出版了几本著作，包括在我的博士论文基础上修改完成的《中国少数民族基本文化权利保障研究》（2008 年），作为中央民族大学“985 工程”中国当代民族问题战略研究哲学社会科学创新基地民族法理论探索丛书之一的《传统文化产权制度研究》（2011 年），以及在“中央民族大学青年学者文库”基金的支持和帮助下出版的在我的博士后研究报告基础上修改完成的《少数民族习惯权利研究》（2013 年）。对于少数民族文化权利的保障研究，在这些年的历程中，也是一个不断深入和细化的过程，之于本书的完成，对这个问题的研究也是有了一个阶段性的总结和归纳。但是，“路漫漫其修远兮，吾将上下而求索”，对于少数民族文化权利保障的研究对于我来说会一直是一条要坚定不移地走下去的路。

本书的写作分工如下：

导论、第一章：田艳；

第二章第一节：陈徐奉、张滨、胡曼；

第二章第二节：张滨、余欢、于洪；

第二章第三节：张滨、周真刚；

第二章第四节、第五节：田艳；

第三章、第四章、第五章：徐欢、田艳。

这本书之所以能够成书，首先要感谢母校——中央民族大学对我的熏陶和培养，这也是我现在工作的地方。算算日子，我在民大也已经近10年的时光了。当真是洗手的时候，日子从水盆里过去了；吃饭的时候，日子从饭碗里过去了；默默时，便从凝望的双眼前溜走了。时光匆匆啊，这10年也是我学术上逐渐步入正轨，慢慢走向成熟的时期，感谢帮助过我对我孜孜不倦教诲的老师们，我一直将老师们“严谨的治学态度、勤恳的做人作风”奉为圭臬，以前是、现在是，将来也是。还有亲爱的师兄师姐、师弟师妹和同学们，大家彼此之间的情谊，又岂是一两句话可以全部概括的，语言在此时已显得苍白无力了，正是一切尽在不言中了！

所谓“读万卷书，行万里路”，二者不可偏废也。民族法学的研究也是必须深深植根于少数民族群众真实的社会生活中，否则也就失去了其鲜活的生命力和存在的价值和意义，变成一张“空头支票”。对少数民族的文化权利、利益补偿制度的研究更是如此，深入到少数民族地区进行田野调查是必须要做的功课。虽说充满艰辛，但是整个过程收获的更多的是感动、感恩和对未来满满的希望。我在各地的挚友们，为我联系调研的社区、搜集材料、沟通接洽，着实为我的调研提供了莫大的帮助，这份感激之情铭记于心。调研地的村民也是以一颗最诚挚的心与我们相处，彼此的互相尊重与理解也成就了我们珍贵的友谊。所以，纵然调研结束，再回到都市里，调研时的情景也时常在脑海里浮现，心中还是充溢着浓浓的暖意，真是“海内存知己，天涯若比邻”啊！

末至，感谢生我养我的故乡，感谢三江平原上的父老乡亲，也感谢一直在我的背后默默支持我的父母和家人，“焉得萱草，言树之背”，他们对我的关怀永远是我无法释怀的情愫，也是陪我挺过那些艰难困苦、挫折坎坷日子的一盏明灯。我会循着这束光，在未竟的事业路途中，始于足下，积以跬步，但求无愧于心。感谢本书的两位副主编及所有编者为本书的撰写与构思所付出的努力。谢谢所有的朋友们，“但愿人长久，千里共婵娟”。

田　艳

2013 年 10 月